凝练 创新 服务

——第六届首都特色行业院校改革与发展论坛论文集

北京市教育委员会高教处 编

经济科学出版社

图书在版编目（CIP）数据

凝练 创新 服务/北京市教育委员会高教处编 . —北京：
经济科学出版社，2013.7
ISBN 978 - 7 - 5141 - 3762 - 0

Ⅰ.①凝… Ⅱ.①北… Ⅲ.①高等教育 - 教育改革 -
中国 - 文集 Ⅳ.①G649.2 - 53

中国版本图书馆 CIP 数据核字（2013）第 213523 号

责任编辑：柳　敏　段小青
责任校对：王凡娥
版式设计：齐　杰
责任印制：李　鹏

凝练 创新 服务
——第六届首都特色行业院校改革与发展论坛论文集

北京市教育委员会高教处　编
经济科学出版社出版、发行　新华书店经销
社址：北京市海淀区阜成路甲 28 号　邮编：100142
总编部电话：010 - 88191217　发行部电话：010 - 88191522
网址：www. esp. com. cn
电子邮件：esp@ esp. com. cn
天猫网店：经济科学出版社旗舰店
网址：http://jjkxcbs. tmall. com
汉德鼎印刷厂印刷
华玉装订厂装订
710 × 1000　16 开　21 印张　340000 字
2013 年 8 月第 1 版　2013 年 8 月第 1 次印刷
ISBN 978 - 7 - 5141 - 3762 - 0　定价：46.00 元

内 容 提 要

　　特色行业院校改革与发展论坛文集，由北京市教育委员会高教处组织编写。全书以专业特色、教师专业发展和实践教学为主题，从专业特色的凝练、教师专业发展的促进和学生创新能力的培养三个方面进行了深入的探讨和交流。全书分主题报告和交流论文两部分，共43篇文章。本书不仅对特色行业院校的专业建设、教学改革具有借鉴意义，而且对综合型院校中相关院系的专业建设和人才培养同样具有重要的参考价值。

序

　　特色行业院校作为首都高等教育不可或缺的组成部分，在长期的办学过程中形成了鲜明的特色和优势，为国家培养了一批特殊人才，发挥了应有的作用。根据《国家中长期教育改革和发展规划纲要（2010—2020年）》的要求，特色发展将成为高等学校新一轮发展的方向，首都特色行业院校需要不断深化专业特色的凝练和人才培养模式的创新，不断增强社会服务能力，形成核心竞争力，才能在高等学校激烈的竞争中得以生存与发展。

　　北京市教育委员会高度重视特色行业院校的人才培养工作，为了进一步发挥特色行业院校的特殊作用，每年组织论坛，邀请首都特色行业院校充分研讨如何深化教学改革，加强教学建设，推进教学质量与教学改革工程项目建设；深入交流如何在行政主管部门的领导下，保持行业特色，发挥行业优势，培养适应社会需要的创新型人才；集思广益、共同应对特色行业院校在高等教育改革与发展中，特别是在专业建设与发展中所面临的问题和挑战，以更好地服务于社会发展，满足行业需求。

　　此次论坛，首都特色行业院校聚焦"凝练、创新、服务"三个关键词，以专业特色、教师专业发展和实践教学为主题，从凝练专业特色、促进教师专业发展和培育学生创新能力三个方面进行了深入的探讨和交流。《凝练 创新 服务——第六届首都特色行业院校改革与发展论坛论文集》汇集了特色行业院校广大教师、教学管理工作者近年来在相关领域的理论和实践成果，不仅对特色行业院校的专业建设、教学改革具有借鉴意义，而且对综合型院校中相关院系的专业建设和人才培养同样具有重要参考价值。

　　借此，希望首都特色行业院校继续深化人才培养模式改革，加强专业建设，关注教师专业发展，不断提高教学质量，为国家和社会培养出更多高素质的创新型专业人才。

目　录

第一部分　主题报告

第二部分　交流论文

第一部分
主题报告

努力实现"四个一流" 不断提升本科教学质量

秦亚青*

外交学院是直属外交部的唯一一所高等院校，建院 57 年来，为我国的外交事业培养了大批外交外事人才。

2012 年教师节，国务院总理温家宝来到外交学院沙河新校区，出席了周恩来同志和陈毅同志铜像揭幕仪式，并向师生发表演讲。温总理为学院亲笔题写"中国外交官的摇篮"，并深情寄语外交学院"要有一流师资、一流学科、一流理念，将一流人才输送给祖国外交事业"。

一、学院的办学传统

（一）始终坚持教学为中心

重视教学一直是我院多年来的优良传统。我们的理念是：培养高层次的外交外事人才是我们的最高使命，是我们对国家、对社会做出的庄严承诺，是我们不懈奋斗、努力追求的目标。教学工作是各级领导和每一位教师的第一天职。学院党委重视教学，不断建立健全各项管理规章制度，通过机制保障教学的中心地位；各级领导深入教学一线，听课及开展调查研究；各职能部门加强服务意识，主动为教学服务；在经费使用上，资源配置及经费投入优先保障教学。总之，突出教学中心地位的思想在我院已深入人心，以深化教育教学改革为重点带动总体办学水平的提高已成为我院全体教职员工的共识，全院各级各项工作以教学为中心，已经成为学院办学的优良传统和办学质量持续提升的原动力。

* 外交学院党委书记。

（二）建设具有外交外事特色的学科专业

我院坚持特色办学，在专业布局方面，现有和拟建专业坚持以"外交外事"为主导，专业布局突出一个"外"字。目前，中国国际关系学会、中国国际法学会两个全国性的专业学会挂靠外交学院。我院的外交学、国际法、国际经济与贸易、金融、英语、翻译、法语、日语八个学科均突出一个"外"字，各涉外学科相互支撑、优势互补，使培养的学生既精通外语，又具备广阔的国际视野和涉外专业知识，以符合我院人才培养的需要；在办学方式方面，我院的人才培养目标是，培养"讲政治、通专业、精外语"的精品化、开放式、复合型人才。

我院的专业建设，围绕"强化特色专业，凝练专业特色"这一思路进行，主要体现在两个方面：一是我院已有的特色专业具有鲜明的外交外事特色。我院的外交学专业、英语专业是国家级特色专业建设点，在专业结构、培养模式、教学团队、教学改革、教学资源、实践教学和管理保障等方面不断强化，改革创新、锐意进取，为党和国家培养高素质复合型专门人才，以适应当前改革开放和大外交的需要；二是法学、经济学类专业不同于其他院校法学专业、经济学类专业的"外交外事"特色。我院国际法系、国际经济学院素有突出外语和外交外事等涉外性教学的传统，以培养通专业、精外语、懂外交、宽视野的复合型涉外法律和经济人才为培养目标，也就是培养具有国际视野、通晓国际规则，能够参与国际事务和维护国家利益的涉外法律和经济人才，使学生运用外语的能力、处理外交外事实务的能力与专业知识得以高度融合。

（三）不断探索创新人才培养模式

我院在教学方面坚持两个做法：第一，高度重视思想立场和价值观教育。学院把周总理提出的"站稳立场、熟悉业务、掌握政策、严守纪律"作为外交学院的校训，高度重视学生政治素养和政治基本功的培养。第二，在教学方式上采取小班教学。坚持小班授课是我院的办学特色，在2007年本科教学工作水平评估过程中，得到了评估专家的高度认可。学院坚持专业课课堂原则上不超过20人，同时在本科阶段实施本科生导师制，对学生进行"综合学业指导"。

多年来，学院重视创新型人才培养模式的构建和不断完善，重视实践教学，着重培养学生的"五种基本功"和"五种能力"。五种基本功指的是政治基本功、专业基本功、语言基本功、交流基本功、信息技术基本功；五种能力指的是调研能力、办案能力、礼宾能力、谈判能力、创新能力。通过举办模拟联合国、外交外事礼仪大赛、模拟新闻发言人、模拟法庭等活动，以及参加各种国际性论坛会议的志愿工作等，将学生所学的专业知识与社会实践联系起来，同时使学生的交流能力、礼宾能力得到锻炼，形成了具有我院鲜明特色的创新型人才培养模式。

二、人才培养质量

（一）学生的外语优势

外语优势是我院人才培养的一大特色。我院学生在各类英语等级考试中成绩突出。2011 年 12 月，我院四级考试通过率为 98.48%。从全国院校成绩比较数据来看，我院本科生英语四级考试总平均分为 589 分，高出全国院校总平均分 191 分、211 院校 156 分、北京地区院校 153 分；我院本科生英语六级考试总平均分为 564 分，高出全国院校总平均分 175 分、211 院校 152 分、北京地区院校 140 分。此外，学生在专业外语考试及学科竞赛中屡获佳绩。

2012 年，我院英语专业八级考试通过率为 94.55%，比外语院校平均通过率高 30 个百分点（外语院校通过率为 64.22%）；在 2012 年 4 月进行的英语专业四级考试中，英语系 2010 级 78 名同学参加了此次考试，在全国院校与外语院校通过率比上年略有下降的情况下，我院学生保持了100% 的通过率，优良率为 91.03%，比上年提高一个百分点，平均分高出全国外语院校 11.46 分，高于全国平均分 17.75 分，各单项成绩均高于全国院校和其他外语院校英语专业学生的成绩，保持领先地位。

（二）毕业生就业情况

外交学院毕业生一直保持较高的就业率和就业质量。就业率连续 6 年保持在 95% ~98%，毕业生就业层次较高，国家部委、知名媒体、外企、金融机构是我院毕业生的主要去向。

报考外交部竞争越趋激烈，但我院连年进入外交部毕业生人数稳定，连续多年稳居全国高校入部人数第一名，并且入部毕业生在专业考试成绩突出，综合成绩排名第一的都是我院毕业生。

进入公务员系列毕业生百分比连续多年保持在 20% 以上，2010 年这一比率甚至达到 38.46%。考研升学百分比逐年提高，已由 2009 年的 30% 升级为 2012 年的 43.6%。

（三）学生学科竞赛获奖情况

学生通过各类学科竞赛，将专业知识应用于实践中去。2012 年 3 月 30 日至 4 月 1 日，由国际法系组建的"外交学院代表队"参加了 2012 年国际刑事法院审判竞赛（国内赛）。外交学院代表队荣获本次比赛"一等奖"。2012 年 5 月 26 日至 6 月 3 日，外交学院国际法系本科代表队在荷兰海牙国际刑事法院第一审判庭参加了 2012 年国际刑事法院模拟审判竞赛中文赛区总决赛，并荣获亚军。

学生在英语竞赛中也屡获佳绩。2012 年全国大学生英语竞赛北京赛区决赛中，我院选手取得优异成绩，全院共 61 名同学参赛，有 5 名同学获奖，其中一等奖 1 名，二等奖 1 名，三等奖 3 名。

三、教育教学改革举措与构想

（一）进一步凝练办学理念："凝练特色，强化优势，彰显品牌"

外交学院要在激烈的竞争中拥有立足之地，就必须要有自己的特色。要在日常的本科教学中凝练特色，形成优势。仅有优势还不够，要将内在优势外化为品牌。学校的品牌对一所高校的发展来说生死攸关，它在生源竞争和就业竞争中，起着非常关键的作用。

党的十七届六中全会提出了社会主义文化大发展、大繁荣的战略部署。在此大背景之下，我院的本科教学改革以"凝练特色，强化优势，彰显品牌"为理念，深入挖掘学院办学特色，进一步强化学院办学优势。以"英语化、开放式、小班型、导师制"为改革思路，通过专业教学英语化改革、辅修双学位制提升计划、本科生导师制等一系列改革措施，着力提升学院的整体教学质量，实现我院"通专业，精外语，宽视野，重能力，复合型，高素质"的人才培养目标。

（二）深入推进教育教学改革与创新

近年来，学院大力推动教育教学改革，并取得了可喜的成绩。自 2007

年教育部"高等学校本科教学质量与教学改革工程"实施以来，我院积极开展项目建设，已经形成了国家级、市级、院级三级结合的质量工程体系。目前，学院拥有的国家级质量工程项目涵盖人才培养模式创新实验区、特色专业、精品课程、优秀教学团队、双语教学示范课程，这些项目代表了我院的特色和水平；同时，我院积极建设北京市级和院级教育教学类质量工程项目，进一步加强了办学投入，各类项目建设的成果也惠及全院，进一步提高了学院的教学水平。

2011年起，学院推动了新一轮的教学改革，围绕"英语化，开放式、小班型，导师制"的思路进行改革：（1）"英语化"即我院目前试点推进的专业教学英语化改革。这个"化"是一个动态、趋向和渐进的过程，它有两层意思：一是采用英语教学的专业课门数所占比例越来越高；二是每门专业课用英语教学的元素不断增多。（2）"开放式"的含义主要有：一是专业间相互开放，继续推行辅修双学位制，并实施辅修双学位制提升计划；二是各级学位提前联通，实行本硕博连读或硕博连读，留住优质生源。（3）"小班型"是我院的独特优势，它有利于提高课堂效率，加强师生互动，增加学生参与等，并且是"英语化"的必要条件。（4）"导师制"，推动学院导师制改革的目的，就是要使导师制在学院层面进一步优化和完善，从管理上和经费上给予保障和支持。目前，学院已出台《外交学院专业教学英语化实施方案》、《外交学院辅修/双学位管理办法》、《外交学院本科生导师岗位设置与职责》，各项改革有条不紊地推进。

（三）促进青年教师的成长

教师教学发展中心是北京高校教学质量与教学改革工程建设的重要组成部分。推进教师教学发展中心建设对进一步深化教学改革，提高教育质量，促进教师教学能力发展，具有重要的意义。根据《北京市教育委员会关于开展北京高等学校教师教学发展中心建设的通知》，并结合学院师资队伍建设战略方针，外交学院从2011年12月开始推进教师教学发展中心建设，近期，学院的教师教学发展中心将正式挂牌。

（四）搭建文科类学生实践平台

2009年，我院外交外事实验教学中心被评为北京市级实验教学示范中心。中心经过三年的建设，已经形成了以三大学生活动为核心（外交外事礼仪大赛、模拟联合国、模拟新闻发言人），联合法学实验平台、外国语实验平台、经济学实验平台,以及大学生创新实验平台等文科实验平台组成的综合性外交外事实验中心。利用北京市级外交外事实验教学示范中心,整合学生实践活动,形成了具有我院特色的学生实践活动群,并取得了显著成效。

(五) 实现资源共享,服务社会

特色行业院校的发展面临着前所未有的机遇。《国家中长期教育改革和发展规划纲要(2010—2020 年)》中谈到,"高校要牢固树立主动为社会服务的意识,全方位开展服务。推进产学研用结合,加快科技成果转化,规范校办产业发展。为社会成员提供继续教育服务。开展科学普及工作,提高公众科学素质和人文素质。积极推进文化传播,弘扬优秀传统文化,发展先进文化。积极参与决策咨询,主动开展前瞻性、对策性研究,充分发挥智囊团、思想库作用。鼓励师生开展志愿服务。"由此可以看出,高等教育对社会经济发展的贡献还需进一步提升。纲要中还谈到要创立高校与科研院所、行业、企业联合培养人才的新机制。特色行业院校必须承担起高等教育在行业转换、智力支持、人才储备、科学研究等方面的责任,率先做好,从而服务于北京乃至全国。

2012 年,学院的发展进入了全新时期。其主要标志,一方面,是随着学院新校园区的建成及投入使用,长期制约学院发展的硬件问题得到了彻底解决。2012 年 9 月,外交学院沙河校区正式投入使用,学院一、二年级本科学生搬迁至新校园区,并实现了新校区教学工作的正常运行;另一方面,温总理为学院题词"中国外交官的摇篮",并提出"四个一流"的建设要求。这既是对我院特色办学的战略性的规划和指导,也是我院实现跨越式发展的奋斗目标。

总之,温总理提出的"四个一流",为学院未来的发展指明了方向。学院将继续在凝练特色、改革创新上下大力气。牢固确立人才培养在学院工作中的中心地位,进一步探索外交外事拔尖创新人才的培养模式和方法,深入开展各类教育教学改革,不断提升学院教育教学质量。

凝练专业特色　提升人才培养质量

沈永社[*]

各位领导、各位同行：

非常高兴通过"首都特色行业院校改革与发展论坛"这个平台，与大家交流特色行业院校在办学方面的经验和做法，共同研究探讨特色行业人才培养模式改革的有关问题。对于我们学院来说，这次论坛是一次难得的学习机会，使我们有机会对首都特色行业院校改革发展情况有更多的了解，有更加深刻的认识，可以更好地学习借鉴兄弟高校的做法和经验，进一步推进学院的建设和发展。下面，我向大家简要介绍一下北京电子科技学院在凝练专业特色，提升人才培养质量方面的工作情况。

一、学科专业设置彰显密码特色

为更好地适应密码事业发展的需要，学院以"密码学"学科为重点学科，努力构建密码特色突出、能充分适应密码人才培养需求的信息安全学科专业体系。

一是科学谋划学科布局。学院以培养高素质密码和信息安全人才为目标，确立了学科建设模式，明确了重点建设学科和支撑学科，形成了学科研究方向和学术团队。目前，学院建设了密码学、通信工程、计算机科学与技术、数学、公共管理、马克思主义理论、情报学共7个学科和15个研究方向。其中，密码学学科包括密码理论与应用技术、密码系统设计与测评、密码分析学3个研究方向；通信工程学科包括网络安全与保密技术、无线通信系统的安全保密技术、保密通信与信息处理技术、信号处理与加密——新理论和新技术4个研究方向；计算机科学与技术学科包括多媒体安全与监控、嵌入式系统与芯片安全技术、软件可靠性理论与测评技

＊　北京电子科技学院党委书记。

术 3 个研究方向；数学学科包括模式识别及其在信息安全中的应用、密码数学基础和理论 2 个研究方向；公共管理学科包括信息安全政策研究、行政学理论、人力资源管理 3 个研究方向，初步形成了具有密码与信息安全特色的学科专业体系。

二是积极推进研究生教育。从 2003 年开始，学院与西安电子科技大学联合开展密码学专业硕士研究生联合培养工作，2009 年，独立开设所有课程，承担学位论文答辩、招生就业、教学管理、学生管理，担负起联合培养硕士研究生的全程培养工作。2011 年，增加了通信与信息系统、计算机应用技术两个联合培养硕士研究生专业。通过实施联合培养和全程培养、拓展培养专业等有益尝试，学院积累了硕士研究生培养的工作经验，建立健全了培养体系，师资队伍建设得到加强，研究生培养质量和综合素质明显提高，为独立开展研究生教育工作奠定了扎实基础。2011 年 4 月，学院积极开展申报学士学位授予单位培养硕士专业研究生试点工作，当年 10 月得到国务院学位委员会批准，在"电子与通信工程"和"计算机技术"两个工程领域开展专业学位研究生教育工作，获得了硕士专业学位授予权，2012 年首次招收硕士专业学位研究生 30 人，提升了学院的办学层次。

三是不断优化专业结构。与学科建设的总体要求和布局相对应，学院不断优化专业结构和布局，积极推进专业建设和改革。在获得管理学、理学学士学位授予权和开设信息安全、信息与计算科学两个本科专业后，又开办了信息管理与信息系统专业（保密管理专业方向），进一步完善了学院信息安全专业体系，填补了我国高等教育在保密管理专业建设上的空白，拓宽了学院的办学渠道，为学院的办学特色增添了新的内容。目前，学院共有信息安全、信息与计算科学、电子信息工程、计算机科学与技术、通信工程、行政管理、信息管理与信息系统共 7 个本科专业，所有专业建设、课程建设都以密码与信息安全为核心，充分体现了学院的办学特色。其中，信息安全、电子信息工程 2 个专业被批准为教育部高等学校特色专业建设点；通信工程专业、信息安全专业、电子信息工程 3 个专业被批准为北京市高等学校特色专业建设点，形成了以工科为主，理、工、管协调发展的格局。

二、教学改革注重密码特色

面对国内外高等教育发展形成的巨大冲击和密码事业发展提出的更新

更高要求，学院深刻认识到要跟上高等教育的发展趋势，满足密码事业发展对人才的要求，必须更新教育理念，创新培养模式。

一是适时修订本科培养方案。学院高度重视培养方案的研制工作，根据不同时期密码事业发展对人才的迫切需求，平均每4年修订一次培养方案。本科培养方案修订工作以教学改革和人才培养模式创新为核心，突出创新精神和实践能力的培养，突出密码与信息安全学科专业特色，突出综合素质特别是文化素质的培养，突出学生自主学习和个性化的培养。2009版的培养方案进一步压缩了课内总学时，给学生留出更多的自主学习时间；进一步凝练了各专业的主干课程，科学设计了主干课程的教学内容；进一步调整优化了课程体系与结构，整合第二课堂内容，加大了对学生实践能力与创新精神的培养，形成了一个密码与信息安全人才培养的全新体系。

二是积极探索人才培养模式改革。学院在总结、整合多年来教学改革与实践活动成果的基础上，融汇近四年赴日本、英国、美国高等教育培训考察成果，研究制定了人才培养模式改革试验方案，启动实施了"密码与信息安全人才培养模式创新实验区"项目。人才培养模式改革立足于教学与学生管理基本制度的现有框架，按照先行试验、控制规模、尊重意愿、效果为准、保障有力的原则，从2012～2013学年开始在2011级学生中实施。在各教学部门选拔的基础上，经过严格审核，遴选出10名优秀教师担任试验班学生的导师。在参考学生学习成绩、个人申请和系部推荐的基础上，从2011级6个理工科专业中选拔出20名优秀学生进入试验班。试验班从2012年秋季学期开始实施，在教学内容、教学方法和教学手段等方面改革创新，为高素质、创新型密码人才脱颖而出进行大胆尝试。

三是积极推进实践教学改革。学院不断加大实践教学改革力度，突出实践能力和创新精神的培养，突出密码与信息安全学科专业特色。确立了密码人才基本技能、专业技能和综合创新能力等不同等级的能力培养目标，形成了基本实验、提高实验、创新实验等不同等级的实验类型。在深化教学内容和课程体系改革的基础上，构建了实践创新环节，完善了密码与信息安全基础教育实践、专业教育实践和综合实践环节体系。主动与用人部门联系，在辽宁、山西、云南、四川等地建立了实习基地，为学生进一步了解业务工作，熟悉业务环境，掌握业务技能创造了良好的条件。积极争取行业主管部门的指导和支持，邀请行业主管部门的领导和专家为应届毕业生进行岗前培训，提高毕业生实践能力和适应实际工作的能力。

三、教学建设强化密码特色

学院始终坚持以教学为中心，狠抓各项教学建设。在教学条件与利用、专业建设与教学改革、教学管理等方面进行了全面的建设和改革。

一是着力加强特色课程建设。近年来，学院的课程建设由基础、规范化建设向精品、特色化建设转变。20门主要课程获得院级精品课程立项，7门课程获得院级"精品课程"称号。《EDA技术》、《电子设计综合实验》、《密码学》、《思想道德修养与法律基础》等课程先后被评为北京市高等学校精品课程，为全院各专业课程建设起到了很好的示范带动作用。根据学院特色人才培养的目标定位，学院着力打造以《密码学》为核心的特色课程群，努力为学生构架一个独具特色的密码课程体系，不断满足人才培养所需的知识、能力和素质要求。

二是积极推进特色教材建设。为适应密码教育发展的需要，学院以"教学质量与教学改革工程"为依托，大力支持精品教材与特色教材建设。《大众密码学》、《秘书学教程》、《专用集成电路设计与电子设计自动化》和《电子设计自动化应用技术——FPGA应用篇》先后被评为北京市高等学校精品教材。《密码学概论》等一批特色专业教材也相继出版。

三是着力加强师资队伍建设。学院始终坚持把师资队伍建设作为核心问题和头等大事来抓。制定了《"三精一名"奖励工作实施意见》，对"三精一名"（"三精"即国家级精品课程、精品教材及其他精品项目，"一名"即国家级教学名师）实行奖励，鼓励教师早日获得教学科研标志性成果。实施教师参加行业工作实践的砺行计划，定期组织教师走访有关省市县用人部门，进行座谈交流，不断丰富和完善教师的育人理念。启动实施科研攀登计划，鼓励和引导教师积极参加科研工作，着力培养一批学术研究与工程开发兼顾、教学与科研并举的教师队伍。

各位领导、同志们，学院的建设和发展一直得到北京市教委和兄弟院校的大力支持，在此我代表学院向大家表示衷心的感谢。同时，希望我们这些行业院校能够进一步加强联系沟通，加深交流合作，共同为国家和首都经济社会发展做出贡献。

教科协同 促进运动人体科学实验、实践教学的建设

张一民*

重点实验室是国家科技创新体系的重要组成部分，是国家组织高水平研究和应用基础研究、凝集和培养优秀科学家、开展学术交流的重要基地。国家级实验教学示范中心是促进优质教学资源整合与共享，加强学生实验、实践和创新能力培养，提高高等教育质量的重要平台。两者的协同发展，将会加大优质资源融合，教学科研协同发展的广度和深度，为创建新颖的实验与实践教学体系提供保障。

北京体育大学运动人体科学专业 2002 年被教育部授予国家级重点学科，是迄今为止我国体育学中唯一的国家级重点学科，具备丰富的优质教学资源和人才团队，为此，北京体育大学依据教育部创建国家级实验教学示范中心的要求，开展了创建国家级实验教学示范中心的建设工作，并于 2009 年 11 月通过教育部评审，运动人体科学实验教学中心被授予"十一五"国家级实验教学示范中心（以下简称"示范中心"）。

同时，北京体育大学为贯彻落实《国家中长期教育改革和发展规划》（2010～2020 年）、《国家中长期科学和技术发展规划纲要（2006～2020）》以及《全民健身条例》等，响应党和国家"明显提高国民健康素质"，结合示范中心建设的初步成果，打破学科界限，进一步凝练和集聚了运动人体科学、体育教育、运动训练等专业的优质教学资源与科研成果，依据国家推进"和谐社会"建设与深化"全民健身计划"的实际需求，提出了创建集科研、实验、实践教学功能的运动与体质健康实验室的建设规划。在梳理实验室定位、建设目标、研究方向与人才培养计划等的基础上，于 2010 年 1 月，该实验室获教育部批复立项建设。

---

* 北京体育大学。

运动与体质健康教育部重点实验室（以下简称"重点实验室"）是迄今为止全国高等体育院校中唯一被教育部批复立项建设的实验室，也是目前国内唯一隶属体育学的重点实验室。运动与体质健康教育部重点实验室的立项建立不仅为北京体育大学搭建了一个聚集和培养优秀科技人才、加速培育创新型研究团队、开展高水平科技创新研究的平台，而且还为推进"十一五"国家级实验教学示范中心的建设提供了发展机遇。

一、重点实验室建设目标与任务

（一）建设目标

重点实验室紧紧围绕国家与全民体质健康发展需求，以体育学主干学科为依托，采用"边研究、边应用，边建设、边开放、边巩固"的动态发展模式，实行"开放、流动、竞争、联合"的运行机制，丰富和构建体质健康评价理论与方法、运动健身与营养干预、生长发育与健康促进等研究体系，构建出国内一流、世界领先的开放式、互动的实验平台，开发具有应用前景的健身器材和体质健康信息管理与应用平台。

（二）建设任务

重点实验室依托北京体育大学体育学一级学科的优势，充分发挥人才优势，针对国民大众健身的需求，开展基础性、应用性研究，以体质健康评价方法、运动健身与营养干预、生长发育与健康促进、运动促进健康服务平台的建设等为建设任务，积极开展国内外科技合作与交流，努力将其建设成为我国运动与体质健康领域集科学研究、培养和凝聚高层次人才、产学研相结合的研究基地。

所以，重点实验室具有开展跨学科、跨区域综合性交叉研究的基础，其将体育学、教育学、医学、生物学、儿少卫生学、管理学及健康促进与行为干预理论等进行有效整合，形成集教学（含培训）、科研和社会服务"三位一体"的实验室开放体系为创建运动人体科学实验、实践教学体系提供了保障。

二、实验教学体系的创建

（一）基础实验课

示范中心在建设初期，在仅针对运动人体科学专业开设的体质测量与评价实验课的基础上，依托重点实验室体质健康评价方法，补充了最新研究成果，充分发挥重点实验室拥有的硬件设备，将体质测量与评价实验室拓展为能够针对体育教育、运动训练、运动康复、社会体育等8个不同专业学生开设的基础实验课，不仅拓展了本科学生学习最新研究成果受众面，而且还较好地实现了全面提高本科学生基本技能的目的。

（二）综合实验课

因为重点实验室是凝练体育学学科优势的平台，学科涉及体育学下属五个二级学科，较容易发挥学科交叉、融合的优势，示范中心正是依托这一优势，针对不同本科专业学生的实际能力与优势，分层次开设了生物测试技术原理与方法，数字化生物检测技术，运动风险评价技术以及科学健身方法等综合实验课程，不仅满足了不同专业学生接受学科交叉的教育，而且还能促使学生整合所学理论知识，在不同实践环境中得到实现。

（三）创新实验课

重点实验室自立项建设以后，承担了"十一五"国家科技支撑计划项目1项、教育部重大课题1项、科学自然基金课题4项以及体育总局等省部级课题10余项。示范中心依托这一特点，将创新实验课的开设直接与课题研究结合，重点安排运动人体科学、运动康复专业的本科学生，采用设立兴趣小组的方式参与课题研究，鼓励学生承担文献查询、大型实验设备的操作与测试等任务，培养学生的创新意识，锻炼本科生感受理论知识转化为研究成果的全过程。2010~2011年，示范中心组织本科学生共承担和完成创新课题11项。

（四）虚拟实验课

重点实验室为满足不同群体对健身方法的需求，采用网络技术建设有虚拟实验室。示范中心充分利用这一优势，通过开发与改造相结合的方式，开发了体质健康检测方法模拟软件与健身方法虚拟教学软件，使学生可以通过网络学习就能够完成实验技术的学习。目前示范中心已经能开设体质健康测评网络化教学和生理学虚拟实验教学。

（五）科技服务实践课

国家倡导全民健康，体育总局提倡和鼓励国民采用体育锻炼促进体质健康，重点实验室承担了体育总局、北京市与部分省区市国民体质监测工作与全民健身科技服务工作。示范中心围绕这一任务，面向全校本科学生推出科技服务实践课程，采用自愿报名与择优选拔的方式，组成了国民体质检测队、科学健身指导队等，开展了形式多样的体质健康测评服务、科学健身指导服务等工作，促使本科学生积极参与到全民健身科技服务中，检验学生的基本知识和基本技能。如，组织学生参加北京市第二届职工健康博览会、"北京健康之星"评选、"体育生活化社区"建设等工作。

（六）产学研实践课

重点实验室结合大众参加健身运动的实际需求，开展了检测设备与健身产品的开发性研究。示范中心依据这一任务，每年择优选择部分本科学生参与检测设备与健身产品的设计与开发，并鼓励学生携带成果，通过与企业联合，直接推向市场，接受社会的检验。如，通过学生掌握的骨龄拍摄技术，结合数字化 X 光机的发展，老师和学生联合开发了数字化骨龄机，实现了骨龄片采集的数字化。再如，通过学生在步态分析中掌握的知识和技术，依据科技服务中受测者提出的要求，开发了个性化矫正鞋垫，实现了产学研实验课的教学目标。

三、建 设 成 就

（一）实验教学

通过与重点实验室的协同，示范中心新增实验项目 10 个，完善实验课程 5 门。加大了专业综合实验教学和创新实验教学所占的比例，专业综合实验教学由原来的 40% 变为现在的 50%，创新实验教学由原来的 10% 增加到 15%。学生通过社会服务实践课以及科学研究实践课，结合专业兴趣，在实验教师指导下，完成实验活动，明显提高了学生的创新能力和实践能力。

（二）科技服务

组织运动人体科学学院、运动康复系、体育教育学院、运动训练学院的本科学生与研究承担了各类科技服务 10 余项。如：

（1）培训工作：教育部 "2010 年全国学生体质与健康调研"、海关总署 "全国体质健康培训班" 等；

（2）测试工作：北京市 "第三次国民体质监测工作"、"呼家楼小学体质健康测试" 等；

（3）科技服务：北京市 "健身个性化指导站体质健康测评与健身指导服务周"、"第二届北京健康之星"、"第二届北京市职工健身健康博览会"、中国原子能研究所职工科学健身指导服务等。

（三）科技成果

3 项 "十一五" 国家科技支撑计划课题、1 项博士点基金课题通过科技部与教育部验收；培养博士生 15 名，硕士研究生近 40 名，本科生近 140 名。2010～2011 年，在国内体育类核心期刊发表论文 3 篇，入选 2011 年第九届全国体育科学大会论文 15 篇，2010 年被美国运动医学大会收录 3 篇。

总之，北京体育大学采用教学科研协同发展模式，明显提升了运动人体科学国家级实验教学示范中心建设的广度和深度，尤其是创建了与重点实验室协同发展的实验、实践教学体系，显著提升了北京体育大学实验与实践课程的质量，达到了教育部 "质量工程" 的要求。

全方位教育改革
培养医学精英人才

管远志[*]

一、国际临床医学人才培养的现状和模式

发达国家的医学教育在场学制精英教育的基础上正向培养具有强大发展潜力的卓越医学人才的多元化目标发展，把临床医生和医学科学家的培养集为一体，特点是以医学博士学位为医生的基本学位，再进入住院医师培训。据 2009 年对 105 个国家和地区的统计，对医科毕业生授予博士学位的有 48 个，授予文凭获资格证书的有 29 个国家（部分在完成专科医师培训后才授予学位），有的国家实行 MD + PhD 的双学位制度。对医学院毕业生授予学士学位的只有 28 个国家。

近十年来，北美医学院校引领了世界医学教育改革的新潮流。医学教育定位于精英教育，具体体现在：目标明确——培养人文和科学素养优秀的临床医生；起点高——以大学基础教育为起点的长学制教育；课程优化——以生物—心理—社会医学模式构建课程体系；教学技术新——以学生为中心的纵向及横向整合，小规模讨论，网络化自主学习，模拟，虚拟技术应用等。同时，北美医学院校针对社会、经济、卫生需求的发展和改变不断地检讨，改革和完善其医学课程和教学方法，使医学教育处于不断创新，不断改进，螺旋式上升的良性发展过程中。

二、国内临床医学人才培养的现状和不足

新中国成立以来，在党和政府的指导和支持下，我国的医疗卫生事业和

---

* 北京协和医学院。

教育事业均得到空前的发展，已形成学科门类齐全、规模庞大的医学教育体系。到"十一五"期末，我国共有高等医学院校 103 所。在学制方面，基本上是以五年制为主，毕业生授医学学士学位；少数是七年制，毕业生授医学硕士学位；协和医学院则从 1917 年建校以来一直为八年制，毕业生授医学博士学位。进入 21 世纪始，7 所原实行五年制和七年制并行的医学院校经国家教育部批准开始试行八年制的医学教育。按照国家教育部的发展政策，我国将形成以满足基层医疗需求为主的五年制和少数培养高级医学人才的长学制（八年制）并存的医学教育体系。

从总体上看，中国的医学教育所存在的最大问题是两点：（1）从高中毕业生中所招收的学生在心理上并不成熟，其中相当大的一部分人报考医学院完全是出自父母或其他家庭成员的意见，另一部分人对医学的了解甚少，其兴趣建立在模糊和过于理想化的基础上，从而导致他们的专业思想不稳固，在面临长时间、大强度的学习时动摇、迷茫；（2）教学方法和体系过于陈旧、固化，基础与临床脱节，知识的传授和能力的培养脱节，专业技能的学习和人文，职业素养的培养脱节；学校的培养体系及评估标准和社会需求脱节。

三、协和医学院面临的挑战

协和医学院自 1917 年以来一直以师承当时最先进的北美医学模式，并结合 20 世纪初中国的教育状况，建立了以预科、基础医学和临床医学三段式教育为体系的八年制医学院；新中国成立后与中国医学科学院合为一体，成为中国医学精英教育的不二模式，为新中国的高级医学人才培养做出了不可磨灭的贡献。然而，随着中国的经济，医疗卫生事业、教育事业的快速发展和社会需求的变化，中国的各领域包括医学教育融入全球化，协和的弱势及不足亦暴露出来。究其原因，主要有以下几点：

1. 医疗健康服务模式的改变。随着我国卫生服务模式的转变和社区卫生服务的发展，住院病人和门诊病人的特点都将发生明显变化，要求医学教育必须相应地调整课程内容，以适应医疗健康服务模式的转变。

2. 患者人口学方面的变化。随着我国社会经济的发展，人口老龄化趋势加剧，患者老龄化趋势增加，要求医学教育增加相应的内容，以适应患者人口学方面的变化。

3. 患者对医疗服务期望的变化。随着我国社会经济的发展，人口受教育程度的增加以及信息化时代的到来，患者对自己所患疾病的知识不断增加，他们希望能与医生有更深入的沟通和交流，对自己的治疗方案有更多的主张和意见。这就要求医学教育必须注重医学生沟通交流能力的训练，使医学生有良好的职业素养。

4. 医学教育的国际一体化趋势。随着经济全球化的加快，医学教育国际化的趋势也不断加快。在学校发展的"十二五"规划中，协和要办成国际一流的医学院，这就要求我们的医学教育必须与国际接轨，培养能参与国际竞争的医学人才。

从技术层面上看，固定在一所学校实施预科教育，无论是北大还是清华，都不足以选拔适合接受医学教育的、多元化的、心理成熟的学生。当年协和在中国办医学教育时，苦于没有合适的大学毕业生符合协和医学院的教育定位，故采取在燕京大学专门开设协和预科班的权宜之计。而中国的大学教育，尤其是新中国成立以来大学教育的快速发展，已完全可以从毕业生中选拔出适合接受医学教育的学生。

5. 协和医学教育的产出经过教育部的评估和由美国中华医学基金会（CMB）的考核，暴露出在基础知识、基础训练和基础知识的临床应用、信息的完整性、公共卫生、流行病学、伦理学、循证医学、社会服务技能等方面的不足。

6. 受到客观环境的影响和条件的制约，协和的师资队伍建设落后于教育的需要，而教育管理和教学方法、技术亦和国际水准有较大的差距；表现在教师的工作量和质量的界定，评估标准不够清晰，临床医学教育的考核不足以反映出学生的能力，宽严均缺乏充分的论证。

四、协和医学教育改革的理论依据

医学教育从教育学的分类上讲属于专业教育（professional education）。其核心目标是三点，即传授知识（knowledge）、培养技能（skill）和灌输职业价值观（professionalism）。从国际上医学教育的成功经验来看，医学教育应当定位于成人教育的理念，医学生所应具备相应的学习心理特征，个人对学医的适应性和学术准备；要经受过与医学有关的自然科学、人文科学知识和逻辑思维的培养——医学预科教育（premedical education）。成人学习理论的要点是：（1）当学生确信学习目标很实际，并且对个人的职业前途而言很重要时，才会认真地学习；（2）学生需要成为学习的主导者，学习的过程与自尊密切相关；（3）在学习内容、学习方法、学习时间等各方面给予学习者适当自主权，方能促进学习，即所谓自主学习；（4）成年人学习过程中，采用小组讨论及类似方式，有助于实现从知识的理解过渡到运用、分析、综合、评价的更高层面；（5）成人需要得到学习结果的实时和阶段性的反馈，因此必须在团队支持和提供建设性建议的基础上，构建学习的全过程。

在全校师生达成共识的基础上，协和的教育改革从全面的课程重建（curriculum remodeling）和现行课程框架内的改革两条途径同时进行。全新的课程是以建成国际一流的医学院为目标，瞄准国际上最先进的办学模式，结合我国的国情，即国家对有创新能力的高级医学人才的需求和我国目前医学生培养的可行性，传承和发扬协和的优良传统，与时俱进、一以贯之。新课程的设计将在培养目标和高层次学习产出的指导下进行。其原则是：在整个课程体系中，生物医学、临床医学和社会心理学知识的传授将整合到临床技能和职业精神的培养中；临床教学活动应贯穿全学程，以加强学生对生物医学、临床医学、社会心理学、临床技能和职业精神的学习和理解；课程的设计承认，医学生的学习类型差异和职业兴趣不同，所以要为其提供相应的弹性学制和空间；课程的内容将以病人为中心；课程的重点是学生有效利用各种手段进行学习，以培养学生自主学习和终身学习的能力，教学方法要以学生为中心而不是以教师为中心；课程将在合适的时间提供选修课，提供学生希望从事职业领域的深入学习经历。

五、协和医学教育的改革路径

1. 坚持循序渐进、逐步推行的原则，保留部分内容以现行方式教授，部分内容纳入整合课程体系中去，并视教师和学生接受的程度，逐步加大整合课所占的比例。

2. 继续加强预科教育，并做好预科课程与基础医学课程的衔接，重点解决预科和基础课中部分内容重复的问题，使前者得以优化并充分利用综合性大学的教学资源优势，使预科为医学教育打下坚实的基础。实现预科生接触临床的制度化。

3. 对基础医学课程进行以横向为主的整合（基于器官/系统为主的教学），条件成熟的学科辅以"基础—临床"纵向整合的课程改革。

4. 临床医学理论课和临床见习进行以 CBL 和 PBL 为主的整合。增加学生临床操作的训练和在教师指导下自主操作的机会。

5. 强化人文素养的教育，把三个模块贯穿于五年半的医学教育全过程，实现人文教育和专业教育的有机结合：（1）有关伦理、法律、社会和行为科学、心理学、交流和沟通技巧等的课堂授课；（2）有关职业素养的教育分解融合到各基础临床的专业课程中去，特别是有机融入临床课程和见习、实习过程中去；（3）有针对性地设立课外讲座、讨论和社会实践；（4）强化校园文化建设和隐秘课程（hidden course）的实施。

6. 加强国际交流，开拓学生的国际视野。与国际一流医学院建立合作关系，组成约5人一组的学生小组，于进入第七年级前的暑期分送学生到国际合作学校进行为期8周的培训，培训内容包括临床学习、实验室学习和社区医疗机构学习。

7. 开展基层医疗机构社会实践，使学生深入了解我国基层医疗卫生状况。在条件艰苦的农场地区设立社区实践教学点，组成约5人一组的学生小组，于进入第五年级前的暑期分送学生到社区实践教学点进行为期4周的社会实践，并撰写一篇以基层医疗卫生状况或基层医务工作者状况为主题的论文。

如何建立符合国情又能与国际接轨的全新办学模式，培养出符合我国医疗卫生事业和医学科学发展之需求的高级医学人才，党和政府、全国的兄弟院校都在看着协和，我们正处在机遇和挑战并存的一个关键时期。唯有不断努力，改革，用有协和特色的、能满足我国医学科学和医疗健康需求的精英培养模式来引领中国的医学教育，在新的世纪里继承和发扬协和的光荣传统，续写协和的辉煌历史，向人民向国家交上一份满意的答卷。

立足工会　面向社会　探索特色办学之路

刘玉方[*]

中国劳动关系学院是中华全国总工会直属的唯一一所普通本科院校。学校的前身是 1949 年在天津创办的中华全国总工会干部学校。1954 年学校从天津迁到北京，并在全国首创劳动经济专业。1984 年，学校改建为中国工运学院，开办成人高等学历教育，成为中华全国总工会直属、独立设置的成人高等学校。在成人高等院校二十多年的发展过程中，学院逐步构建起具有工会特色的学科专业教学和研究体系。1992 年，学院开办劳模本科成人教育。2000 年学院在香港和澳门相继开办社会工作大专班，为香港、澳门工联会培养工会工作专门人才。2003 年，为适应新形势下我国劳动关系变革以及我国工会干部队伍建设的需要，经国家教育部批准，中国工运学院正式转制升格为普通高等本科学校，并更名为中国劳动关系学院。举办普通本科教育 9 年多来，学院立足工会、依靠工会、服务工会，坚定不移地走行业特色化办学之路。经过多年的积极探索，学院发展定位、人才培养目标定位、教育教学思想等办学理念的顶层设计更加明确。

一、办学理念与办学特色

（一）办学理念

1. 学校发展定位。中国劳动关系学院是一所以人文社会科学类专业为主的教学型普通本科学校。学校立足工会、面向社会，着力培养适应劳动关系与工会工作需要的复合型、应用型专门人才。学校以普通本科教育为基础，教学与科研相互促进，学历教育、干部教育与劳动关系研究协调

* 中国劳动关系学院副院长。

发展，不断提升办学层次和教育教学水平。

2. 学校人才培养目标定位。适应经济社会发展和服务国家特殊人才需求，培养劳动关系及工会等领域需要的，思想品德优良、理论知识扎实、实践能力突出，具有创新精神和社会责任感的高素质应用型专门人才。

3. 教育教学思想。服务于国家经济、政治与社会发展，特别是劳动关系和工会工作需要，确定科学合理的人才培养目标。以学生为本，坚持教学和科研工作的中心地位。德育为先，素质教育、通识教育和专业教育有机结合，强化学生社会实践能力的培养，促进学生德智体美全面发展，为社会培养有用人才。

（二）办学特色

学院的办学理念与学院的办学特色相辅相成。学院发展定位、人才培养目标定位、教育教学思想等办学理念凝练的基点为：立足工会，面向社会，培养适应劳动关系与工会工作需要的、实践能力突出的应用型专业人才。这一基点鲜明地概括了学院的办学特色：关于学生的知识结构，有关劳动关系与工会工作的知识乃是学生知识结构中不可或缺的组成部分；关于学生的能力，突出学生实践能力，特别是处理劳动关系与工会工作问题的能力应成为专业教学的侧重点；关于人才培养目标，或者说学院办学的服务面向，主要是为我国劳动关系与工会工作领域培养应用型专门人才。

二、立足工会，面向社会，学院行业特色化办学的具体实践

（一）学科与专业布局

根据学院的发展定位、人才培养目标定位，适应我国经济社会发展、劳动关系及工会工作对专门人才的需求，学院的学科与专业布局不断调整，开设的专业数量逐步增加，但强调学院办学特色，加强劳动关系与工会工作专业群建设的指导思想始终未变，基本形成了劳动类专业密集的专业格局。学院现设有工会学院、劳动关系系、公共管理系、法学系、经济管理系、安全工程系、文化传播学院等教学系部，初步形成了以劳动关系、劳动与社会保障、社会工作（工会社会工作方向）、法学（劳动法与社会保障法方向）、人力资源、安全工程等特色专业为主干，行政管理、

工商管理、财务管理、汉语言文学、新闻、戏剧影视文学等专业为支撑的，具有鲜明特色的学科与专业布局。与劳动关系、工会工作紧密相关的专业占学院专业总数的 1/2，这些专业的学生人数占全校本科学生总数的 58%。

（二）人才培养过程

1. 专业培养方案体现办学特色。专业培养方案是高等学校保证教学质量和实现人才培养目标的重要制度，是组织教学过程、安排教学任务的基本依据。2003 年学院转制升本至今，本科专业培养方案已修订三轮。这三次修订，一条"红线"贯彻始终，即专业课程设置在强调规范的基础上进一步体现和突出学院及专业特色。（1）最新一版各专业培养方案中的必修课均按照教育部 98 专业目录及各学科专业教学指导委员会的要求开设，一般不少于要求开设课程的 90%。在此基础上，各专业开设的专业特色课程一般不少于 3 门、10 学分。（2）劳动关系、劳动与社会保障、社会工作（工会社会工作方向）、法学（劳动法与社会保障法方向）、安全工程等特色专业开设的与劳动关系、工会工作相关的课程，多的可以占到专业课程总数的 40%，少的亦可达到 20%。（3）为了突出学院办学特色，把学院发展定位、人才培养目标定位落到实处，各专业培养方案中的公选课均设有特色课程模块。学院统一将劳动关系、劳动法、职业安全卫生、中国工运史、社会保障、国际劳工标准等课程列为全院性公共选修课，并要求学生修读的学分不少于 4 学分。据统计，该类特色课程占每学期开设的公选课程总数的 15% 左右，每门课程的选修人数均不少于 100 人。

2. 实践教学设计支撑应用型人才培养。近年来，学院围绕应用型专业人才培养目标，积极探索符合应用型专业人才培养目标要求的实践实验教学体系。

（1）确立了理论教学与实践教学相统一，学生主体性与教师主导性相统一，知识传授与能力培养、素质教育相统一的实践实验教学理念。

（2）积极搭建适应学科专业发展的实践实验教学平台。北京校区建成专业实验室 25 个，体现劳动关系与工会特色的实验室所占比例接近 50%，建筑面积近 3000 平方米。劳动关系实验室属国内首创，文化传播实验教学中心、劳动关系协调与发展实验教学中心先后被评为北京市实验教学示范中心。2012 年，劳动关系协调与发展实验教学中心被国家教育部批准为"国家级实验教学示范中心"。

（3）构建科学的实践实验教学课程体系。2012年修订完成的专业培养方案，一是按照教育部要求，各专业的实践实验教学所占比例均达到了15%，工科专业——安全工程专业的实践实验教学比例亦达到了规定的25%。二是每个专业独立设置的实验课程至少有两门，其中有些课程是相关专业自主开发的特色实验课程，例如，社会工作实习工作坊、企业文化咨询实务、企业文化师培训、劳动争议处理实务、人力资源与社会保障管理实务、劳动模拟法庭、集体协商谈判实践、事故调查与案例分析、安全评价课程设计、应急预案课程设计、灾难性事件调查、建设安全社区实践等。

（4）校外实践实习基地的建设。将校外基地的建设作为学院实践教学体系的重要组成部分，并积极利用校外基地加强学生专业实践能力的培养。截至目前，学院累计投资已超过3000万元，建立实践教学基地33个，具有劳动关系与工会特色的基地所占比例超过了50%。学院与北方凌云工业集团有限公司的合作，签约共建校外人才培养教学实践基地，成立了凌云公司劳动争议处理及安全生产技术培训中心，接受学院相关专业学生的实训实习工作。公司委派有经验的技术和管理人员指导学生实训，受训学生的专业实践能力有了长足的进步。据统计，现已有100多名毕业生被公司录用，有的已成长为公司的业务骨干。双方合作3年多来，按照"生产性、真实性、示范性、开放性"的原则，围绕任务驱动，基础实训、综合实训、创新（设计）三级实训工学结合实践教学模式，致力于培养学生的专业能力、方法能力和应用能力，成效显著。2012年凌云公司被北京市教委批准为"北京高等学校市级校外人才培养基地建设单位"。

（5）社会实践服务区域社会发展方面。学院及教学系部还积极组织学生参加具有学院及专业特色的社会实践及服务活动。例如，2011年5月至今，法学系已有近百名学生参加了由北京市社工委和北京市劳动和社会保障法学会主办的"劳动法律宣传与服务进社区进企业行动"。学生精心准备了养老保险、劳动报酬、工伤待遇和劳动合同等多个真实案例，分批至北京市东城区、海淀区、朝阳区、平谷区的企业和社区进行了二十多场"模拟法庭"宣传。以上活动，不仅开拓了学生的专业视野，提高了学生的专业实践能力，还充分彰显了学院的办学特色及特色办学的生命力，扩大了学院的社会影响力。其他专业学生参加的劳动争议处理、困难职工帮扶、社区服务等专业实践活动，亦取得了很好的效果。

（三）科学研究

学院的科研工作亦充分体现了学院的办学特色，研究领域和研究成果与劳动关系及工会工作密不可分。根据学院发展定位及"把学院建设成为在劳动关系和工会领域学科专业齐全完整，特色重点鲜明突出，集教学、科研为一体的全国一流高校"的办学目标，学院的科研工作一直致力于把学院建设成为我国劳动关系和工会理论研究的重要基地。近年来，学院围绕全总重点工作，特别是围绕工会与劳动关系理论开展研究，先后设立了14 项全总委托课题和 7 项全总特别委托课题。据统计，2010～2012 年，学院教师在研或已结项的课题中有 242 项属劳动关系和工会领域课题。学院教师出版的著作、发表的论文中，属于劳动关系和工会领域研究成果的达到了 505 部（篇）。学院组织教师完成的有关劳动就业、社会保障方面的课题及所取得的研究成果，得到了王兆国主席和全总书记处的充分肯定。为努力打造具有学院特色的学术研究平台，扩大学院在社会上的学术影响力，2008 年以来，学院分别与全总宣教部和全国厂务公开协调小组联合举办了"全国工会企业文化建设与职工素质论坛"和"国际金融危机背景下企业民主管理论坛"，并与首都经济贸易大学联合举办了两届"经济增长与就业国际论坛"。与此同时，学院还独立创办了具有鲜明特色的重要学术交流平台，即"中国工会·劳动关系论坛"。该论坛已成功举办四届，学术影响力不断扩大，已成为学院工会和劳动关系领域学术研究成果展示与交流的一个品牌，彰显了我院的办学与科研特色。

（四）教学科研服务行业发展需求

学院的科研工作除围绕全总重点工作、为我国工会工作的开展提供理论及智力支持外，还直接有力支撑和服务于学院承担的全国工会干部培训工作。据统计，部分项目的研究成果已直接应用于工会干部培训课程，如中国特色社会主义工会理论、"创争"活动与企业文化建设、工会法实施中的热点问题、劳动合同法、社会保障制度的改革与工会的帮扶工作、农民工问题、职工群体性事件及工资集体协商等。另外，部分以专著形式出版的研究成果已成为工会干部的培训教材。

在科研有力服务于工会干部培训的同时，本科教学也有力支撑了工会干部培训。据统计，近 3 年来，干部培训学院平均每年要承担近 30 个班次、4700 余人的工会干部培训任务。为完成培训任务，每年需聘请培训教师近60名，其中近一半教师为院内教师。多位在本科专业教学中表现突出的青年教师成为了工会干部培训讲坛的新秀。本科专业部分与工会、劳动关系相关的课程，已经对和谐劳动关系构建、劳动关系三方机制、工会法、劳动法、劳动合同法、劳动争议处理、集体协商、职工民主管理、工会如何参与社会创新管理、经济技术、财务管理、企业文化建设、职工文化建设、职工素质教育、劳动保护等工会干部培训课程与内容形成了有力支撑。反过来，工会干部培训也对这些本科课程教学内容的充实与改革提供了鲜活的资料，两个课堂形成了"互动"、"双赢"的局面。

三、结 语

在"立足工会，面向社会，走行业特色化办学之路"理念的指导下，学院的教学与科研工作取得了显著的成绩，学院的办学水平，人才培养质量不断提升。学院教师获得的省部级、国家级科研项目、教学项目与日俱增，学生在北京市乃至全国数学建模、创业大赛、英语演讲比赛、人文知识竞赛、模拟法庭、模拟集体谈判大赛等赛事中取得显著成绩。毕业生就业率已连续多年保持在90%以上，毕业生的专业对口就业率亦保持在较高水平，2011年劳动关系专业毕业生的专业对口就业率高达81%。学院毕业生中有相当一部分学生从事与劳动关系、工会领域相关的工作。

参照学院的发展定位及"把学院建设成为在劳动关系和工会领域学科专业齐全完整，特色重点鲜明突出，集教学、科研为一体的全国一流高校"的办学目标，我们的特色化办学还有待于进一步深入展开，也还有许多工作要做，学院的改革和发展之路依然漫长。改革和发展是推进我院特色化办学走向深入的不竭动力。

借鉴学习　真心求实

——国关教学改革和师资队伍建设的体会

陶　坚[*]

各位领导、各位同行：

很高兴参加由外交学院主办的第六届首都特色行业院校论坛。2011年，在国际关系学院主办的第五届年会上，各位兄弟院校代表提交的论文和精彩发言，让我校的参会同志受益良多，特别是对于第一次参加这个论坛的我本人，感受更深，你们的不少宝贵经验已经落实到我们工作的实处，开花结果了。

2012年是国际关系学院实施"十二五教育事业发展规划"的重要年份。党政领导班子在客观分析学校发展目标、自身能力和所面临的困难之后，将2012年定位为"爬坡之年"。一年很快就要过去了，回过头看，爬坡爬得确实有些辛苦，许多工作存在改进和完善的地方，但进步还是明显可见的。我们最大的体会，就是要用心去学，真心去做。

这话怎么讲？简单一句话解释，就是兄弟院校众多，先行先试者众多，成功经验和案例众多，像国关这样规模较小、基础还算不差的学校，只要用心去学，真心去做，"拿来主义"，他人的现成经验加上适当的优化、本校化，做到改革有突破、工作见成效其实不很难。怕就怕不认真，不当真，别人的经验一听而过，甚至用各种理由和借口拖延改革，或者不敢承担改革可能带来的风险。

以教育教学改革和师资队伍建设方面的工作为例。2012年我们确定了明确的工作目标，校主要领导要求各主管领导和相关部门走出去学习，还亲自带队进行上门调研，在座各校有关部门的领导和同志也多次受到我们的"骚扰"。取回来的经，没有束之高阁，而是经过反复讨论转化成了我们的文件、规定和行动。下面，简要汇报我校取得的四方面成果。

---

* 国际关系学院院长、党委副书记。

一、在"一制三化"（导师制、小班化、国际化、个性化）方面取得明显进展

第一是本科生导师制。2012年伊始，党委就直接抓本科生导师制建设工作，党委会专门研究工作方案和具体细节，使得这项工作进展比较顺利。从2012级新生开始，国际关系学院已经开始推行全员导师制，其侧重点在于为新入学的学生提供全方位指导，使他们能够在最短的时间内实现从中学生到大学生的转变，并在低年级期间继续提供相应帮助。为此，学校动员全体专任教师、部分符合条件的管理干部和部分热心教育事业的离退休教师担任导师，并配套了考评和奖励机制。

第二是小班化。为落实提升教育质量的目标，真正走"小而精"的培养模式，我们下决心从2012年开始，把本科生招生人数从每年650人减少至600人，实现了外语专业向每班20人回归，其他专业向每班30人回归。我们还准备分步将本科生招生规模减少到每年500人，进一步缩小班级规模，为小班"研讨式教学"创造基本条件。

第三是国际化。这方面我们很惭愧，相较于兄弟院校落后很多。2012年，我们在国际交流方面积极开展了多项出访和接待活动，第一次让外籍教师和留学生入住校园，开始了建设国际化校园的进程。

同时，学校决定从2013年夏季开始举办国际化小学期，将现有的两个为期19周的长学期改成两个为期17周的长学期和一个为期4周的小学期。小学期安排在6月中旬到7月中旬，以聘请国外知名高校教师前来授课为主，使学生可以不走出国门就聆听高水平国际化课程。此外，我们还希望通过小学期建设，给学校的教师和职工更多时间开展科研和培训，同时腾出人力全面开展本科生入学面试，进一步提高录取新生的综合素质。

国际化方面我们还有一个创新举措，就是借用外力，与北京塞万提斯学院合作，开设西班牙语辅修课程。我们从塞万提斯学院聘请以西班牙语为母语的教师来学校开设零起点西班牙语课程，首先以辅修的形式进行试点。经过筛选，共有40名学生进入首期班学习。目前首期班已经结束，全部学生通过考试，大部分学生自愿进入第二层次的学习。此类合作的好处是学校投入可以控制在合理的范围，同时师资品质高，课程针对性强，学生受益明显。

第四是个性化。我们试图在本科生导师制的实施过程中，加强对学生

特点的了解，作为个性化培养的基础。同时，通过课程的多样化和实践课程的完善，校外实践基地的建设，更多聘请校外指导老师，增加暑期社会实践等，扩大我校学生的个性发展空间。

我们认为，增加学生在校期间参与科研创新和创业活动的机会是个性化培养的有效途径。国际关系学院 2012 年首次按本科生 1000 元/生，硕士研究生 2000 元/生的标准，编列了学生科研经费，加上教育部和北京市有关大学生创新创业的支持经费，使在校学生参与科研和创业活动的人数和占比都有大幅提升。

二、为了配合"一制三化"的实施，我们对本科培养方案进行了重要调整

除了学习时间从两学期制改为三学期制以外，我们还全面改革了本科实践教学体系。这一改革主要体现在两个方面，一是在每个专业都开设实践性课程，这些课程主要邀请具有实践经验的教师、专家参与教学；二是以贯穿四年的实践育人环节替代毕业实习环节，将学术实践、创新创业训练、学科竞赛纳入学分制体系。

我们希望通过上述各项措施，逐步改变教育和管理的根本观念，有助于实现把学生培养成为具备综合素质和专业能力的高质量人才的目标。

三、学科建设工作取得进展

在已有一级学科下共增设目录内、目录外新专业 7 个，其中，目录内专业 3 个（政治经济学、西方经济学、中外政治制度），目录外专业 4 个（国际公共采购学、公共外交与文化传播、国际事务管理、国际关系与国际法）。7 个新专业的设立，丰富了一级学科的下设专业，为学科发展提供了更广阔的发展平台。

四、大力加强师资队伍的建设

在学校"十二五"规划中，对师资队伍建设的极端重要性及建设目标，都有清晰的说法和要求。2012 年，学校经过近一年时间的调研、起草、听取意见和反复修改，出台了一系列政策性文件。其中包括：人才引

进办法、学术梯队支持计划、关于加强青年教师培养的若干意见、专任教师校内流动管理办法、科研奖励办法等。这些文件将从机制和体制上对我校的师资队伍建设产生深远而广泛的影响。

此外，学校正在加紧建设教师发展中心，开辟师生交流互动空间，从硬件和软件两个方面为教师提供更加符合现代教学理念的空间和服务。

2012年12月初，我们召开了全校规模的"教学与师资队伍建设工作会议"，邀请北京大学、北京理工大学的专家就教学改革和师资发展的思路进行专题报告，组织教师研讨学校新出台和正在推进的各项改革措施。会议鼓舞了人心，统一了思想，取得了良好的效果。国际关系学院党委书记刘慧同志在会议的总结讲话中，代表学校总结提出了"四个关键"：（1）提高教育质量，关键是教育教学和管理理念的创新。要改变传统的思维模式，适应当代大学生的需要。（2）加快教育教学改革，关键是体制机制的创新。学校要有明确的思路，职能部门要有具体的实施操作办法。（3）加强师资队伍建设，关键是明确责任和义务。师资队伍建设不仅是学校领导的事，更是各有关部门的工作职责，是各系部必须深入思考的工作内容。各系主任应该在学科建设和师资配备方面成为所在单位的思想者和引领者。（4）实现学校科学发展，关键是解决当前和长远突出问题。全校各部门都要关注和解决师生关心的问题，要创导"问题导向型"工作法，全校各部门协调一致，随时随地解决各种实际问题，建设和谐的校园。

以上这些，多数是各兄弟院校已经做过或正在做的，听起来并不新鲜。我利用这个机会向各位兄弟院校的同志们报告一下，主要目的是想让大家听见我们追赶的脚步声，国际关系学院并没有落后得太远。在外交学院举办的本次论坛上，我们还能学到更多的经验，启发更大的思考，带来更多更具体的行动。与各兄弟院校一样，国际关系学院上下正在全面深入地学习党的十八大精神，进一步梳理未来的工作思路。我相信，明年的论坛上，我们还会有新的成绩新的进步可以向大家汇报。

谢谢大家。

关于提升教师教学能力与水平的思考与尝试

陆玉林 *

这次论坛的主题之一是有关教师教学发展中心工作的研讨。中国青年政治学院的教师教学发展中心是 2011 年 7 月开始筹备，11 月才正式成立。因为成立的时间不到两年，虽然开展了一些实质性的工作，2012 年也没有申报"十二五"国家级教师教学发展示范中心。因此，在这里向大家汇报中国青年政治学院教师教学发展中心的工作很有些忐忑，主要还是向各位领导和专家请教，以帮助我们进一步开展好相关工作。

教师教学发展中心工作的核心和宗旨是提升教师的教学能力与水平，这也是提高高等学校人才培养质量的关键所在。高校教师所承担的职责主要包括教学、学术研究、参与学校管理和社会服务，而直接影响大学生的事实上是教学，包括课堂教学和对学生的学术性指导。学生的学术兴趣、研究能力、创新精神等方面的培养，都与教师的教学有非常直接的关系。教师的教学能力包括很多方面，比如认知能力、设计能力、组织能力、传播能力、交往能力等等。有些是先赋性的，但大多是能够通过后天的培养而不断提高的。因此，教师教学发展中心的工作其实非常重要。

中国青年政治学院的教师教学发展中心的总体定位，是教师队伍规划的研究咨询机构，是教师教学培训工作的组织领导和实施机构。在组织架构上，教师教学发展中心设主任 1 人，由分管教学的校领导担任；教务处、人事处、研究生处、科研处和评估处等职能部门负责人为成员。内设有专家委员会，成员由本校 10～15 名具有高级专业技术职务的教师和管理人员组成。在职能定位上，除了开展针对性的教师教学培训、促进教育教学研究、提供多样化教师教学咨询指导服务和推广教学改革创新成果之外，还承担研究和评估学校教师队伍状况、会同教学部门提出年度教师引

---

* 中国青年政治学院副院长。

进计划建议和参与拟引进教师人选考察的职能，以及组织开展教师暑期社会调研工作的职能。

教师教学发展中心承担拟引进教师人选考察的职能，主要意图是把好教师的进口关。我校规模小，教师编制有限，每年来求职的博士研究生与拟引进教师人数比例很高。同时，教师的退出机制并不健全，请进容易送出难。教师教学发展中心参与拟引进教师的考察工作，至少能在其基本的教学能力与水平方面把把关。我们把关的方式是由教学部门安排试讲，而教务处、人事处、研究生处、科研处和评估处等职能部门负责人或委派专人听试讲、点评并投票。通过这种方式，能够保证引进的教师在同类型的求职者中教学能力和水平排在前列。

组织开展教师暑期社会实践，是教师教学发展中心开展的一项有特色的工作。中国青年政治学院具有让教师参与社会实践的传统，但是大规模地组织教师开展社会实践还是从 2011 年开始的。社会实践对于高等学校的师生来说，是接触社会、了解社会、开阔视野、增长见识、创造新知的重要途径，是学习运用专业理论和知识观察分析问题、深化提高对专业理论和知识的理解和运用水平的重要方式。多年以来，各个大学都较为重视学生的社会实践，而忽视了大学教师的社会实践。但无论是从理论上还是经验事实上来看，大学教师的社会实践也需要给予高度重视。

我们的教师，特别是年轻教师，一般都是博士毕业，受过比较严格的专业训练，专业背景、专业知识、专业理论、专业思维和专业研究方法都比较好，有的年轻教师还有在国外大学学习、研究的经历，可以说在做专业的学术研究方面具有良好的基础。但是，一方面，由于我们的大学与公共生活和整个现实环境存在着脱节的现象，教师融入社会现实的程度不是很高，因而习惯于做书斋里的学问，不太擅长深入了解和掌握经济、社会发展的现实；另一方面，理论和知识总有一定的滞后性，特别是教材的更新总是赶不上现实的变化，而引进的国外教材也还存在着本土化的问题。这就导致了教学内容陈旧或很难与现实接轨，学生学到的知识落后于社会实际或脱离社会实际；有的科研成果是自说自话，与社会现实发生一定的脱离。这些现象的存在，不利于高等教育质量的提高，更无法进行科学、技术创新。基于上述的忧虑，中国青年政治学院党委经过认真研究，决定号召并支持广大专业任课教师，深入社会、展开调研，进行广泛的社会实践活动，从而提升教学水平，提高科研质量。

2011 年和 2012 年暑假期间，学校的专业任课老师，响应学校的号召，放弃了暑期的休息，深入企业、农村、社区、金融机构和法院等各级各类组织机构，开展了为期数周的社会调研活动。他们与工人、农民、社区工作者、经营人员、法官、青少年工作者和各级各类基层干部进行了广泛而深入的交流，收集到了鲜活的教学科研素材。回校后，教师们对收集到的资料进行了归类、整理、统计、分析，形成了翔实丰富的调研报告。这些调研报告题材广泛，涉及青少年教育、社区服务、法治建设、文化产业发展、企业管理、金融业务创新、中小企业融资、粮食生产的可持续发展、团校建设与发展、大学通识教育等诸多与国家经济社会发展密切相关的问题，涵盖了法学、经济学、管理学、文学和哲学五个学科门类，形式新颖，内容丰富，既有鲜活的一手资料和数据，也有深入的理性分析，实在难能可贵。为了让更多的人分享教师们的调研成果，2011年学校将所有的调研报告结集出版，今年也还要择优出版一部分。

教师开展社会实践活动，收获很多，集中体现在三个方面。

第一，丰富了教学内容，有助于提高育人水平。通过社会实践，真切而直接地接触社会现实，生动而全面地了解基本国情，教师们能更新知识储备，发现理论知识与社会现实、社会需要之间的差距，形成新的认识与思考，从而增强课堂教学的现实感和针对性，为学生提供丰富的课堂知识，培养出真正"接地气"、堪为社会所用的栋梁之才。

第二，掌握了一手资料，有助于提升科研质量。科研是高校的核心竞争力，也是教学的基础，社会实践则是高校科研工作的生命源泉。科学理论、创新思维来自于实践，又服务于实践。科研需要找到有研究价值的选题，更需要丰富、新颖的资料，找不到研究的问题，收集不到必需的科研资料，科研成果也只能是"伪成果"。

第三，拓宽了专业视野、升华了思想认识。实践是认识的源泉，群众才是最好的老师。大学教师虽然是知识丰富的高级知识分子，但在知识爆炸的今天，也需要不断学习，更新见识，不断地自我完善和发展。只有理论知识和实践能力这两翼都得到提高，才能飞得更高、飞得更快、飞得更远。

教师教学发展中心在提高教师的教学能力与水平方面，还组织开展了其他一些活动，比如新入职教师的培训、网络课程的学习、教学改革成果的评审、教学经验的交流等。这些工作，也都取得了一定的成效。但是与国家级的教师教学发展示范中心相比，还存在着不小的差距。我们将认真学习其他高校的先进经验，结合我校的实际，不断加强和改进教师教学发展中心的工作。

打造专业特色　提升学校核心竞争力

——中华女子学院专业特色建设举措

洪艺敏*

中华女子学院隶属于全国妇联，是一所行业型院校。学校从 2002 年转制成普通高校以来，学校重视特色建设。在特色建设中尤为重视专业特色的建设。2008 年，学校组织召开本科教学工作会议专题研讨专业特色建设问题。2009 年，学校党委一号文件下发了专业特色建设要求。2005 年、2008 年和 2012 年三次培养方案的修订都要求在课程和课程体系的设计和构建中体现出专业的特色。通过几年的建设，学校的专业特色基本形成。"十一五"期间，社会工作、学前教育、女性学三个专业成为国家级和北京市特色专业建设点。2012 年，法学、人力资源管理、主持与播音专业三个专业成为北京市专业特色建设项目。其他专业也都凝练出了专业的特色。总结学校的专业特色建设工作，主要有以下方面的举措：

一、组织开展特色的大讨论

为了明确专业特色建设的方向，在全校范围形成合力、达成共识，学校组织对专业特色的大讨论。一是对特色的理解。特色是一事物区别于其他事物的性质和特征，这种性质和特征是该事物所独有的或者相比较而言是非常突出的。二是对大学特色的认识。大学的特色是在长期办学过程中积淀形成的本校特有的，优于其他学校的独特优质风貌，是学校在发展历程中所形成持久稳定的发展模式和被社会公认的、独特的、优良的办学特征。大学的特色可体现在学校治学方略、办学观念、办学思路，也可体现在管理制度、运行机制、教育模式、人才特点、课程体系、教学方法以及

---

* 中华女子学院。

解决教改中的重点问题等。还可以描述为学科专业特色、人才培养目标和模式特色、社会服务的地域和领域特色、办学传统特色和校园文化的特色。大学的特色是一所大学区别于其他大学的独特品质和行为模式，它一旦形成后不仅能对学校产生潜移默化的影响，而且对社会也将产生深远的影响，具有鲜明的文化特性。大学的特色体现着一所大学的办学水平，它既看不见，也摸不着，难以被其他大学复制和模仿，具有独特的价值，代表着一所大学的核心竞争力，是大学最重要的无形资产和财富。对一所大学来说，办学要有特色，不仅仅是生存需要，更是竞争与发展的需要。在大众化高等教育时代，高等学校在飞速发展。在发展过程中，只有形成别的学校不可替代的特色，才会具有生存的意义，也才具备它的核心竞争力。大学的核心竞争力是一所学校通过获取、创造、整合战略性资源使其能在激励的竞争环境中保持可持续发展的能力。因此，可以说，办学特色是高校核心竞争力的来源，核心竞争力的提升是高校办学特色的具体彰显。三是明确专业特色建设的意义和内容。专业特色是高校办学特色中最主要、最鲜明的标志，人才特色是学校办学特色的集中体现。专业是人才培养的载体，打造专业特色，才能培养出有特色的人才。因此，只有加强专业特色建设，才能培养出有特色的人才，在剧烈的社会竞争中学校才具有竞争力。专业建设包含人才培养目标的确定、课程与课程体系的建设、师资队伍的建设以及教学条件的建设。专业特色建设就是在专业建设的各个方面都要体现特色。

二、查找专业特色建设中存在的问题

在明确专业建设的内容的基础上，学校要求各专业审视本专业在特色建设中存在的不足。通过查找发现，学校专业特色建设存在的主要问题：一是专业发展方向不清晰。学校的各专业发展不平衡。学校共有 19 个本科专业，最早的专业从 1996 年开始招生，最晚设置的专业还没有毕业生，不满三届毕业生的专业有 8 个。一部分新专业由于发展时间短，专业尚未找出自身的定位，发展方向不够清晰。二是专业人才培养目标没有特色。学校 19 个专业中，除了女性学是学校特设专业外，其他专业都是普通专业。虽然是普通专业，但由于各学校办学定位不同，普通专业的人才培养目标也要体现出学校的办学定位，学校的一些专业所确定的人才培养目标特色体现不够。三是专业课程体系与人才培养目标的吻合度不高，仿效多，自身的特点反映不够。专业建设的一个核心内容是课程体系建设。专业课程体系要能实现人才培养目标所确定的规格和要求。我们有些专业的课程体系主要仿效外校，自身特点反映不够。四是尚未形成支持专业特色发展的师资队伍。专业的建设重点是师资队伍建设。教师是形成专业办学特色的关键。专业是否有特色，在一定程度上取决于师资队伍是否有特色。教师在专业特色的建设中，至少承担着两种角色，一是办学思想的实践者，是学校已有特色的传承者；二是特色的创造者。专业要创建特色，首要条件是必须集聚一批能符合专业人才特色培养要求的师资队伍专业建设要有特色。而学校一些专业还没有组建出一支具有能支持特色发展的师资队伍。

三、加强专业特色建设的举措

针对专业特色建设存在的问题，学校重点从以下方面进行建设：

（一）确定专业发展方向

明确专业发展方向，是专业形成特色的前提。学校要求各专业要以自身优势为基础，采取"人无我有、人有我优、人优我精、人优我新"的差异化策略，确定专业建设方向。要求各专业对其他高校、特别同类高校的相同专业建设情况进行了解，进行差异性分析，认识学校和专业在地理位置、学科背景、科研实力、培养方案、课程建设、师资队伍、生源、就业，以及实验室硬件和软件等方面所具有的独特优势或长处、存在的劣势与不足，摸清自己的教学资源和能力状况，掌握本专业在全国甚至世界高校的地位、作用和特点。要求了解专业发展的历史背景、发展进程和目前的社会声誉，在此基础上，确定专业发展方向。同时要求各专业要与行业保持紧密的联系，保持对相关行业进行有针对性的服务，在与行业的互动发展中赢得支持。

（二）改革人才培养模式

专业的特色，很重要地体现在专业人才培养模式的特色。人才培养模式的问题实现上是"培养什么人"和"怎样培养人"的问题。"培养什么人"问题即培养目标和规格的问题，"怎样培养人"问题则为培养方案、课程体系与教学内容、教学模式的问题。

解决好"培养什么人"的问题就是人才培养目标和规格的确定问题。

中华女子学院是一所教学型院校，培养的是应用型人才。因此，学校大部分的专业定位也应该是培养应用型人才。但由于学校专业的不同，所涉及的学科门类也不同。学校 19 个专业分布在 7 个学科门类。专业的不同决定了专业人才培养目标的差异。要实现特色，就要求各专业根据所确定的专业发展方向，在学校总的人才培养目标定位的基础上，确定人才培养目标和规格。同时，明晰所培养的人才所需的知识、能力、素质要求。

解决好"怎样培养人"的问题，则是要修订好培养方案，进行课程体系、教学方式方法改革。

2005 年以来，中华女子学院先后三次进行了培养方案的修订。2005年，根据学校培养应用型人才的要求，探索应用型人才培养模式的改革。以项目立项的方式，要求各专业开展人才培养模式改革研究。在研究的基础上，修订了人才培养方案。2008 年，学校根据各专业的发展情况，要求各专业进一步明晰人才培养目标和规格，修订人才培养方案。2012 年，学校重新确定了人才培养目标，提出培养德智体美全面发展，具有"四自"精神、公益意识、知性高雅的应用型女性人才。为了实现这一目标，在巩固前两轮改革成果的基础上，学校又组织了新一轮人才培养方案的修订。

学校三次培养方案的修订的重点都是课程和课程体系的设计和架构。因为课程是教学活动的基础，是组成教学整体的细胞，是实现人才培养目标而确定的教育内容、结构、进程安排等要素的集合，是培养目标与规格的具体化。课程还是向学生传授知识、培养能力、提高素质的主要途径，对学生知识、能力、素质的形成起着举足轻重的作用。课程是高校提高教育教学质量的关键所在。课程的构建要与学校办学定位相适应、与专业的人才培养目标和规格相匹配。中华女子学院总体的人才培养目标是培养应用型人才，开展应用型本科教育。与学术性本科教育重视理论知识并强调知识学科系统化不同，应用型本科教育强调理论知识和实践并重，理论知识为培养学生的应用能力打基础。要求将理论转化为技术，或运用理论知识为专业提供服务，解决实际问题。应用型人才强调能力的培养，要求具有要用所学知识解决一线工作实际中专业问题的能力（应用能力）和学习能力、工作能力、创新思维和创新能力。同时，还要具有良好的公民道德和职业道德、具有合格的政治思想素养、具有良好的身心素质。

根据应用型人才的规格和要求，学校要求各专业"以应用为导向，以学科为基础、以能力培养为核心、以素养提升为根本"的原则进行课程体系的设计与构架。

"以应用为导向"，就是以社会需求为导向，以市场为导向，以就业为导向，将应用能力的特征指标转换成教学内容。设计以培养综合应用能力为目标的综合性课程，使课程体系和课程内容与实际应用较好地衔接。教学过程设计、教学方法和考核方式的选择要以掌握应用能力为标准。

"以学科为基础"，学校各专业开展的是本科教育，本科教育的理论课程要求具有一定的系统性、完整性。因此，应用性本科教育还要求以学科为基础，但应用性本科教育的理论知识的系统性与学术水平不指向以科学研究为目的的学科体系，而是指向以应用能力培养为目的的学科体系。为此，要改变课程的内部逻辑结构，重新建构专业课程体系，注重基础课程与专业课程相衔接，基础课程要为专业课程服务。

"以能力培养为核心"，课程体系、课程内容和课程形式等的设计和构架要以综合性应用能力培养为核轴心，打破理论先于实践的传统课程设计思路，围绕应用能力培养改革和创新公共基础和专业基础课程，专业课程要强调从事工作的实际技术活动能力和综合应用能力的培养。为了突出应用能力培养，学校要求各专业要大大增加实践教学的比重，把实践教学课程列入专业核心课程中，在实践教学中促进学生应用能力的提高和理论学习的深化。在教学过程中，要确立"学中做、做中学"的教学理念，发挥学生主体作用，让学生在实践中巩固知识，掌握应用能力。

"以素养提升为根本"，培养适应社会的高素质的人才，是社会发展对高等教育的总体要求。学生的素质包括政治思想素质、职业道德和专业素养、身心素质等。应用型人才的培养除了要关注职业道德和专业素质的培养，还要重视非专业素质的培养，尤其是沟通能力、责任意识、敬业精神和合作能力等的养成。中华女子学院是一所女子本科院校，所培养的学生除了具有应用型人才的素质外，还要具备学校特有的人才素养——"四自精神"、公益意识和知性高雅。素质的提升要求学校从课程体系、校园文化等方面协同进行。为此，学校改革课程体系，构建了通识教育课程。设置共同基础课程和博雅课程。强化"公民基本教育"和"基础知识能力教育"。打破学科专业界线，设置"文学与艺术"、"历史与文化"、"社会与哲学"、"科技与自然"、"性别与发展"五大类课程，加大对学生文史哲艺的教育，提供给学生提供多元化的认知视野和人文体验，启发和引导学生对不同学科、不同文化和不同思维模式应有的兴趣和尊重，增进学生对自身、社会、自然及其相互关系的了解，感悟自我存在的和生命的意义，尊重不同文化与文明的价值，培育学生的人文情怀、生存智慧，从而提升学生的综合素养。重视第二课堂在人才培养中的作用。在实践教学活动中，渗透公益活动内容，让学生更多地为社会公益服务，为社会弱势群体服务，培养学生的爱心和高尚情怀，提高学生对"四自"精神的认识，增强学生践行"四自"精神的本领。

学校还重视教学方法和评价制度的改革，倡导"启发式"的教学法，从案例入手、问题出发讲授理论知识，采用讨论式的教学，引导学生思考问题，学会解决问题的逻辑过程和思维方式。采用项目教学、模拟教学、基于问题和基于现场的实践教学方法，培养学生分析问题和解决问题的能力。强调对学生应用能力的评价和考核，注重过程评价，灵活考核方式，采用开卷、闭卷、口试、笔试等多种考核方式，引导学生学习。

（三）加强师资队伍建设

为了培养应用型人才，学校要求各专业建设一支理论与实践兼备的"双师型"教师，突出对教师实践能力的培养。通过制定政策和制度，鼓励教师开展社会实践，通过到社会兼职，开展社会服务等形式，提高教师的专业实践技能，使教师能够把社会实践的最新成果不断引入课堂，加快教学内容的更新。对教师的教学评估加入对教师实践技能、在课程教学中培养学生的实际应用能力的评价，引导教师重视学生应用能力的培养。同时，聘请企业及社会上有丰富实践经验和教学能力的人员作为兼职教师，弥补现有教师实践性不足的问题。

（四）加强实践教学基本条件建设

教学条件人才培养的保障。学校重视实践教学基本条件建设。一是要求各专业做好实验室和实践基地建设规划，为学校的建设决策提供依据。二是积极筹措经费，加大对公共教学基础设施和实验室的建设力度。三是改革实验室管理体制，组建实验教学中心，优化教学资源配置，提高资源的利用率。四是建立一支相对稳定的实验技术和管理队伍，使实验室得以开放，使教学资源得到充分的利用。

搭建实践平台　提高学生创新能力

周宜君[*]

人才培养是高等教育的根本任务。《国家中长期教育改革和发展规划纲要（2010～2020）》中明确提出，高等教育要全面提高教育质量，提高人才培养质量，牢固确立人才培养在高校工作中的中心地位。创新人才培养已经成为世界各国高等教育改革的主要目标，培养大学生的实践能力和创新能力是新世纪高等教育发展的需要，更是我国社会发展和国际竞争的需要，在我国"建设创新型国家"的进程中具有举足轻重的重要作用。

搭建创新实践平台，加强学生创新能力培养是目前我国高校创新人才培养的重要举措。根据教育部提出的实验教学示范中心的建设目标，学习借鉴其他高校实验教学示范中心建设经验，中央民族大学生命与环境科学学院根据专业建设和学科发展需要，积极开展实验中心建设和人才培养基地建设，坚持以学生为本的教学理念，在实验教学、学生科研训练和学科竞赛方面探索了培养学生实践能力和创新能力的途径，取得了良好的成效。

一、加强实验教学改革与管理，培养学生实践能力和创新能力

我国高等教育中，教学是培养学生实践能力和创新能力的主要渠道，对于理工科来说，实验教学是教学的重要组成部分。提高实验教学质量，不仅依赖于实验室的硬件条件，更需要具有较高教学素质的实验教师的辛勤付出、实验教学中心的规范化管理以及学生自身的努力学习。

实验室是高等学校人才培养、科学研究、知识创新的载体，实验教学是学生获取知识、培养能力、提高素质、成才的关键环节和重要途径，在

---

* 中央民族大学。

培养学生动手能力、实践能力、创新能力方面承担着不可替代的重要角色。

中央民族大学生命与环境科学学院现有国家级化学实验教学示范中心、北京市化学实验中心和生物实验中心及学院分析测试中心。实验中心承担了 7 个本科专业（生物科学、生物技术、生态学、化学、环境科学、制药工程、预科教育学院预科班）共计 26 个自然教学班的实验教学任务以及本科学生科研训练项目的实验和研究工作。实验中心以保证实验教学的顺利进行为前提，以提高实验教学质量、培养学生的实践能力为目标，在学院的统一组织下，修订与完善实验教学管理制度，强化实验教学中心管理。

实验教学体系的构建体现在实验教学内容的设置上。教学内容的设置一方面基于各门实验课程的教学目标，另一方面基于对学生实践能力的培养。实验教学中心要求实验主讲教师根据自己所承担的课程特点、教育目标整合实验教学内容，形成验证性、综合性和设计性三类，并逐渐加大综合性实验和设计性实验的比例。如，微生物学实验教学通过内容整合，建立了模块式教学体系：验证性实验教学模块、综合性实验教学模块和设计性实验教学模块，所占比例分为 20%、50% 和 30%。各模块的教学目标和教学方式都非常明确，并将基本实验技能训练和思维能力训练安排到各个实验内容中。其中，综合性实验的目标是通过完成一个实验学会解决一个问题的方法，设计性实验的目标是在已掌握的实验基本技能和基本理论基础上，解决实践中学生自己关心的与本门课相关的问题。

二、加强学生科研训练项目的管理，
培养学生的创新能力

为支持部分学生参与科学研究、培养训练学生的创新能力，实验教学中心积极倡导组织学生组队，根据自己的专业知识和兴趣选择研究课题，在老师的指导下撰写实验项目申请书，申请为本科学生所设立的科学研究训练项目。目前设立的本科生研究训练项目有三类，即国家大学生创新训练计划、北京市大学生训练项目和学校本科生研究训练项目。项目获批后，学生可以得到一定数量的经费支持完成实验项目。其中，国家级、北京市级学生训练项目经费约 15000 元，学校本科生研究训练项目经费约 3000 元。学生在一年的时间里完成相关课题任务。由于学生需要在课余时间和假期完成实验，为了给他们提供实验条件，实验教学中心设立了本科创新教育实验室，并对学生申请使用实验室、借用实验仪器等都有管理制度加以管理。在实验教学中心的统一管理下，本科生科学研究训练项目和实验教学都能顺利进行，实验教学中心的资源利用率得到明显提高。

学院实验教学中心不仅鼓励学生积极申报学生科学研究训练项目，同时为项目的完成提供了平台条件。近5年来，300多名本科学生自主申请或参与教师科研项目250多项，其中学生自主申请科研训练项目214项，包括国家级（NMOE）64项、北京市级（BEIJ）20项、学校级（URTP）130项，发表相关研究论文24篇。通过为期一年的项目，参与的学生克服了各种困难，在实践中体会科学实验的苦与乐，实践能力和创新能力得到了培养。经过学校组织的项目答辩，98%以上的项目通过了评审，且部分项目获得了优秀成绩。根据学校关于创新教育学分的规定，取得项目合格、优秀成绩的学生将分别获得1.5分和2.5分的创新教育加分，计入总学分中。此外，许多参与项目的学生在学业方面表现优秀，参加研究生面试时表现优异，为进一步深造创造了条件。

三、举办学科竞赛，为学生实践能力和创新能力提供展示平台

为鼓励学生积极参与实验、展示自身实践能力和创新能力培养的成果，实验教学中心设立了化学实验竞赛和生物学实验竞赛。为体现学生的团队效应，要求学生组队，采用完成研究项目形式参加实验竞赛。竞赛设立大赛评委会，对学生提交的实验项目报告书、创新点说明进行初评，通过初评的项目，学生以答辩形式参加复赛。获奖队伍不仅可以获得相应的综合测评加分，还能获得一定的物质奖励。最后，从所有参加复赛的队伍中选择优胜队代表学校参加北京市举办的化学实验竞赛。参与实验竞赛学生均有很高的积极性，答辩会上的精彩表现——清晰的陈述与敏捷的思维——赢得了老师的赞誉。

在学院统一指导下，实验教学中心先后组织了3届化学实验竞赛和1届生物学实验竞赛。为在学科竞赛中取得优异成绩，参赛同学精心准备，展示了自己最好的状态。根据比赛结果，学院先后选拔了10个项目组参加了3届北京市化学竞赛，得益于精心组织、指导老师和参赛学生的不懈努力，学院参赛组先后获得了一等奖4项、二等奖4项和优秀奖2项的佳

绩，为学校赢得了荣誉。参与学科比赛不仅展示了学生实践能力和创新能力的培养效果，学生所获得的精神和物质奖励也激发了他们继续学习、提升各方面能力的热情。

四、加强实验中心管理，为创新人才培养提供保障

实验教学中心建设是一项复杂、长期的系统工程，是培养学生实践能力和创新能力的重要教学平台。通过实践，我们深深体会到，教师、学生、管理是提高教育教学质量、培养学生实践能力和创新能力不可忽视的三个关键环节，缺一不可。实验教学示范中心建设的核心是实践，实践为本，创新为魂。提高实验教学中心的管理水平，强化运行机制，依托实验教学示范中心平台，培养学生的实践能力和创新能力是实验教学中心建设的永恒目标。

实验教学中心实施"中心"主任负责制，在学院统一领导下开展工作。由于制定了相关管理制度，各项工作的开展都能够有据可依，不仅利于工作的开展进行，而且还能够监督检查工作进展，要求实验教学中心的专职实验技术人员的工作到位，配合实验主讲教师完成实验教学工作、认真管理开放实验室，为学生完成科学研究训练项目提供了有力的支持。

根据实际需要，实验中心修订和完善了一系列实验室管理制度，包括实验室管理办法、创新教育实验室管理制度、实验教学管理办法、实验室安全制度、实验主讲教师职责、实验技术人员的主要职责、学生实验守则、仪器设备维修管理办法、实验材料和易耗品管理办法、仪器损坏丢失赔偿制度等。每个实验室都有专职实验技术人员负责实验室的安全、卫生和实验教学准备等工作，每个实验室都将实验教师守则、学生实验守则挂于墙上。为了便于仪器的安全使用和管理，我们将各实验室放置仪器的使用方法和注意事项悬挂在相关仪器上方。每次实验课结束，由实验技术人员检查学生使用的仪器，学生登记后方能离开实验室。对于进行科学研究训练项目的学生使用实验室或借用仪器，要填写实验室或借用仪器清单，经指导教师和实验室管理人员批准后方能使用。实验室的强化管理，不仅保证了实验室的安全运行，也增进了实验技术人员的责任意识，同时也对学生的责任意识和安全意识教育起到了很好的监督和教育作用。

第二部分
交流论文

保密管理本科人才培养目标探析[①]

赵剑民[*]

【摘　要】保密管理专业作为正式专业列入新版的《普通高等学校本科专业目录》后，研究制定本专业人才培养目标就显得尤为紧迫和重要。为此，要把时代趋势和社会发展要求、用人单位的要求、学科自身的逻辑要求和学生个人发展的要求等统一起来，作为保密管理本科专业人才培养目标的来源和客观依据，进行深入研究和分析。在处理好专才与通才的关系、技术人才与管理人才的关系、应用型人才与创造性人才的关系的基础上，科学概括和提炼出具体、明确的培养目标。

【关键词】保密管理；本科专业；人才培养目标

日前，历经两年修订的《普通高等学校本科专业目录（2012 年）》和《普通高等学校本科专业设置管理规定》正式颁布实施。从 2013 年起，普通高等学校的招生计划和招生工作将按新目录执行。保密管理专业作为自设特殊专业、国家控制布点的专业列入，属于管理科学与工程学科，与信息管理与信息系统专业并列，专业代码为 120106TK。在此背景下，设有国家保密学院或信息管理与信息系统专业（保密管理方向）的各有关高校将修订或制定保密管理本科专业人才培养方案，而首要的一个问题就是研究、设计、制定人才培养目标。本文对此问题进行初步的探讨。

一、制定保密管理本科专业人才培养目标的重要意义

教育是教育者为达到某种特定目的而对受教育者有计划、有步骤进行

① 本文为国家保密局 2012 年科研项目"保密管理本科专业课程体系研究"（项目编号：BMKY2012A15）的阶段性成果。

* 北京电子科技学院管理系主任、副教授。

的培养活动。明确人才培养目标，即人才培养的规格和标准，是实施教育的第一步。制定保密管理本科专业人才培养目标是保密本科学历教育和人才培养工作的出发点和落脚点。

第一，本科教育具有基础性地位，对开展保密学历教育至关重要。在保密学历教育体系中，保密本科教育处于与保密研究生教育有机衔接的关键位置，对保密人才的教育过程和成长具有奠基性的特殊地位，影响持续、长远。保密本科教育质量的好坏直接影响到保密研究生教育的质量。特别是对于从无到有建立起来的保密学历教育而言，本科教育还担负着积累办学经验、探索培养规律的特殊使命。保密本科教育还处于与保密部门对接的关键环节，承担着为保密部门输送本科人才的任务，其质量直接影响到保密人才作用的发挥和保密部门实际需求的满足，影响到保密事业的科学发展，还会反过来影响到有关高校的社会声誉和形象。

第二，保密管理本科专业教育的质量首先决定于其人才培养目标设计的科学性和质量。从高校人才培养的经验来看，本科教育的质量的影响、决定因素是多方面的，包括教育教学理念的先进性和更新情况，人才培养目标设计的科学性，课程体系的完整、协调程度，教材建设情况，教学内容的基础性、新颖性、前沿性，教学方法、教学手段、教学方式的多样化、先进性，教育教学评价的合理性，教学保障情况，等等。但在诸因素中，人才培养目标设计的科学性和质量是前提，是基础。因为其他因素都是围绕这一因素展开、实施和深化的。从教育实践来看，在研究、设计、制定人才培养目标问题上，不少高校存在着不足。有学者指出，"我们大学在这方面的不足不仅表现在目标粗糙不好操作，更重要的是脱离社会现实和时代的要求。"① 因此，要保证保密管理本科专业教育的质量，首先要保证保密管理本科专业人才培养目标的科学性和质量，使保密管理本科专业人才培养工作有标准，有依据，有遵循。

第三，这也是各级国家保密行政管理部门及有关保密部门非常关心的一件事情。保密管理专业列入专业目录，得以在有关高校设置、建设，实属不易，机会难得。各级国家保密行政管理部门及有关保密部门都期待有关高校培养的保密管理专业学生能够对口，适应保密工作的实际需要；能够快速适应，找到应有位置；能够独当一面，帮得上忙，添得了彩，发挥

① 眭依凡. 培养创新型人才的呼唤：重构大学人才培养体系［J］. 中国高等教育，2008（12）.

出积极作用；能够有潜力，随着保密事业的发展不断成长、提高。都希望各有关高校针对保密部门的实际需求，改变一些在人才培养方面长期存在的人才培养目标模糊、专业设置偏窄等问题，科学研究、精心设计和制定出保密管理本科专业人才的规格和标准，建立、完善有利于高素质保密管理人才成才、发展的科学的人才培养体系。

第四，以方向形式存在的保密管理专业的人才培养目标亟须修订。在列入专业目录之前，保密管理是作为信息管理与信息系统专业的方向存在的，因而保密管理本科专业学生主要以信息管理与信息系统专业人才的规格和标准来进行培养的。因此，不可避免的要以信息管理与信息系统专业本科人才培养目标作为自己的目标，有关适应、胜任保密工作需要的目标内容表述是附加的因素而不是独立部分、主要部分。在保密管理专业作为独立专业后，考虑到对保密部门认识、理解的深入，特别是总结人才培养工作的经验得失，必须着手修订甚至重新制定人才培养目标。

二、保密管理本科专业人才培养目标的来源和依据

保密管理本科专业学生在社会中生活、发展，就要受到时代、社会大环境的影响；准备到特定岗位工作，就要适应工作的实际需求；修习具体的专业，就要按照本专业的学科规律、要求积累知识、培育素质和提高能力；同时作为特定的个人，还要适合个人的特点和潜在优势。因此，研究、设计和制定人才培养目标，要考虑到这几个来源，作为客观依据。

1. 时代趋势和社会发展的要求。当今时代，全球化深入发展，表现为综合国力竞争日趋激烈，国际合作空前广泛，同时通过计算机、网络、电子邮件、远程会议、软件等工具的作用，个人在全球范围内进行合作和竞争，世界日益成为"平坦的世界"；[①] 信息、知识的价值日益凸显，信息、知识包括创意、创新成为经济增长的驱动力量，成为提高综合国力和国际竞争力的决定性因素，与之相联系，各种知识型人才、创新型人才

---

① [美] 托马斯·弗里德曼. 世界是平的 [M]. 何帆，肖莹莹，郝正非译. 长沙：湖南科学技术出版社，2006.7.

（丹尼尔·贝尔称之为"专业阶层"，[①] 理查德·佛罗里达称为"创意阶层"[②]）成为社会的骨干力量和各种组织的依靠力量；变革不断加速，不管是组织还是个人，"不得不以越来越快的速度修正记忆中所存的形象"，[③]"不仅仅是愿意接受新的、不同的事物，还需要有意愿和能力来改变现行做法"。[④] 当今中国，最大的挑战是综合国力竞争，最显著的特征是改革开放，最鲜明的主题是科学发展，最突出的主线是转变经济发展方式，最宏伟的目标是建成富强民主文明和谐的社会主义现代化国家。这一切对人才和人才的培养提出更高的要求。《国家中长期人才发展规划纲要（2010～2020 年)》提出，"培养和造就规模宏大、结构优化、布局合理、素质优良的人才队伍，确立国家人才竞争比较优势，进入世界人才强国行列，为在本世纪中叶基本实现社会主义现代化奠定人才基础。"《国家中长期教育改革和发展规划纲要（2010～2020 年)》提出，"坚持以人为本、全面实施素质教育是教育改革发展的战略主题，是贯彻党的教育方针的时代要求，其核心是解决好培养什么人、怎样培养人的重大问题，重点是面向全体学生、促进学生全面发展，着力提高学生服务国家服务人民的社会责任感、勇于探索的创新精神和善于解决问题的实践能力。"

2. 用人单位的要求。从各级国家保密行政管理部门来看，面对的外部环境从来没有像现在这样复杂、多变，涉及的工作领域从来没有像现在这样宽阔、多样，承担的工作任务从来没有像现在这样繁重、艰巨，因而对人才的需求从来没有像现在这样迫切、广泛。为确保党和国家秘密安全，就必须大幅提高保密管理能力，把更多的专业人才特别是优秀人才、创新人才、拔尖人才、领军人才充实到保密干部队伍中，优化队伍的学历、知识、年龄、阅历等结构，推进保密干部队伍年轻化、知识化、专业化。在人才规格方面，保密部门希望文理知识丰富，专业基本功扎实，上手快，能写、能说、会办事，能吃苦，等等。保密管理本科专业学生要与保密工作岗位对应，必须学好本专业的知识，具备本专业的能力和素质，

① ［美］丹尼尔·贝尔. 后工业社会的来临 ［M］. 高銛，王宏周，魏章玲译. 北京：新华出版社，1997. 405 - 409.

② ［美］理查德·佛罗里达. 创意阶层的崛起 ［M］. 司徒爱勤译. 北京：中信出版社，2010. 9.

③ ［美］阿尔文·托夫勒. 第三次浪潮 ［M］. 黄明坚译. 北京：中信出版社，2006. 100 - 101.

④ ［美］彼得·杜拉克. 21 世纪的管理挑战：2 版 ［M］. 刘毓玲译. 北京：生活·读书·新知三联书店，2003. 95.

特别是保密单位的实际需求，才能适应这个岗位的工作，胜任这个岗位的工作。

3. 学科自身的逻辑要求。保密管理专业所属学科是管理科学与工程。这门学科是我国自己发展起来的，是管理科学和管理工程的有机融合，与国际上通用的学科类别没有简单、直接的对应关系。从学科的角度看，正如有学者指出的，管理科学与工程是为了实现管理目标，应用工程技术科学、数学、系统科学及社会科学知识，对人员、物资、设备、技术、能源和信息等组成的各种系统进行设计、评价、决策、改进、实施和控制的一门学科。① 具体到保密管理专业，它是研究借助技术等手段，依照法律规定，对保密工作实行政管理行为，以维护和实现党和国家秘密安全的一门学科。一方面要体现管理科学与工程学科的统一性规格，另一方面要体现本专业的特殊性要求。这一专业具有学科的交叉性，要求学习和掌握全面、丰富的知识，兼容理学、工学、经济学、管理学、法学等学科知识；具有知识的整合性，要求把自然科学与人文科学知识、社会科学知识、基础知识和专业知识、理论知识与应用知识、宏观知识和微观知识、显性知识和隐性知识整合起来，形成人与物、技术以及人与系统、环境的整体观念；具有实践的支撑性，要求具有动手操作能力，能够在实践中锻炼，培养实践能力、应用能力，要求能识别管理问题，辨别管理问题，分析管理问题，解决管理问题，提高系统的效率，培养管理能力。

4. 学生个人发展的要求。学生个人是自身成长和发展的主体，不管是怎样的目标，都需要通过学生个人来实现。这些目标只有符合他们的特点，满足他们的需要，促进他们的发展，得到他们的理解，获得他们的认同，取得明确的意义，才能变成他们的自觉追求、积极行动和不懈努力。杜威指出，"因为生长是生活的特征，所以教育就是不断生长；在它自身之外，没有别的目的。学校教育的价值，它的标准，就看它创造继续生长的愿望到什么程度，看它为实现这种愿望提供方法到什么程度。"因此，"一个教育目的必须根据受教育者的特定个人的固有活动和需要"。② 学生是有个性差异的人，希望自己的个性能获得尊重，引起重视，得到发展，不希望被千篇一律的教育和培养。学生是有理想追求的人，希望自己的理

① 梅世强，齐二石，王雪青. 管理科学与工程学科概念及其体系研究［J］. 工业工程，2006（2）.

② ［美］约翰·杜威. 民主主义与教育：2版［M］. 王承绪译. 北京：人民教育出版社. 2001. 62–63，119.

想追求能获得认可，得到条件，取得结果。学生是有兴趣爱好的人，希望自己的兴趣爱好能得到理解，获得支持，得到指导，取得提高。学生是有发展潜力的人，希望自己的潜能能获得关注，得到帮助，取得提升。正因此，《国家中长期教育改革和发展规划纲要（2010～2020年）》指出，"关注学生不同特点和个性差异，发展每一个学生的优势潜能。"

三、保密管理本科专业人才培养目标的定位

人才培养目标归根结底是关于人才规格和人才标准的价值判断，是对培养什么样人才的价值定位。制定保密管理本科专业人才培养目标需要处理好诸人才类型的关系，提出明确的人才规格和标准。

第一，处理好专才与通才的关系。专才是具有某方面技能的特长、能胜任某方面工作的人。具体来说，专才具有扎实的理论基础，聚焦的知识结构，深入的专业知识，突出的专业技能，快速的适应能力和一定的专业发展方向。其优点是对自己专业领域的知识比较精通，对本专业的技能比较擅长，能快速适应本专业的工作，不足之处是知识面略窄，思想受到一定限制，发展后劲不足。通才是学识广博、具有多种才能的人。具体而言，通才具有宽厚的理论基础，合理的知识结构，良好的人文素养，突出的交流沟通能力，较强的创新意识，多方面的工作才能，比较大的发展潜力。其优点是基础全面、知识丰富，再学习能力强，具有广泛的适应能力，发展潜力巨大，不足之处是缺乏特别擅长的技能。哈佛委员会曾建议培养人的心智的特质、品性，包括有效的思考能力、交流思想的能力、作出恰当判断的能力、辨别价值的能力，[①] 都是通才具备的能力和特质。在知识快速增长的背景下，保密管理工作越来越需要熟悉保密工作、精通保密工作、具有保密管理技能和特长的人才，同时，在时代快速发展变化的大背景下，保密工作也是动态发展和变化着，不管是适应发展变化的保密工作，还是适应发展变化的外在环境，保密部门都需要具有学识广博、具有多种才能、发展潜力较大的人才。制定保密管理本科专业人才培养目标，既要注意发挥专才的长处，又要避免专才的短处，既要发挥通才的优点，又要克服通才的弱点，把专才和通才有机结合起来。培养目标中应该体现这样的内容，

---

① 哈佛委员会. 哈佛通识教育红皮书 [M]. 李曼丽译. 北京：北京大学出版社. 2010. 50 - 56.

具有比较全面的知识、比较突出的保密专业技能、多种工作才能、较强的创新意识、比较大的发展潜力、能适应不同岗位和情况的复合型人才。

第二，处理好技术人才与管理人才的关系。技术人才是经过系统的专业训练、熟练掌握某方面操作方法和技能、适合从事技术工作的人。具体来说，技术性人才具有扎实的理论基础，聚焦的知识结构，深入的专业知识，突出的技术能力，快速的适应能力和明确的专业发展方向。其优点是对自己专业领域的知识比较精通，对本专业的技术比较擅长，能快速适应技术工作，不足之处是知识面较窄，偏重线性思维而系统思维、辩证思维不够发达。而管理人才是知识丰富、宏观思考能力和交流沟通能力强、善于组织协调、以组织目标为导向的适合从事管理工作的人。具体而言，管理人才具有显著的目标取向和问题意识，较强的大局观念和整体思维，较高的政策理解水平和理论研究水平，较准确的观察分析能力和形势判断能力，突出的交流沟通能力和组织协调能力。其优点是知识全面，善于整合知识，交流沟通、组织协调能力强，不足之处是偏重系统思维、辩证思维、综合思维而线性思维、分析思维不强，专门的技能不够突出。保密管理离不开技术手段，保密管理专业人才如果对相关的技术特别是保密防护技术、保密检查技术一窍不通，不能识别涉密风险，不能发现涉密渠道，不能排查涉密隐患，要从事保密管理工作将是一句空话。同时，保密管理本身属于管理，要对涉密人员、涉密载体、保密要害部门部位、涉密信息系统、涉密业务、涉密活动、涉密对外交流合作进行管理，就要"实行计划、组织、指挥、协调和控制"，[①] 就要健全保密管理体系，把所有人（包括技术人员）、机构和资源整合起来。这是控制协调其他人的活动，维持协作努力的体系运营的专门化的工作，[②] 根本在于提高管理能力，提升管理水平。因而保密管理人才应是以精通管理为主、熟悉技术为辅的专门人才。要指出的是，保密管理具有鲜明的政治属性，保密管理人才要具有高举中国特色社会主义旗帜的政治信念，国家利益高于一切的政治觉悟，坚决执行党的路线、方针、政策的政治立场和始终遵守政治纪律、组织纪律和保密纪律的政治意识。因而，我们要培养的保密管理本科专业人才应该是讲政治、懂技术的管理人才。

---

① ［法］H. 法约尔. 工业管理与一般管理［M］. 周安华，林宗锦，展学仲等译. 北京：中国社会科学出版社. 1998. 5.

② ［美］C. I. 巴纳德. 经理人员的职能［M］. 孙耀君等译. 北京：中国社会科学出版社. 1997. 170.

第三，处理好应用型人才与创造性人才的关系。应用型人才是熟练掌握某方面基本知识和具体技能、适合从事技术性、操作性、维护性工作的人。具体来说，应用型人才具有一定的理论基础，精要的知识结构，实用性的专业知识，较强的应用意识，突出的操作技能，快速的上手能力和明确的职业发展方向。其优点是操作性技能突出，动手能力强，适应工作快，不足之处是理论基础不宽厚，知识面狭窄，研究能力弱，创新意识差，发展潜力比较有局限。应用型人才具有的能力主要是从已知到已知、从已有到已有的能力，很难适应新的变化，满足新的要求。而创造性人才是知识广博、具有较强的问题意识和探索意识、能从事创造性工作的人。具体而言，创新性人才具有宽厚的基础知识、大量的信息贮备、较高的人文素养、开阔的视野、丰富的想象力、明显的独立自主意识、较高的自信心、较强的发散性加工能力（以精确的或修正了的形式从自己的记忆储存中加工出多种备择的信息项目以满足一定需要的能力）和转化能力（使一项信息发生任何一种变化的能力）① 以及批判反思能力。其优点是学习能力强，创新意识突出，开拓能力较强，发展潜力巨大，不足之处是个性等方面不一定能很快得到他人的理解。创造性人才具有的能力是从知此到彼知、从已知到未知、从已有到未有的能力，必须经过长期的培养和自己的实践才能逐步提高。从保密管理工作中看，有不少工作需要操作能力强、上手快、熟练使用实用的保密技术产品及各种技术规范、工作规范和要领，对应用型的人才有需求；同时保密管理工作面对的更多的是新的情况、新的矛盾和新的问题，即使是老问题也需要用新的思路、新的办法、新的方式来创造性地解决，迫切需要创造性人才。我们培养的保密管理本科专业人才应该有应用型人才操作能力强、上手快等特点，但停留在应用型人才的类型和层次是远远不够的，必须要具有较强的创新精神和基本的创造性能力。也就是说要懂应用、上手快、善于解决问题的创造性人才。

针对如何制定教育目标，拉尔夫·泰勒指出，"应选择少量既彼此一致又非常重要的目标。""陈述教育目标的目的，是想指出要使学生产生哪种变化，这样就能以可能达成目标的那种方式来计划和开展教学活动，亦即给学生带来这些变化。"② 借鉴此思想，以上述的人才类型为基础，参

---

① ［美］J. P. 吉尔福德. 创造性才能：2 版［M］. 施良方，沈剑平，唐晓杰译. 北京：人民教育出版社. 2006. 43 - 44，110，143.

② ［美］R. W. 泰勒. 课程与教学的基本原理［M］. 罗康，张阅译. 北京：中国轻工业出版社. 2008. 29，39.

照《普通高等学校本科专业目录和专业介绍（2012 年）》对相关专业培养目标和培养要求的表述，我们认为，保密管理本科专业人才培养目标是，培养具有宽厚的文理基础知识和良好的文化素养、扎实的管理学科的基本理论和基本知识、保密技术知识和相关的法律知识，具备用先进的管理思想和方法及系统思想和方法对保密管理中的问题进行分析、研究、决策和组织实施的、能适应保密管理多种工作岗位和发展需要的高素质管理人才。具体目标和要求包括：具有宽厚的文理基础知识和良好的文化素养；掌握管理学科的基本理论、基本知识和方法；掌握保密技术的基本理论、基本知识及应用能力；具备涉密信息系统的规划、分析、设计、利用、维护、评估、改进的基本能力；熟悉保密管理工作的基本职能、基本流程和基本要求；熟悉我国有关保密工作的法律法规、方针政策以及制度；了解国内外保密管理的发展前景和动态；具有基本的管理沟通、协同合作和组织实施的工作能力；具有较强的表达能力、办事能力、写作能力和社会调查能力；具有思考习惯、探究意识、创新精神和综合运用所学知识分析、解决问题的基本能力；掌握文献检索、资料查询的基本方法，比较熟练运用计算机、外语，具备初步的科学研究和实际工作的能力，具有较强的再学习的能力。

深化特色专业改革　提升特色专业水平

孙　猛* 韩　英*

【摘　要】随着教育教学改革的深化，专业改革也在如火如荼地进行着，作为特色行业院校，如何在教育改革的大潮中进一步凝练专业特色、提升特色专业水平就成为了当务之急。本文从特色专业发展面临的挑战入手，探讨提升特色专业水平的必要性，进而提出了深化特色专业改革、提升专业水平的措施。通过改革，创新人才培养模式，提高特色专业的创新能力和竞争力，更好地服务于国家和社会。

【关键词】行业院校；特色专业；改革；专业水平

一直以来，特色行业院校在探索人才培养模式、促进行业科技进步、服务国家和社会等方面发挥了重要作用。但是，特色行业院校仍需继续探索学科专业建设、凝练专业特色、创新人才培养模式、提高创新能力，更好地服务于国家和社会。

一、凝练专业特色，提升专业水平

特色行业院校在为特殊行业培养人才的过程中形成了自己鲜明的办学特色、培育了一批优势学科和特色专业。特色行业院校保持和强化自身的办学特色，并不断地探索新的特色，实现学校和专业的可持续发展，为行业的发展培养合格的创新型人才，是时代和国家赋予特色行业院校的重要使命。特色行业院校要应对日新月异的科技进步和日益激烈的国际竞争，持续地为国家和社会培养高素质的专门人才，就必须在竞争和发展过程中保持特色，不断凝练专业特色，深化特色专业改革，提升专业水平和竞争力。特色专业之所以具有特色是由其在行业内其他院校的相关专业无可取代的特殊地位所决定的，所以特色行业院校的特色专业欲取得长远发展、

---

　* 北京电子科技学院。

保持其独有的优势地位，就必须不断地深化特色专业改革，做到精中求精。欲图存，先自强。特色行业院校只有在实践中紧密联系学校定位，不断地锤炼自身特色、深化学科专业改革，搭建特色专业人才培养平台，创新特色专业人才培养模式，做到精益求精、与时俱进，才能在新的环境和竞争中更好地为国家社会培养合格人才，才能更好地为地区经济服务。

二、特色专业发展面临挑战

特色行业院校是高等教育多样化、特色化的有机组成部分，不仅是院校有特色、办学理念有特色，学科体系和培养模式也有特色，尤其是专业设置更有特色。然而，特色行业院校在面对科技进步和外部竞争时，其发展面临着诸多问题，如学科面窄、专业设置相对单一、教学团队专业人才聚集度不高、未能融入地方经济建设等等。因此，如何重新定位自己的特色专业和服务面向、如何构建新的发展模式以适应特殊行业的变化和需求、如何继续保持专业特色并培育新的特色生长点等，成为了特色行业院校所必须面对的重大课题。笔者认为，特色行业院校未来的发展和服务定向既要锁定特殊行业，同时也要面向社会，双向发展：既要服务于党和国家的特殊行业，又要服务于地方和社会的经济建设。

三、深化特色专业改革，推动行业院校发展

特色专业建设是特色行业院校生存和发展的核心与关键，而改革和发展的基点则是特色专业建设，因为缺少特色专业的行业院校根本称不上特色行业院校。笔者认为应从以下四个方面着手，深化特色行业改革，推动特色行业院校在新的历史时期不断地进步和发展。

（一）明确办学理念，彰显专业特色

办学理念是高等院校办学的灵魂。充分认识到特色行业院校在高等教育体系中的重要地位，明确特色行业院校的办学理念和办学特色，将办学理念具体地落实到特色专业建设上，是将特色行业院校真正建设成为高层次专业化人才培养基地的必然要求。北京电子科技学院（以下简称电科院）一直坚持"特色是立院之基、质量是发展之本"的办学理念，培养有密码特色的信息安全高素质人才，力争将学校建设成为专门人才成长的

摇篮。在学院办学定位和办学理念的指导下，依托特色谋发展，围绕特色专业加强主干课程建设、完善人才培养方案、创新人才培养模式等措施，加大应用型人才和创新性人才的培养力度，求精求特，多层次、全方位地为党政部门培养优秀专门人才，彰显专业特色。

（二）完善教师队伍，夯实专业发展基础

教师队伍是学校科研和教学的主干力量，是特色专业能否保持特色、在传承中能否继续发展的决定性力量。由于特色行业院校在专业设置、学科体系、师资队伍等方面普遍存在的不足严重制约着学校的发展和人才的培养，所以亟须完善学校教师队伍，加紧优秀创新人才和创新团队的培育，为特色专业的发展创造必要条件。

首先，积极探索建立适合特色专业教师发展的专门政策或制度，为教师的科研和教学创造良好的软环境。电科院近几年先后出台了多项政策措施确保教师教学和科研的有序进行，极大地激发了教师教学、科研的积极性，提高了教师教育教学成果，为特色专业的发展起到了十分重要的保障作用。

其次，利用学院为党政部门信息化人才培训的优势条件，加强教师与参训人员的接触，使教师能够了解特色专业课程在行业基层的应用现状，使其能够在实际教学中及时补充和完善教学内容，修订教学大纲，改革培养模式，为真正做到行业需要什么样的人才我们就培养什么样的人才创造有利条件。

此外，为提高电科院教职工的业务水平和道德素质，学院近期正在开展师德师风建设活动，旨在通过此项活动提高全体教职工的素质，切实提高教育教学水平。

（三）深化特色专业改革，提升特色专业影响力

特色行业院校之所以具有特色，很大程度上是因为其服务对象的专门性和专业设置的独特性。许多行业院校在高校的改革发展中求大求全，特色专业逐渐被淡化或最终消失了，这是行业院校的不幸。因此，特色行业院校在发展过程中必须认准学校定位，不能盲目求大求全，要坚守本色，立足于实践，通过深化特色专业改革，探索特色专业新生长点，不断提升特色专业的影响力和生命力。

特色专业的发展和改革必须要围绕着行业需求和行业技术发展的前沿

展开，紧跟行业研究的新领域、新方向、新问题，做到既能与时俱进又能推动专业向前发展，并在此过程中努力探索新的专业特色。这一过程不仅有利于特色行业院校自身的底蕴得到传承和延伸，而且更有利于在多元高等教育生态中找到自己的生存空间。①

通过重点学科和精品课程进一步凝练专业特色。2007 年以来电科院共获得教育部特色专业建设点 2 项，北京市特色专业建设点 3 项，北京市精品课程 4 项，北京市精品教材 3 项，而且这一数字还在继续增加。在课程体系建设过程中，依托优势学科和专业，按行业需求伸缩专业口径，不断提升特色专业和学科的生命力、影响力。

深化特色专业改革还需以自我调整、自我创新、自我发展为原则，构建学科专业管理机制、完善教学管理制度。根据行业的发展整合优化学科专业、构建学科专业管理机制，既要适应行业科技发展的趋势，又要符合国家党政机关和社会经济发展的需要。教学管理制度是确保日常教育教学顺利进行的重要工具，在特色专业改革过程中，务必加强相应的教学管理制度的制定和配套使用，在制度上为特色专业建设和改革、高素质创新型应用人才的培养提供保障。

（四）加强实践教学，深化人才培养模式改革

培养方案是教学效果强有力的保证。培养方案既要能体现学校的办学特色和专业特色，又要能体现本专业课程体系的层次性和人才培养的独特性。在深化特色专业改革过程中，还应根据培养方案不断地完善和修正教学大纲，确保教育教学工作能够顺利有序地进行。电科院刚刚完成新的教学大纲修订工作，根据不同专业分别设置了公共基础课、专业课、实践课三大类教学大纲，灵活设置各专业的课程，做到既满足教学需要，又符合学生的个性化需求。

在实践教学方面除了加强实践环节外，还构建了产学研一体化教学平台。电科院得天独厚的政治优势使其具有专项科研生产销售资质，教师和学生可以参与到科研一线，亲身参与一些课题的研究，在实践中验证所学知识和探索新的知识。

电科院非常重视学生自主探索和科研活动，安排专门的教师指导学生开展科研活动。近几年，电科院学生科研活动获奖率逐年上升，2011 年学

① 李继怀. 对行业划转院校发展路线的重新审视 ［J］. 现代教育管理，2010（9）.

生各种竞赛、科技、文化、艺术等共获奖 201 项；最近 6 年获得全国和省部级各类课外学科竞赛奖项的学生累计达到 630 余人次，年均在 105 人次以上，学生科研积极性大大提高，营造了我校良好的学术之风。电科院在多年的发展过程中形成了"尊师、尚德、精艺、自强"的优良学风。

为了配合特色专业改革、创新人才培养模式，以培养创新人才为目标，电科院从 2011 级开始试验班建设，首批 20 名学生已进入试验班学习。试验班成立专门的教师课程组进行教学，强调学科基础性、重视教学实践性，强化学生应用能力和创新能力的培养，探索电科院特色专业改革和人才培养新模式。

除此之外，为了培养优秀的高素质行业人才，电科院在日常教学中十分重视思想政治教育，始终把忠诚教育放在首位来抓，确保所培养的人才首先是在政治上合格，其次才是业务上的精通。为了学生的全面发展和优秀素质的养成，将公务员素质养成教育融入到日常教学当中，始终为培养合格的高素质人才而努力、探索。

特色行业院校由于其特殊的使命和地位，在自身的发展过程中要不断强化自强意识和创新意识，明晰自身的强项和劣势，认准新时期特色行业院校所面临的机遇与挑战，紧跟科技进步对专业人才需求的变化，通过不断深化特色专业改革、创新人才培养机制来探索新的特色专业生长点，以提高教育质量为目的、行业需求为导向，在为国家和社会培养高素质行业人才的道路上谱写新的辉煌。

参考文献

［1］李继怀. 对行业划转院校发展路线的重新审视［J］. 现代教育管理，2010（9）.

［2］张来斌. 创新机制推动行业特色型大学产学研结合新发展［J］. 中国高等教育，2011（Z1）.

［3］潘懋元，车如山. 特色型大学在高等教育中的地位与作用［J］. 大学教育科学，2008（2）.

［4］张文晋，张彦通. 行业特色型大学发展的政策环境分析与思考［J］. 高等工程教育研究，2010（2）.

［5］陈子真. 坚持特色办学，培养高素质专门人才［A］. 专业型院校人才培养模式的改革与创新——特色行业院校改革与发展论坛论文集［C］. 2009.

［6］马晓阳，周宇. 国家部委院校特色人才培养方案研究［A］. 专业建设与特色发展——特色行业院校改革与发展论坛论文集［C］. 2010.

信息安全实践教学体系的研究与探索

刘　芳*　秦晓宏*　李子臣*

【摘　要】实践教学环节是高等学校人才培养过程中重要的组成部分，在引导学生科学思维、培养学生创新精神与实际动手能力方面有着重要的作用。本文根据信息安全人才培养的定位，围绕信息安全专业人才创新能力的培养，阐述了信息安全专业实践教学理念，介绍了以密码技术为核心的信息安全专业实践教学体系。实践证明，信息安全专业实践教学体系运行，进一步提高了学生的创新精神，学生的实际动手能力得到行业用人单位的一致好评。

【关键词】实践教学体系；密码；信息安全

一、引　言

北京电子科技学院是专门为全国党政系统培养机要、密码和信息安全技术与管理人才的普通高等学校，隶属于中共中央办公厅。目前，学院设有7个本科专业：信息安全、信息与计算科学、电子信息工程、计算机科学与技术、通信工程、行政管理、信息管理与信息系统，3个联合培养研究生专业：密码学，计算机，通信；2个独立培养研究生专业：计算机技术，电子与通信工程。

学院坚持以密码科研为核心，以密码学科建设为重点，已经构建了密码特色突出、能适应信息安全学科和密码人才培养需要的专业体系。学院建设目标是：适应国家经济、科技、社会发展对高素质人才的需求，立足机要、密码行业，服务全国党政系统，面向信息安全领域，培养具有较强创新能力，具有密码理论与工程应用能力强的信息安全高素质人才。

近年来，学院以机要密码行业和信息安全领域需求为导向，拓展密码与信息安全人才培养模式、积极开展以机要密码为核心的信息安全实践教学体系建设，逐步构建了突出密码特色、符合行业要求的信息安全实践教

＊　北京电子科技学院信息安全系。

学体系。实践证明，该体系的运行，进一步提高了学生的创新精神，培养了学生的实际动手能力。学生综合素质一致得到行业用人单位的好评。

二、实践教学理念

实践教学是构成高等学校课程教学的重要组成部分，在引导学生科学思维、培养综合分析问题和解决问题的能力、培养学生创新精神与实践能力方面有着重要的作用。学院在实践教学建设过程中，始终遵循强化基础、注重能力、引导创新、突出特色的实验教学改革思路，贯彻"以密码人才需求为导向，以培养学生的信息安全综合能力为目标，结合密码科研最新成果，创新实践教学"的实践教学理念。

在实践教学内容上，注重与科研成果结合，引入先进的技术。基础课程教学中设置研究探索与创新引导性实验，结合密码科研成果开设基于项目研究与实现的综合性课程设计，结合密码人才的实际需求开设专业实习，循序渐进地提升实践技能和创新意识。

实践教学模式上，注重学生为主，教师引导，同行业相结合。倡导高水平教师引导，密码科研和教学深度融合，以学生自主学习与研究为核心，引导学生学习途径的多元化。从知识学习、方案设计、仿真实现、系统测试到总结报告，引导学生"做中学"、"做中研"，实现学生知识、技能、素质的综合培养。

实践教学方法上，注重因材施教，区别对待。根据各门课程特点、学生层次结构的不同，对学生因材施教，灵活引入启发式、互动式、讨论式、参与式、合作式等多种教学方法，以有效地调动学生的学习积极性，促进学生的积极思考，激发学生的潜能。

实践教学环境上，注重实验室开放，充分调动学生的积极性。综合应用密码科研成果，集成打造信息安全综合实验教学平台。加大实验室开放力度，鼓励各种技术协会自主管理、自主开放。

三、实践教学体系

经过几年的建设，按照课内实验与课外实验相结合、实验课程与工程（科研）训练相结合、课外训练与各类设计竞赛相结合的思路，构建了具有学院特色的实践课程体系，形成了以密码技术为核心的信息安全技术、密码学算法设计和实现等多个模块的实践教学体系，如图 1 所示。

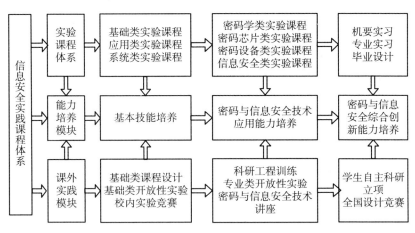

图1　信息安全实践教学体系

（一）实践课程分层

根据学院信息安全专业培养的特点，将实践课程分为三个层次。第一层为基础类、应用类、系统类实验课程，重点对学生进行电路设计、计算机编程等基础实践能力的培养与训练；第二层为密码学、密码芯片、密码设备类及信息安全类实验课程，重点培养学生的信息安全基本技能和密码工程实现能力；第三层为专业实习、毕业设计，重点培养学生从事密码与信息安全实际工作的专业技能。

（二）实验内容分阶

分阶是指根据学生基础和学习能力的不同，将具体实践课程的实验内容根据不同的难度设置为"基本内容"、"进阶内容"和"高阶内容"等三种，不同难度的实验内容设置的分值也有区别。学生可以根据自己的水平、能力和兴趣选择适合自己的实验内容。

（三）实习模块拓展

从特殊行业对特殊人才的需求出发，面向全国党政系统，紧密结合行业需求，设置了专业实习选题，在信息安全专业实习中引入网络对抗技术、灾备技术等前沿研究内容，将国际上正在开展的 Hash 函数 SHA – 3

候选算法实现作为实习项目，根据行业部门的需要增设了业务培训内容，拓展了以密码为核心具有行业特色的实践内容。

四、实践教学效果与成果

通过信息安全实践教学体系的不断建设和改革，取得了一系列的成果。主要包括以下几个方面：

1. 实验效果好。已开发的实验项目具有"知识覆盖宽、应用范围广、学生专业多、受益人数众"的特点，实验开出率可以达到 100%。依托实践教学体系，学生的动手能力和创新精神得到了明显的提高。近 5 年来学生积极参加电子设计竞赛、信息安全竞赛等全国性大赛，共有 27 人次获奖，其中国家级奖 6 人次。

2. 实验教学与科研、工程和社会应用实践相结合。将完成的科研课题内容转化为适合实验教学要求的实验教学项目，开发了密码芯片设计技术、密码系统设计原理、信息系统安全技术等课程的实验项目，使学生在实验中掌握和了解密码科研的思想、方法和技能。

3. 实验教学与行业需求相结合。一方面积极为全国党政机要系统及有关单位提供机要干部培训和信息安全实践教学，另一方面选派优秀教师去各省市机要系统直接授课。近 3 年来接待和培训了 500 多名全国党政机关和事业单位机要骨干分子，他们回到各自岗位后不仅对新技术理解更加深刻，在密码设备使用、维护、设计等方面也做出了突出成绩，大多成为单位的骨干。

4. 教学成果多。2008 年，信息安全专业申请成为国家特色专业建设点。2009 年，信息安全与密码教学团队获得北京市优秀教学团队称号。同年，电子与信息安全实验教学中心申请成为北京市实验教学示范中心。2011 年，成功申请北京市市级密码与信息安全人才培养创新试验区。近 5 年获得各种教学成果和科研成果多项。其中北京市级以上的教学成果共 13 项，发表教学改革和科学研究论文多篇，内容涉及课程建设、实验改革、教学内容改革等，其中 EI 检索论文 16 篇。

参考文献

［1］北京电子科技学院.2009 年信息安全专业培养方案.

［2］北京电子科技学院.2009 年信息安全专业实践教学大纲.

［3］张焕国等．"信息安全专业教学规范"．2009.

［4］北京电子科技学院．电子与信息安全实验示范中心项目书．2008.

［5］李子臣．积极开展素质教育，进一步提高我院学生综合素质［J］．北京电子科技学院学报，2007（3）：63－67.

［6］王雄，李子臣．面向技术的信息安全人才培养模式初探，专业建设与特色发展，特色行业院校改革与发展论坛论文集，上海交通大学出版社，2010（11）：78－83.

研究能力与科学态度的契合：
科研方法课程促进本科生
研究实践能力的提高

张 凯* 姚 蕾* 王华倬* 章潮晖*

【摘 要】通过为期 5 年教学实践的行动研究，按照分层抽样的方法对学士和硕士论文进行内容分析和调查访谈，旨在总结科研方法课程亟待解决的问题，甄选研究方法的教学内容以突出专业特征，尝试教学方法、手段、评价方式的改革，以期解决普遍存在的长期困扰研究方法类课程的教学理论与研究实践相脱节的问题，提高课程的实际教学效果。建议在今后的教学中应依据不同学科专业特点，设计相应教学内容体系；加强学生科研实践环节；改革学生评价方式；改善教学手段；加强教材建设，配备课程辅助资料。

【关键词】体育科学研究方法；课程；教学；行动研究；科学态度；研究能力

进入 21 世纪，面对世界全球化格局的重大变迁、中国综合国力的飞速发展，高等教育肩负的历史使命和时代任务发生了深刻变化。着力培养大学生创新精神和创新能力是深化教育教学改革的一项重要任务，而提高大学生科研能力则是培养创新精神和实践能力的立足点和突破口，"科研方法"课程也正是承载着加强体育专业本科生创新精神与创新能力培养的使命任务。

2007 年，北京体育大学"07 本科教学计划"开始实施。课题组成员承担全校科研方法概论课程的教学工作，并在 4 年间连续进行教学改革尝试。根据学生特征和教学效果反馈，不断调整、修正教学内容体系，改善教学方法和手段，探索学生学习评价最优方式，以期解决普遍存在且长期困扰研究方法类课程的教学理论与研究实践相脱节的问题，提高课程的实际教学效果。

---

* 北京体育大学。

一、《体育科学研究方法》课程开设的现状、困境和问题

（一）北京体育大学本科生《体育科学研究方法》课程开设现状

表1　　　北京体育大学"07本科教学计划"中《科研方法概论》
课程开设状况一览表

专业	课程名称	03教学计划	课程性质	学时安排	开课学期	备注
运动训练	科研方法概论	未开设	选修课	16	5	
体育教育		16学时	必修课	32	5	
社会体育		32学时	必修课	32	5	
民族传统体育		32学时	必修课	32	3	
体育英语	社会科学研究方法概论	未开设	必修课	16	5	
表演		未开设	选修课	32	6	
康复（体能班）		未开设	必修课	32	6	
运动人体科学		32学时	必修课	32	5	未承担教学
公共事业管理	未开设	—	—	—	—	
体育产业	未开设	—	—	—	—	
应用心理学	未开设	—	—	—	—	
体育传媒	未开设	—	—	—	—	

　　伴随社会变迁和体育事业发展，科学研究的重要性得到普遍认同，大学生科学态度和研究能力的培养已经成为高等体育院校培养目标之一。2003年，教育部颁布《全国普通高等学校体育教育本科专业课程方案》，将"掌握基本的科研方法，并具有从事体育科学研究的能力"作为本科人才培养规格的具体要求。

　　顺应这一时代要求，对比"03本科教学计划"，北京体育大学"07本科教学计划"明显增强了对学生科研能力培养的重视，表现为科研方法课程新开课的增加和授课学时的提高。目前全校12个专业中有8个（除

公共事业管理、体育产业、体育传媒、应用心理以外）均开设了《科学研究方法》课程，其中，体育运动训练、表演、体育英语专业为新增课程，体育教育专业将以往的 16 学时增加为 32 学时，且大部分专业将《科学研究方法》列为学生必修课程。

（二）科研方法课程教学存在的困境

1. 课程特征与教学难度。研究方法类课程属于程序性知识，其特征是不仅要求学生掌握科学研究方法"是什么"的理论，更要具备"怎样做"研究的知识和能力，这一特征决定了科研方法课程具有极强的实践性和操作性。学生必须在研究方法理论知识学习的同时，通过大量研究实践，才能达到课程教学目标所确认的"六会"，即：会选题，会检索文献，会写文献综述，会研究设计，会写开题报告，会运用常用研究方法。

科研方法类课程在高校教学中被公认为是"最难上的课程"之一，其教学难度在于，如何在很短的教学时间（32 学时甚至是 16 学时）里，将内容庞杂的研究方法讲解传授同时，有效增强学生进行学术研究的兴趣，提高科学研究的实践能力，避免此类课程经常出现的学生上完科研方法课，依然不会做科研，依然不会写论文的现象。如何将教学内容与科研实践相结合，切实增强学生的研究实践能力，成为科研方法课程亟待解决的问题。

2. 课程教学安排与学科背景差异。研究方法内容庞杂，但学时设置较少，在"07 教学计划"中，运动训练专业和体育英语专业开设学时为 16 学时，其他专业为 32 学时。各个专业的学科背景差异较大，涉及教育学、训练学、社会学、语言学、艺术等多个领域，所适用的研究范式与方法各不相同。体育院校学生受教育背景差异较大，其知识贮备和文化基础差异显著。这需要研究方法课程要针对不同专业的不同研究需求和特点，结合学生的学科背景、专项特征和学习基础，选择切合于学生研究需要和实际水平的教学内容和教学方法。

3. 课程目标设定与学生评价方式的矛盾。科学方法不仅是获取知识的一种手段，还是思维和审视世界的一种方法。因此，科研方法课程的目标有两个：一是学生了解科学研究的基本程序与规范，掌握科学研究的基础知识，能够运用具体研究方法；二是在研究实践过程中，培养学生的研究意识与科学态度。以往的学生评价方式，侧重对学生基础知识的检验，而对于其研究实践能力和科学态度的考核则缺乏更有效的方式。

（三）亟须解决的问题

为了真实了解学生在现实科学研究、撰写本科毕业论文和学习科研方法课过程中存在的实际困难和问题，以便在后续课程教学中有的放矢地选择授课内容和调整教学方法，本研究采用访谈法对 10 名担任本科毕业论文指导的教师、17 名已经完成本科毕业论文的 2007 级学生进行深度访谈，通过开放式问卷对 32 名已经上过科研方法课程并正在进行本科毕业论文研究的 2008 级学生进行调查，257 名正在接受科研方法课程教学的 2009 级和 2010 级学生进行调查，调查对象信息详见表 2。

表 2　　　　　　　　　　　　调查对象信息一览表　　　　　　　　　　　　n = 332

研究参与者	总人数	学科人数	术科人数	方法	访谈/调查提纲
论文指导教师	10	0	10	访谈	您在指导本科毕业论文时学生存在的问题有哪些？
2007 级学生	17	5	12	访谈	你在完成毕业论文时遇到的最大的困难是什么？
2008 级学生	32	13	19	开放式问卷	你在进行毕业论文工作中发现之前的研究方法课程存在哪些问题？
2009 级、2010 级学生	257	102	155	开放式问卷	你现在上研究方法课程有哪些困难？

表 3 是对曾经担任过本科论文指导的教师进行深度访谈结果（张旭，2011），术科教师普遍认为，学生对毕业论文态度不够端正，时间仓促，敷衍了事，并未将其视为自己综合能力的一次检验。由于术科专业学生文化基础普遍较差，理论欠缺，抄袭、替代现象十分严重。缺乏扎实的理论基础、严格研究方法训练、科学研究的基本能力是目前困扰体育专业本科生毕业论文质量的三个最重要因素。

表 3　　　　　　　　　教师对学生毕业论文存在问题　　　　　　　　　n = 10

影响因素	频次
文化基础薄弱，抄袭现象严重，找他人代写情况较普遍，无法独立完成论文撰写	10
对论文不够重视，态度不端正，对科研方法的课程不重视	10
对论文的整体撰写方法不清晰	7

续表

影响因素	频次
选题茫然、缺乏文献的查阅	5
不清楚论文写作的规范要求	10
文献查阅数量不足，不会利用学习资源	4
缺乏与导师之间的沟通	10
基本的科研素养和基本的科研方法能力较为欠缺	9

引自：张旭. 北京体育大学体育艺术系毕业论文现状分析与对策. 学士学位论文：北京体育大学，2011.

　　表4是对已经完成本科毕业论文工作的 2007 级和正在进行毕业论文撰写的 2008 级部分学生的调查，他们的困扰和教师提出的问题相呼应，但更多表现为具体研究实践操作能力的欠缺，如：文献查询与阅读、问卷编制、统计方式、软件使用等。说明学生在具体实践一个专题研究中，面临的最大困境依然是技术操作层面的实践环节不熟练或不明确。

表 4　　　　　　　学生在毕业论文研究过程中存在的困难　　　　　n = 49

序号	内容
1	选题难，定题太仓促，导致后来研究中发现很难操作或有重复
2	没有人指导，完全靠自己在网上找模板学习
3	对论文格式要求不清楚
4	不知道到哪里去查找好的文献资料，不会写文献综述
5	开题报告 1 个晚上完成，形同虚设，后面研究存在困惑
6	问卷编制不合规范，不知如何检验信度和效度
7	样本量不确定，研究参与者难以寻找
8	不会统计方法和统计软件操作，不能对数据进行合理分析
9	上学时天天练专项技术，忽视理论学习，不知专业理论内容
10	文字表达能力欠缺，语言口语化严重

　　表5是对正在接受科研方法课程教学的学生进行的开放式调查，他们存在的困惑也正是 2007 级和 2008 级学生在完成毕业论文过程中遭遇到问题。突出表现在对研究程序的步骤不清晰，思路混乱，无从下手。教学时数少，大量比较陌生的方法学概念来不及消化，课堂上难以对一个具体案例进行深入讨论。一名学生的开放式问卷回答很具有代表性："通过老师所教所讲，已经初步了解了科研方法的学习过程，但是仍不能够总结出一

套自己学习科研方法的有效途径，总感觉自己只能跟着老师后面走，不断地去完成老师布置的作业，如果老是不布置作业甚至不再授课，感觉自己将会无所适从。自己对文献知识了解过少，不知道该从哪一篇开始阅读，即使找到了阅读对象，却总感觉读不下来，没有兴趣"。

表5	学生对科研方法课程的建议	n = 257

排序	内容
1	增加对文献（特别是学术论文）阅读方法的指导
2	教学时数太少，教师讲课速度过快，很多问题来不及思考
3	多讲和自己专项相关的案例，特别是研究过程
4	教材与课程教学不相符
5	整个论文研究程序还不是很清晰，增加实践

　　汇总教师、学生在毕业论文研究中发现的问题和存在的困难，以及学生在科研方法课程教学中出现的困惑，总结科研方法课程亟待解决的几个问题：

　　1. 依据不同学科专业特点，设计相应教学内容体系。科研方法课程涉及全校7个专业，各个专业的学科背景差异较大，所适用的研究范式与方法各不相同。其中，运动训练、体育教育、民族传统体育、表演、社体4个专业属于术科专业，在研究中更多采用问卷调查、实验、比赛技术统计、观察法。而部分表演、体育英语专业属于人文艺术类，研究中会更多出现内容分析法和访谈法。学生受教育背景差异较大，其知识贮备和文化基础差异显著。这需要研究方法课程要针对不同专业的不同研究需求和特点，结合学生的学科背景、专项特征，学习基础，选择切合于学生研究需要和实际水平的教学内容。

　　2. 加强学生科研实践环节，有效提高课程教学效果。科研方法课程是一门实践操作性非常强的工具类课程，加强学生实践环节尤为重要。前期调查结果也显示，学生最需要的也是增加研究实践，解决实际操作问题。这就要求在课程设置和时间分配上，给学生更多科研训练的空间，积极引导学生参与科学研究活动，开阔学生的研究视野，通过规范的训练，逐步培养学生发现问题和解决问题的能力，提高动手能力，掌握获取信息和加工信息的能力，锻炼文字表达能力，使学生具有阅读文献、实践实验操作、数据统计分析及论文撰写的基本能力，有效提高科研方法课程的实际教学效果。

3. 改革学生评价方式，促进实现课程目标。改革学生评价方式，增加对实践环节的检验，提高学生平时研究实践成绩所占学分总成绩的权重，才能引导学生从对研究方法基础理论知识的重视，转移到对实际研究能力、问题解决能力、动手实践能力的重视上，也才能真正实现课程教学目标所确认的"六会"，即：会选题，会检索文献，会写文献综述，会研究设计，会写开题报告，会运用常用研究方法。

4. 改善教学手段，增加教学辅助工作，提高教师工作效率。增加学生教学实践环节，无疑增加了教师的教学工作量。每一个学生一个轮次课程需要完成 4~6 次作业，教师在一个学期将面临 3000~4000 份作业量，如何批改作业，及时给学生反馈，就成为需要解决的实际问题。

5. 加强教材建设，配备课程辅助资料。目前，国内出版的《科学研究方法》课程所使用的教材过于理论化，缺乏可操作性，这是一个普遍现象。在教材中缺少选题、文献综述、研究设计、开题报告、毕业论文等相关示范案例，学生缺乏相应的文献阅读。学生在学习的时候难以对课上所遗漏的内容进行课后补充，复习时也比较麻烦。学生亟须配合教材使用的具有操作性、示范性的辅助资料。

二、课程教学改革的主要内容

针对学生在撰写本科毕业论文中存在的问题和对科研方法课程的建议，主讲教师从 2006 年开始对本科生科研方法概论课程进行教学改革尝试。2010 年 5 月，申请北京体育大学教学改革立项"体育科学研究方法课程建设：研究能力与科学态度的契合"，在总结、反思前两轮次教学改革尝试的基础上，进行了为期 18 个月的科研方法概论课程教学改革的行动研究，主要内容如下。

（一）甄选教学内容，设计教学内容体系，突出学科专业特点

1. 全国体育院校优秀本科毕业论文现状剖析。本研究从 2005~2009 年全国体育院校优秀学士论文集和 2010 年北京体育大学优秀学士论文集中，按照分层抽样方法，从入选的篇论文中随机选取 215 篇进行内容分析。这些全国各个体育院校各年度校级优秀本科毕业论文，代表了整体体育专业本科生毕业论文的最高水平，对其进行分析，具有较好的导向和警

示作用。样本的具体分布详见表6。

表6　　　　　　　　　　　　　　　样本分布一览表　　　　　　　　　　　　　n=215

	一等奖	二等奖	三等奖	运动训练	体育教育	运动人体科学	体育社会学	体育传媒	其他
篇数	47	68	100	50	28	24	24	21	68
百分比（%）	21.9	31.6	46.5	23.2	13.0	11.2	11.2	9.8	31.6

　　由于论文集收录方式是：一等奖和二等奖为全文收录，三等奖为摘要收录，故在研究选题、研究分类、参考文献等方面的分析只针对一、二等奖的115篇论文。获奖论文中运动训练方向所占比例最大，这与北京体育大学历届本科毕业论文题目分析结果相一致。

　　表7显示，2005年到2010年6年间，全国体育院校优秀学士论文大多以实证研究为主，比例都达到了90%以上，2006年、2007年、2008年的一、二等奖获奖论文全部是实证研究，这符合当前在体育科学研究中提倡实证性研究范式的导向。研究领域与专业相符度总体呈逐年上升趋势。2006年只有33.3%的论文与研究者的专业学术领域相符，而2010年的优秀论文选题全部是与研究者专业相符合。这说明优秀学士论文的专业性提高，针对性也相应增强。有理论依据的论文所占比例呈螺旋上升趋势。总体来说，优秀学士论文的撰写更加注重理论基础，论文的质量相应提高。总体来说，学士论文的参考文献的数量较少，为10.67 ± 6.49篇。其中，有21篇论文用到了外文文献，占18.3%，其余的81.7%的学位论文没有引用1篇外文参考文献，这说明学士论文整体的参考文献质量不高，研究的起点基础不够坚实。从时间纵向来看，引用外文文献的论文所占比例呈上升趋势，2005～2009年一直呈平稳上升态势，到2010年外文文献引用率突增，这一结果或许与2010年文献全部来自北京体育大学优秀学士论文有关。

表7　　体育院校优秀本科毕业论文研究思路一览表　　　　　　　　n=115　%

	2005年	2006年	2007年	2008年	2009年	2010年
实证研究	90.9	100	100	100	91.7	87.5
专业相符	65	33.3	58.2	80	95.8	100
理论依据	13.6	23.8	15	25	20.8	50
外文文献	13.6	14.3	10	15	25	62.5

　　表 8 是对抽样获得的 215 篇优秀毕业论文所使用的具体研究方法的统计，结果显示，问卷调查法是使用最多的研究方法，访谈法、内容分析法、录像观察法和实验法也是应用较为广泛的方法，且采用率逐年上升。但在优秀论文中，比赛技术统计法并不占多数，这与全国体育院校优秀本科毕业论文中，单纯的技战术分析所占比例并不是很高有一定的关系。

表 8　　　　　体育院校优秀本科毕业论文研究方法使用统计一览表　　　　n=215　%

	2005 年	2006 年	2007 年	2008 年	2009 年	2010 年
问卷调查法	40.9	42.9	20	45	33.3	50
实验法	9.1	14.3	40	25	20.8	25
访谈法	9.1	4.8	0	20	41.7	62.5
数理统计法	27.3	14.3	5	25	66.7	62.5
观察法	9.1	0	5	15	20.8	12.5
比较分析法	13.6	4.8	5	0	37.5	50
内容分析法	18.2	9.5	10	10	20.8	37.5
技术统计法	13.6	4.8	1	10	16.7	0
录像观察法	11.3	4.8	15	15	16.7	0

　　2. 北京体育大学不同专业本科毕业论文选题分析。课题组教师将所承担的科研方法概论课程所涉及的院系、专业（竞技体育学院、教育学院、艺术系、外语系），2009~2011 年本科毕业论文题目进行了整理，将题目所涉及的研究主题进行了分类，以探讨不同学科专业在毕业论文选题上的特点（见表 9、表 10、表 11、表 12）。

表 9　　　　外语系 2009 届、2010 届、2011 届毕业论文题目分类汇总　　　　n=301

	语言学	翻译技术	文学艺术	文化比较	教育教学	合计
2009 届	9	19	19	16	13	76
2010 届	12	16	31	22	24	105
2011 届	19	22	41	27	11	120
合计	40	67	91	65	48	301

表 10　　　　竞技体育学院 2010 届、2011 届毕业论文题目分类汇总　　　n = 880

	技战术分析	体育教学	损伤与健康	社会体育	运动人体科学	合计
2010 届	297	63	23	64	19	466
2011 届	278	43	18	63	12	414
合计	575	106	41	127	31	880

表 11　　　　教育学院 2010 届、2011 届毕业论文题目分类汇总　　　n = 703

	技战术分析	课程教学	学生现状	社会体育	运动训练学	合计
2010 届	122	70	33	58	73	356
2011 届	114	94	23	46	70	347
合计	236	164	56	104	143	703

表 12　　艺术系 2008 届、2009 届、2010 届毕业论文题目分类汇总　　　n = 253

研究方向	课程教学	社会体育	技术战术	运动训练	其他	合计
篇数	68	66	61	29	29	253
百分比%	26.8	25.9	24.1	11.6	11.6	4.5

第一，术科学生选题中，技战术分析所占比例最高，且在所有技术类专业中均是如此。这表明在本科毕业论文选题上，专项的技战术探讨依然是现阶段最重要的研究趋势。但是在历年优秀本科毕业论文分析中，纯粹是技战术分析的获奖论文所占比例并不高，特别是一、二等奖中更是罕见。这说明，尽管技战术选题很多，但真正做好的并不容易。很多选题是简单重复，毫无理论和实践意义。

第二，体育英语专业学生以文学艺术类选题居多，尚未形成社会科学量化的研究趋势。

第三，选题中各类研究主题的现状调查类数量较高，描述性研究是本科生的主导研究类型，对于解释性研究和探索性的研究取向较少。

3. 学生科研方法学习和实践过程中呈现的特点。根据对本科论文指导教师和学生的访谈调查结果、对全国体育院校优秀本科毕业论文剖析和对北京体育大学 2005～2007 级本科毕业论文题目分析，总结科研方法课程教学在教学内容选择上的几个特征。

第一，科学态度培养。我国基础教育的薄弱环节是学生只会考试而不会提问题，不会做研究。这反映在高等教育阶段，大学生思考比较感性，缺乏对一个问题理性、客观、中立的审视态度，这一特征在体育专业、艺术专业和文学专业尤为突出。因此，在课程教学中，需要始终强调用客观事实证据，特别是量化统计数据来支持论点和结论，而不是想当然、凭感觉出结果。科学精神和研究意识，需要在整个课程教学中始终贯彻。

第二，实证研究取向。当代社会科学在研究范式方面总体趋向是实证主义，本科生具备的知识层次和理论水平，难以从理论高度上对某一研究领域或主题进行很好的研究综述。因此，在课程教学中侧重于实证性研究方法的介绍与讲解，并引导学生在研究实践中更多采纳实证性研究的具体方法。

第三，注重学科特点。不同学科专业其经常采用的具体研究方法有所不同，需要针对不同专业学生侧重不同研究方法的选择。问卷调查法是所有专业学生普遍使用较多的方法，而实验法更多在康复系体能班应用，可重点讲授。对于术科专业学生，技战术分析是最为常见的研究分类，需要讲述此种方法的使用技术。内容分析法在艺术专业和文学专业有一定的使用，应考虑在表演和体育英语专业学生中有所普及。

第四，突出重点内容。研究方法内容庞杂，但教学时数有限，特别是只有 16 学时的课程，紧抓重点和关键就显得尤为重要。根据访谈和调查的结果，选题、研究程序、文献检索、阅读、文献综述、问卷调查法是师生共同认为影响本科论文质量的关键，也是学生学习研究方法课程时的难点。因此，这部分内容相应增加教学时数和课后作业。

4. 设计教学内容体系，突出学科专业特点。表 13 是针对运动训练专业 16 学时科研方法概论课程设计的教学内容，重点在于文献检索、阅读、研究设计部分，具体研究方法选择运动训练专业最为常见的问卷法和比赛技术统计法。

表 13　　　　　　科研方法概论课程教学安排（16 学时）

课次	教学内容	备注
1	一、绪论：教学目标；教学内容；学习方法；研究的基本程序	
2	二、选题规划：选题思路；题目来源；案例讲解	作业 1
3	三、文献与检索：文献类型；文献检索方式	作业 2
4	四、文献阅读与文献综述：文献阅读方法；文献综述的撰写	作业 3

续表

课次	教学内容	备注
5	五、研究计划（1）：操作化；变量类型	
6	六、研究计划（2）：开题报告的撰写规范与格式	作业 4
7	七、问卷研究设计：问卷的结构；问卷的编制；案例讲解	
8	八、比赛技术统计：指标的选择；统计方法；案例讲解	

表 14 是体育英语专业开设的 16 学时的社会科学研究方法概论课程的教学内容设计，与运动训练专业不同的是删除比赛技术统计法，增加内容分析法，同时所使用的教学案例更多为社会研究题目。

表 14　　　　　　社会科学研究方法概论课程教学安排（16 学时）

课次	教学内容	备注
1	一、绪论：教学目标；教学内容；学习方法；研究的基本程序	
2	二、选题规划：选题思路；题目来源；案例讲解	作业 1
3	三、文献与检索：文献类型；文献检索方式	作业 2
4	四、文献阅读与文献综述：文献阅读方法；文献综述的撰写	作业 3
5	五、研究计划（1）：操作化；变量类型	
6	六、研究计划（2）：开题报告的撰写规范与格式	作业 4
7	七、问卷研究设计：问卷的结构；问卷的编制；案例讲解	
8	八、内容分析：适用的议题；编码技术；案例讲解	

表 15 是在民族传统体育、体育教育、社会体育、表演、体能 5 个专业的 32 学时科研方法课程的教学设计，与 16 学时课程相比，增加对科学态度和科研意识的教育，增加文献、研究设计中的信度效度内容，将几种常见研究方法都进行介绍，重点是问卷调查法和实验法。

表 15　　　　　　科研方法概论课程教学安排（32 学时）

序号	教学内容	学时	作业
1	绪论：教学目标；教学内容；学习方法	2	
2	科学与科学精神：科学含义；科学精神与态度	1	作业 1
3	研究的类型：研究类型；研究方法的核心概念	1	
4	选题规划（1）：选题意义、原则；好题目标准；题目来源	2	作业 2
5	选题规划（2）：选题一般程序；选题常见误区	2	

序号	教学内容	学时	作业
6	文献与检索：文献类型；文献检索	2	作业3
7	文献阅读：文献阅读的方法	1	作业4
8	文献综述：文献综述的格式；撰写要求与方法	2	
9	操作化与测量：操作化定义；测量层次	2	
10	维度与变量：维度；变量的类型	2	
11	信度与效度：信效度含义；检验的方式；抽样；抽样方式	2	
12	问卷研究设计（1）：问卷的类型；问卷的结构	2	作业5
13	问卷研究设计（2）：问卷的编制；案例讲解	1	
14	实验研究设计（1）：实验的基本术语	1	
15	实验研究设计（2）：经典实验模型；案例讲解	2	
16	内容分析：适用的议题；编码技术；案例讲解	2	作业6
17	比赛技术统计：指标的选择；统计方法；案例讲解	2	
18	研究报告撰写格式：开题报告格式；常见格式误区	1	
	考试	2	
	合计	32	

（二）改善教学方法，加强学生科研实践环节，提高课程学习效果

科研方法课程性质强调其实践性，课程目标不仅要求学生了解科学研究的理论知识，更要具备研究实践的能力。本研究紧紧围绕如何加强科研方法课程的实践性教学这一主题，在教学过程中改善教学方法，突出强调科研实践环节，探讨本科生学术研究实践能力的培养途径与方法，尝试解决困扰科研方法课程的"学生科学研究理论知识与科研能力相脱节"的问题，以提高课程教学的实际效果。

1. 学生合作学习，小组专题报告。从2009年开始，在每个教学班开展小组专题报告活动。每次课开始，用15分钟时间完成1个小组的专题研究报告，6分钟报告，4分钟答辩，5分钟教师点评。具体要求如下：

第一，自由组合小组，每组6~8人；第二，每组自由选择1个主题，最好与本专业或体育相关；第三，必须是实证性研究；第四，遵循北京体育大学本科毕业论文报告格式要求；第五，制作ppt，并要求注明组别、小组成员名单和分工；第六，现场出示研究资料佐证（数据库、原始问卷、现场照片等）；第七，报告人当天着正装。

2010年9月至2011年11月，在科研方法概论课堂上，共计完成小组

专题报告 72 个，详细目录见表 16。

表 16　　　　　　小组专题报告题目一览表

学院	小组专题报告名称	小组成员
竞技体育学院	大学生运动员专项训练情况的调查研究	卢妍等 6 人
	减阻负荷对后抛实心球成绩的影响	刘雪刚等 7 人
	竞技体育学院学生课堂座位的选择与学业成绩的关系	董晓倩等 8 人
	赛前音乐对短跑运动员成绩的影响	于岩等 4 人
	身高与百米跑的相关性研究	彭达华等 6 人
	竞技体育学院 2009 届本科毕业论文题目的研究	王磊等 6 人
	北京体育大学竞技体育学院运动训练系 10 级毕业生论文的选题分析	刘洋等 6 人
	教练员布置训练计划方式对运动员心理的影响	孙浩等 6 人
	罗马世锦赛男子长距离自由泳战术对比	张子菡等 5 人
	游泳运动员竞技水平与赛前训练计划的关系	龙俐君等 6 人
	外形对女大学生身体自尊的影响	李梦娇等人
	对 2008 级足球专项运动员损伤的研究	于小龙等 6 人
	对 2008 级足球专项运动员英语学习现状的调查	古欣等 6 人
	关于我国足球青少年运动员科学选材的研究	刘阳等 6 人
	羽毛球女子单打头顶杀球技战术分析	刘磊等 4 人
	网球职业运动员与业余运动员在比赛期间的心理变化差异	伊凡等 6 人
	短视网球在北京小学发展的影响因素调查研究	鲁骥等 6 人
	大学生兼职动机的调查研究	杨菁等 6 人
	北京体育大学学生早餐习惯调查与分析	刘志亮等 7 人
	北二楼限电断电现状调查	姜一帆等 8 人
	短时记忆对推铅球成绩的影响	姜开宾等 4 人
	北京体育大学本科生学习小语种情况调查分析	张国宝等 7 人
	北京市海淀区高中生减肥态度及状况的调查	崔馨月等 8 人
	北京体育大学跆拳道运动员运动损伤的调查与分析	连志鹏等 6 人
	关于公众对 "90 后" 看法的调查研究	孙明玥等 6 人
	北体优秀运动员家庭背景对各专项选择的调查分析	陈胜等 6 人
	当代大学生爱情观的研究	冯鑫等 6 人
	关于北京体育大学竞技体育学院学生就业的调查报告	马超等 6 人
	关于大学生网购的调查研究	李帅等 4 人
	选秀活动对青少年心理影响的研究	冯亭亭等 6 人
	竞技体育学院对所学科目遗失比例的调查研究	张勃等 9 人
	自由泳打腿对于 7~9 岁儿童提高自由泳成绩的影响	吴双等 6 人
	柔韧性训练对青少年游泳运动员成绩影响的研究	王思航等 6 人
	浅谈摆臂技术与提高短跑成绩的关系	王东冉等 9 人
	新旧水下蝶泳技术对比分析	史定宇等 2 人

学院	小组专题报告名称	小组成员
竞技体育学院	竞技体校女子摔跤队训练态度影响因素分析	胡广坤等6人
	三级跳远初学者三跳比例对成绩的影响	韩冬等7人
	瑞士球与悬挂带练习对铅球成绩的影响	赵东等5人
	篮球战术在篮球比赛中的重要性	丁健等2人
	在跆拳道比赛中边角技术发挥的作用	赵东阁等6人
武术学院	北京体育大学武术学院大学生创业认识调查分析	杨森等6人
	北京体育大学武术学院2009级学生打工现状	龙亭等5人
	关于大学生电脑使用情况调查报告	李伟等6人
	北京体育大学武术学院关于大学生分手后的调查研究	张士瑞等6人
	北京体育大学学生人际交往调查研究	郭浩寅等5人
	关于大学生对于学习与生活规划调查	王俊丽等6人
	北体大武术学院大二学生阅读报刊情况调查报告	彭丹等7人
	关于体大学生周末生活情况调查分析	潘江等6人
	关于北京体育大学在校留学生学习武术套路动机的分析报告	丁国庆等8人
	关于大学生对主流媒体信任程度的调查分析报告	鲍帅等7人
	关于国家教育制度的探讨和国家扩招对大学生的影响	陈思等6人
	关于北京体育大学大二学生睡眠状况的调查报告	刘珏等6人
	武校体罚现状的调查研究	宋柯等6人
	北京体育大学本科生恋爱观调查分析报告	高志强等7人
	北京体育大学武术学院毕业生论文选题的分析	王齐等5人
	北京体育大学武术学院本科生毕业方向调查报告	张弛等6人
	北京体育大学武术学院舞狮运动中的运动损伤调查	梅文波等5人
	北京体育大学武术学院散打专项训练中常见运动损伤的调查	谷溪等5人
	北京体育大学武术学院2010级隐性逃课问题的调查研究	翁金杰等7人
	北京体育大学武术学院2007级本科毕业生论文选题的分析	巴成帅等6人
	对外语系选择北京体育大学原因的调查分析报告	徐风华等6人
	北京体育大学武术学院学生就业意向调查报告	晁成林等6人
	北京体育大学武术学院导引养生专业学生对本专业忠实程度报告	王明等6人
	北京体育大学武术学院学生自制力调查报告	王甜等6人
	北京体育大学武术学院学生对裸婚看法的调查报告	石慧子等6人

续表

学院	小组专题报告名称	小组成员
教育学院	北京体育大学 2009 级、2010 级社会体育专业学生就业方向研究与分析	高思远等 4 人
	北体教育学院与首体、北大、北方工大三所学校部分学生业余读书对比分析	李然等 4 人
	北京体育大学 2009 级学生择业价值观调查分析	陈凌樱等 4 人
	北京体育大学 2007 级社会体育专业毕业生论文选题分析	段旭杰等 4 人
	北京体育大学教育学院 2009、2011 级社会体育专业择业价值观调查分析	邢进等 4 人
	北京体育大学 2009 级社会体育课程设置与部分院校对比分析	晏朝科等 4 人

　　从小组报告内容来分析，大部分主题能够与学生本专业或体育理论实践相结合，也有部分是学生关注的社会热点问题。研究方法上以问卷调查居多，少量实验设计或观察法。这种教学方法的尝试在 2 轮次教学实践中取得了非常明显的教学效果，学生通过实际操作，将课堂学习的研究方法知识进行研究实践。通过实际研究一个小的主题，确实了解完整的一个研究（题目确定、研究设计、实施调查或实验、收集观测资料、统计分析、整理文档、制作幻灯片、报告答辩）的步骤与程序，所将面临的困难和问题，以及解决的方法。通过教师点评，可以吸取别人研究的经验和教训，有效增强学生研究实践能力和体会。

　　2. 增加课后作业，及时反馈总结。为了加强学生对课堂讲授研究方法理论的理解和掌握，增加了学生课后作业的任务。

　　第一，16 学时的课程，每个学生需要完成 4 次课后作业，32 学时的课程，每个学生需要完成 6 次课后作业，作业的具体内容和要求详见表 17。

表 17　　　科研方法概论课程（16 学时）学生课程作业一览表

作业名称	作业要求
《体育科学》研究方法分析报告	查找体育科学期刊按研究方法分类
文献检索	利用学校电子信息资源查询
	1. 自己感兴趣的专题一个
	2. 近 3 年核心期刊学术期刊发表论文
	3. 从题目上整理研究思路
	4. 详细说明文献检索的步骤

续表

作业名称	作业要求
读书笔记	选一篇学术论文，精读并撰写读书笔记
文献综述	1. 选择一个研究主题，检索近五年核心期刊的文献资料 2. 撰写该研究主题的文献综述 3. 遵守文献综述撰写格式，不低于1500字

第二，16学时的4次作业，其主要目的在于让学生阅读学术期刊，掌握运用互联网对所要研究主题的文献检索、文献阅读，以及对文献综述的撰写。

第三，32学时的6次作业，则在4次作业的基础上增加了问卷编制和开题报告的撰写（见表18）。

表18　　　　科研方法概论课程（32学时）学生课程作业一览表

作业名称	作业要求
《体育科学》研究方法分析报告	查找体育科学期刊按研究方法分类
文献检索	利用学校电子信息资源查询 1. 自己感兴趣的专题一个 2. 近3年核心期刊学术期刊发表论文 3. 从题目上整理研究思路 4. 详细说明文献检索的步骤
读书笔记	选一篇学术论文，精读并撰写读书笔记
文献综述	1. 选取近五年以来的论文，撰写研究综述一篇 2. 内容包括：前言、材料与方法、结果与分析、存在的问题及未来研究展望、参考文献
调查研究	1. 任选一级学生本科毕业论文题目，将题目按研究方向进行分类，并列出比例 2. 从题目中你发现的问题有哪些？ 3. 你在学习研究方法时遇到的困难有哪些？ 4. 正在撰写毕业论文的学生遇到的困难有哪些？
开题报告	按照北京体育大学论文开题报告格式撰写一份开题报告

第四，作业的内容和顺序是按照研究程序安排，32学时课程的学生，如果每次作业都能认真仔细完成，可以在课程结束时提交一份拟定好主题的完整开题报告。开题报告提交两次，第一次提交初稿，经教师和助教的

总结点评反馈，学生再行修改，最终提交正式作业。

第五，每次作业提交后，后续上课中由助教对本次作业做点评，总结作业的优点和存在的问题，教师即刻解答学生在作业中普遍存在的困惑，展示优秀作业范文，学生之间可以相互借鉴与学习。

第六，2009 年秋季学期至 2011 年秋季学期，共计收取学生作业12000 余篇。

3. 案例教学方法，组织学生讨论。研究方法课程注重实用性和操作性，案例教学方式极为适用此类课程。教师在授课中，将本科毕业论文作为案例加以展示，组织学生现场讨论，分析论文中值得借鉴的优点，存在的问题，规避的方法，使得学生能够更加清晰地理解研究的基本程序和逻辑过程。

教师根据授课对象的不同背景，每个专业准备 2 个优秀本科毕业论文，从选题——文献检索——文献阅读——文献综述撰写——研究思路设计——具体研究方法设计——资料收集——数据处理——结果分析——结论——报告格式，伴随课程教学内容的演进而详细讲解与评价。

请助教就自己的研究作报告，与学生分享在选题、设计、实施研究中的自己的体会、经验与教训。由于助教与学生年龄、经历相仿，他们的讲述更容易引起学生的共鸣，取得了较好的示范教学效果。

4. 组织研究设计报告会，增进不同专业之间相互学习。2009 年 1 月 6日和 2011 年 1 月 7 日，主讲教师举办过两次"科研方法概论课程学生优秀研究设计研讨会"。从一个学期每个教学班所有小组报告中评选一个最优者，参加研讨会。目的在于激励学生积极参加和认真参与小组专题报告，同时，不同院系、专业的学生之间能够相互借鉴与学习。研讨会聘请教师担任评委，按照学校优秀本科毕业论文报告程序进行，并评审出一、二、三等奖。这一活动取得了非常好的效果，激发了学生参与研究实践的积极性，同时增进了学院之间、专业之间学生的相互了解。

（三）改革学生评价方式，促进实现课程教学目标

科研方法课程的目标有两个：一是学生了解科学研究的基本程序与规范，掌握科学研究的基础知识，能够运用具体研究方法；二是在研究实践过程中，培养学生的研究意识与科学态度。以往的学生评价方式，侧重对学生基础知识的检验，而对于其研究实践能力和科学态度的考核则缺乏更有效的方式。为了更好地实现这一教学目标，科研方法概论课程考核方式

在"2007教学计划"有了比较大的调整。将学生平时成绩和期末开卷考试成绩所占总成绩的比例调整为各占50%，增加了对学生研究实践能力和科学态度的评价。具体计算方式如下：

16学时课程总成绩：作业20分(4次,每次5分)+考勤(10分)+小组专题报告(10分)+课堂测试(2次,每次5分)+期末考试(50分)=100分

32学时课程总成绩：作业25分（5次，每次5分）+考勤(10分)+小组专题报告(5分)+开题报告作业(10分)+期末考试(50分)=100分

曾在2006级社会体育专业和2008级民族传统体育专业进行论文报告会，要求学生以宿舍为小组，自由选题并进行研究，在课程结束时，按照本科学位论文格式要求提交不低于2000字的研究报告，从中择优选出10组进行论文报告，并进行评奖。将此次报告成绩记入学生本学期科研方法课程总成绩。

（四）增设教学辅助工作，提高教师工作效率

1. 课程设置助教，辅佐教师工作。由于课程实践环节的增加，教师的工作量极为繁重，仅是每学期4000多份作业的批改、反馈，仅凭教师一人之力难以承担。从2010年开始，每个教学班配备一名助教，来自授课教师指导的硕士生和心理专业的本科生，助教具体信息详见表19。

表19　　　　2010～2011年科研方法概论课程助教情况一览表

学院	班级	上课时间	学时	助教	联系方式
竞技体育	2008级1～4班	周五1～2节（1～9周）	16	潘程程	152××××××
竞技体育	2008级5～8班	周五9～10节（1～9周）	16	马中云	135××××××
竞技体育	2008级9～12班	周二1～2节（10～18周）	16	朱晓倩	158××××××
竞技体育	2008级13～16班	周四1～2节（10～18周）	16	任尚	134××××××
竞技体育	2009级1～4班	周四9～10节（1～10周）	16	彭芳云佳	131××××××
竞技体育	2009级5～8班	周三7～8节（1～10周）	16	王亚	189××××××

续表

学院	班级	上课时间	学时	助教	联系方式
外语系	2008 级 1~5 班	周三 7~8 节（10~18 周）	16	王妍	134××××××
艺术系	2008 级	周一 1~2 节（1~16 周）	32	金潇	134××××××
武术学院	2009 级套路 1~2 班	周二 3~4 节（1~16 周）	32	亓玉芬	152××××××
武术学院	2009 级散打	周一 1~2 节（1~16 周）	32	刘茵	hbliuyin@163.com
武术学院	2010 级散手 3 班、4 班	周二 5~6 节（1~18 周）	32	钱源、朱明影	138×××××× 151××××××
武术学院	2010 级套路 1 班、2 班	周二 1~2 节（1~18 周）	32	倪一苇、陈亚琴	151×××××× 151××××××
教育学院	2009 级社会体育班	周三 1~2 节（1~18 周）	32	晏尧、黎雨薇	189×××××× 189××××××
外语系	2009 级 1~5 班	周五 9~10 节（11~18 周）	16	朱明影、陈亚琴	151×××××× 151××××××

助教需要完成的主要工作：

第一，负责考勤记录、收发作业、整理批阅作业、作业点评、记录成绩、沟通学生与课程教师的意见。

第二，每次作业，由教师制定统一评分标准，助教依据标准打分。为了保证评分的客观公正性，教师每次每班作业随机抽取 5 份检查。

第三，助教每次作业需要进行 5 分钟报告点评。

第四，学期结束后，每个人要写一份助教小结，总结自己担任助教工作的经验体会，现摘录小结两份。

助教马中云（2011）：从第一次读书笔记开始，很欣喜看到有同学已经将阅读所得学以致用，分条罗列各项分析，能够有意识地以学术论文的格式来要求自己。不少同学在感想中谈到了某篇文章于自己专项的契合，或者是某个实验的方法和自己平时的训练方法相类似……那些文字中透露出的喜悦，正是科研方法和体育精神碰撞出的火花。我由衷地为看到了这些火花的同学们感到开心。与此同时，部分作业中的错别字与拼凑的痕迹让我感到有些同学的作业态度尚需修正。说到底，应该很少有人比竞技专项的各位同学更了解一分耕耘一分收获的个中滋味。

助教朱晓倩（2011）：从小学、初中、高中，直至大学，一直以来，虽然年级不断增长，但不变的是自己的身份从来都是学生的身份。而在大四这最后一个学期，自己却有幸作为一名助教，来帮助老师进行教学和帮助低年级的同学们进行更好的学习。这份经历非常独特，也非常充实，它丰富了我的人生经历和阅历，并给了我很多别处无法获得的磨炼和进步。首先要回顾的，是这份助教任务的主要责任，我们需要帮助张老师进行课堂点名、记录考勤，同时记录科研方法独有的一份作业小组课堂报告的具体内容。除此之外，就是要收集、批改、点评作业，并尽己所能地反馈学生对教学的疑问和建议。其中，最考验和磨炼人的，莫过于点评学生作业这一项。因为此时点评者不能再站在学生的角度，而是应该有一个高度的视角，能够从教学者的角度去发现作业中的不足和反映出的问题。这自然而然的给我们提出了考验，怎样才能迅速准确地抓住每份作业中的不足，再将不同作业的不足综合概括，提出问题之后还不够，重要的是我们还要告诉同学们怎样的思路和做法才是正确的。否则的话，只知错而不改，是没有什么意义的。为了做好一份点评，每一次我都会仔细地阅读每份作业，列出问题之后再综合，逐一对其分析。列出所有作业的不足之后，再从出选出那些最多出现的共同错误，针对这些共同的错误，给出最细致的解答。每到这个时候，常常就觉得自己知识的不足，不知道怎样的陈述和解释才是最正确的。所以，就会将张老师的课件内容下载下来，自己仔细阅读和学习，再按照自己的理解，尽可能地把它陈述得简洁易懂。而且，一直以来，自己都是个有点害羞，担心在众人面前说话或是演讲的人。因而，站在讲台上，像个老师一样，给同学们讲评作业，对我而言，的确是个非常大的挑战，常常是周二的早上进行点评，周一的晚上，我就会对着电脑，打开排练计时，一遍遍地熟悉一遍遍地重复要讲的内容。唯有如此，才不会在第二天因为紧张或是不熟悉内容，给同学们做一个不好的点评。除了作业点评，还常常要做的事情，就是回答他们的问题，对他们不懂的知识提出的问题进行反馈。原本以为，自己的知识应付他们的问题，应该是没有问题的。然而事实却给我上了一课，必须承认的是，他们对于同一个概念，常常会有不同的理解。提出的问题，角度也很独特，所以，为了能够回答他们的问题，我也需要不断地学习和完善自己，并且，学习怎样把自己的理解，简单而准确地解释出来。将头脑里的知识，活学活用出来。最后，最重要的是，在同学们身上，我也学到了很多东西。张老师曾经跟我们说过，学科的孩子们跟术科的孩子们，虽然自己没有意识到，但是却有很大的不同。之前，我一直都不相信，也没有切身地体验到。而在做竞体 9~12 班这些大三孩子的助教时，我才真正地体验到的确如此。他们或许没有我们学科的人那样，比较擅长背书或是考试，然而他们身上澎湃的那种活力与求知欲，还有就是勇敢与人打交道，善于处理社会关系的这些特点，都是他们身上的闪光点，也是我们所不具备或是不擅长的地方。在和他们相处的这段时间里，我也是逐渐地向他们学习，不断地完善自己，尽量不去做一个唯唯诺诺只会傻学习的书呆子。真心地谢谢张老师，也谢谢他们，给我这样的磨炼与体验。

2. 开通课程公共邮箱。由于上课时间少，教师讲课速度快，学生来不及记录笔记。同时，教科书理论性太强，缺少案例解析。因此，配合科研方法课程教学，开通了课程公共邮箱，keyanfangfa07@126.com，密码：111111。将教师教学全部课件的 PDF 版本上传，方便学生下载仔细阅读。同时将不同专业学科的 7 篇优秀本科毕业论文全部资料（包括开题报告、任务书、中期检查表、论文正文）转为 PDF 格式上传，作为课程辅助资料，方便学生阅读学习。

（五）配备课程辅助资料，完善教材建设

目前，国内出版的《科学研究方法》课程所使用的教材过于理论化，缺乏可操作性，这是一个普遍现象。在教材中缺少选题、文献综述、研究

设计、开题报告、毕业论文等相关示范案例，学生缺乏相应的文献阅读。学生在学习的时候难以对课上所遗漏的内容进行课后补充，复习时也比较麻烦。为了解决这个问题，科研方法概论课程在教学中曾尝试推荐学生阅读资料和低价购买过期学报的办法。

1. 推荐学生阅读资料。建立科研方法概论公共邮箱，上传教师教学全部课件（PDF 格式）。2005 级、2006 级、2007 级全校优秀本科毕业论文 7 篇，包括开题报告、任务书、中期检查表、论文正文（PDF 格式）。竞技体育学院、教育学院、武术学院、外语系 2005～2007 级本科毕业论文题目。

2. 低价购买《北京体育大学学报》过期杂志。与学校《北京体育大学学报》编辑部联系，以每本 5 元的价格，低价购买过期学报，组织学生自愿购买。课堂教学时，以学报上的论文作为范本，讲解论文结构、内容、撰写逻辑、写作规范等。学生普遍反映这是他们看的第一本专业学术期刊，清楚了论文的写作程序，具有很好的示范作用。

三、课程教学改革的成效

科研方法概论课程从 2007 年开始尝试教学方式的改革，在变革中逐步反思、总结和改善。在整个教学过程中，教师付出了巨大的心血，同时也取得了较为满意的教学效果。

1. 承担科研方法概论课时量。张凯和姚蕾老师承担了全校所有本科专业（运动人体科学学院除外）科研方法概论课程的教学，从 2010 年 9 月至 2011 年 11 月，两位主讲教师共计完成科研方法概论课程工作量学时，详见表 20。同时承担学校校外班科研方法概论课程的教学，如先农坛体校、国家体育总局训练局等。

表 20　　2007 年 9 月至 2012 年 1 月教师完成科研方法概论教学工作量一览表

研究方向	教育学院	竞技体育学院	武术学院	外语系	艺术系	合计
班数	20	9	10	4	6	49
学时	640	144	320	64	192	1360

2. 小组专题报告。2010 年 9 月至 2011 年 11 月，科研方法概论课堂教学中进行小组专题报告共计 72 个。

3. 学生课后作业。按照平均每个教学班 80 人计算，每人每学期需要提交作业按 5 次计算，2009 年 9 月至 2012 年 1 月间，30 个教学班共计提交作业：$80 \times 5 \times 30 = 12000$ 份。

4. 推荐辅助教学资料。开设课程公共邮箱，上传课程教学课件 9 份，优秀本科毕业论文 8 套，院系毕业论文题目 7 份。

5. 研究设计研讨会。2009 年 1 月 6 日和 2011 年 1 月 7 日，召开两次科研方法课程学生优秀研究设计研讨会。

整合资源 为提高本科生创新能力搭建平台

——北京体育大学科研中心人才培养改革与实践

胡　扬[*]　雷　厉[*]　包大鹏[*]　汪　蕾[*]　李依璇[*]　晏　冰[*]

【摘　要】北京体育大学科学研究中心自2007年成立以来，不断整合资源，从创新能力教育及创新能力实践两方面为本科生创新能力的培养搭建平台。在创新能力教育平台方面，开设了体育生物科学研究方法课程，设置了网路课程；在创新能力实践平台方面，建立了本科生创新实验室和实习基地。项目实施5年来，学生创新意识和创新能力明显提高，学生课外科技创新成效显著，涌现出一批优秀成果，极大地促进了本科生参与科学研究的积极性，有效地提高了学生分析问题和解决问题的能力，参与研究和实验的学生人数越来越多。

【关键词】整合；创新；改革；实践

本科生是我国科技力量的重要源泉，是我国高科技研究队伍的生力军，提升其创新意识及创新能力具有深远的战略意义。自2007年成立以来，科研中心将本科生创新能力的培养作为重要工作，不断整合资源，从创新能力教育及创新能力实践两方面搭建平台，取得良好效果。

一、改革与实践思路

针对体育科技知识的迅速更新以及国家、社会对创新能力的高度关注，以提高学生创新意识和创新能力为目的，整合科研中心软硬件资源，构建注重实践，融探索性、交叉性、创新性为一体的应用型体育科技人才培养体系。

---

* 北京体育大学科学研究中心。

二、改革与实践内容

（一）运动人体科学专业本科生创新能力教育平台的建设

1. 体育生物科学研究方法课程的设立。以往北京体育大学运动人体科学专业本科生教学计划虽设有科研方法课，但任课教师多为文科类老师，授课内容与本专业需求相差较远。为了改变这一状况，我们从 2009 年起将"科研方法"课改名为"体育生物科学研究方法"，在讲述生物科学研究方法的基础上，邀请了 12 位运动人体科学专业的教授以专题形式结合自己的研究实践讲述研究方法和当今热点问题。这种授课形式不仅扩大了学生视野，而且有助于学生了解教授们的工作，让学生有的放矢，尽快进入教授实验室学习、研究。该课程共有 32 学时，讲课题目包括：体育生物科学研究方法概论、体育生物科研手段与质量控制、体育科学研究设计的实用性及创新性、统计设计在体育科研中的应用方法、体育科研电子资源的获取与服务、体育科研实验室建设与发展、运动解剖研究热点与方法、运动生理研究热点与方法、运动生化研究热点与方法、运动损伤与康复研究热点与方法、运动生物力学研究热点与方法、大众健身研究热点与方法、体质促进研究热点与方法、运动心理研究热点与方法等。

2. 网路课程的设置。在注重实践能力的同时，我们更注重课程的前沿性。力争使专家学者的科研成果进课堂，融合最新技术和科研实践，把课堂办成培养创新能力的舞台。

"体育科技大讲堂"就是在外事处、运动人体科学学院、现代教育技术中心支持下于 2008 年起搭建的共享优质学术资源平台，致力于邀请一流专家学者介绍当今最前沿的研究与应用成果，为广大师生和体育工作者提供获取一流讲座资源的便捷窗口（http：//www. bsussrc. com）。

在长期的教学过程中，网络课程已形成较为明显的三大特色：第一是教学内容的前沿性，通过国内外讲座，吸收体育科研领域最新研究成果，使学生能紧跟国际前沿知识水平；第二是教学形式的启发性，邀请的知名学者都能注重教学内容的新颖性，教学手段的多样化以及教学方式的生动性，很好地启发学生深入思考问题；第三是注重理论联系实际，培养学生实际操作能力。很多讲座本身就是某项新技术、新手段、新仪器的运用，促使理论与实操结合。

至今，"体育科技大讲堂"已举办讲座 166 场。在此基础上，我们初步整理出三门网络课程，每门课 16 学时，将于 2013 年初正式开课。课程名称为：国际高原训练新视野、青少年身体能力发展及训练理论、体育科学研究新技术。

（二）运动人体科学专业本科生创新能力实践平台的建设

1. 本科生创新实验室的建立。在教务处的支持下，科研中心于 2008 年正式启动"北京体育大学科研中心本科生创新实验室"工作，制定了《北京体育大学科学研究中心本科生创新实验室管理办法（试行）》，并向全校本科生发出"关于本科生申报创新实验室课题的通知"，让本科生自行申报课题，再组织专家评审，最终确定人选人员。

创新实验室的建设，使学生由被动接受变为主动探索与创新，大家精心设计实验，注重理论和实践相结合。学生能自由选择题目，自由设计安排所需实验仪器，学生往往会以组为单位完成实验设计任务，把实验教学变成一种再探索再发现的学习过程，通过被动到主动的转变，提高了学生的创新能力。很多实验项目，学生自发组建协作群体，同时培养了团队协作精神。

科研中心从指导教师、科研经费给予人选人员支持。目前，已有 90 名本科生（大部分为运动人体科学专业的学生）完成或正在进行本科生创新性实验，极大地促进了本科生参与科学研究的积极性。

2. 运动人体科学专业本科生实习基地的建立。为了更好实施应用型人才培养目标，科研中心一直重视与院系联合培养人才，通过实习基地建设培养学生实践能力和知识运用能力。学生在实习基地期间，知识得以更新、技能得到、视野不断开阔。

科研中心除指派专门老师负责本次实习工作外，还为实习同学制定了详细的实习、考核及管理计划，实习结束时根据培养计划进行考核。学生实习过程中，可在各个实验室轮转，便于全面学习并参与实践。各楼层实验室负责人均严格按照实习生培养计划对所有实习生进行仪器使用培训，并尽可能地为他们提供动手操作的机会，使实习生们最大限度了解和掌握科学研究中心仪器设备的操作原理及使用方法。同时，为了丰富实习生课余生活，中心还组织他们参加各种活动、论坛等，积极开展体育竞赛活动、新年师生联谊会等，通过活动增进师生情谊，增强实习生的协作能力。实习结束时，科研中心还会评选"优秀实习生"和"特殊贡献奖"。

作为运动人体科学学院本科生的实习基地，至今已接收 101 名本科生实习。

三、科研中心的贡献

（一）人才培养模式改革

科研中心坚持课内教学内容与实验室创新实践活动结合，通过整合课程、科技讲座、实习工作、创新课题等方式引导学生尽早参与科学研究，锻炼学生科研能力，实现教学、科研互动，培养学生创新意识与能力。创新点在于构建了体育人才科技创新实践体系，并完善本科生创新实践培训平台和保障体系，形成以学生为主体、以科研课题为载体、以提高创新能力为目标的应用型体育科技创新能力培养模式。提高了学生构思科研项目、开展课题研究、动手进行实验的能力，提高了学生的创新能力和综合能力。

（二）人财物资助

该创新平台建设的宗旨是提高学生创新意识和创新能力，为学生就业和未来发展打下良好的基础。按照这一宗旨，科研中心制定了完善的培养方案，在创新平台建设方案制定与实施过程中做了大量工作。首先是加强实验室建设，为办好网络课程、做好大学生实习工作和创新实验工作等，提供硬件支持。其次是根据学生实验内容，购买大量的试剂耗材资助学生完成科学研究工作；还积极资助学生发表科研论文；拨专款开展学生活动。同时能加强组织保障和制度建设，配备专人全面管理，在政策管理上给予大力支持。

（三）加强管理，完善机制

科研中心已成为本科生科技创新活动的重要基地，通过完善机制，加强管理，促进交流等，为学生自主创新提供了良好条件。通过创新能力平台建设，促进了本科生科技创新实践能力的培养，促进了人才的个性化发展和动手能力提高，增强了学生对社会的适应性。尤其是极大地提高了体育专业学生开展科学实验研究的兴趣，调动了本科生参与科研的积极性、能动性。

四、改革与实践成果

项目实施 5 年来，学生创新意识和创新能力明显提高，学生课外科技创新成效显著，涌现出一批优秀成果。截至 2012 年 5 月，全校共有 600 余名学生学习了体育生物科学研究方法课程，科研视野得到拓展；共举办 166 场科研讲座，并即将开启三门新网络课程；已经指导 90 名本科生完成创新实验，并接收 101 名本科生实习，极大地促进了本科生参与科学研究的积极性。

总之，通过创新能力教育平台和实践平台建设，科研中心积极为提高学生实践与应用能力创造条件，为培养应用型体育科技人才奠定基础，探索出一条体育科技应用型人才培养模式。目前，我校本科生实践能力和创新能力得到较大提高，有效地提高了学生分析问题和解决问题的能力，参与研究和实验的学生人数越来越多。

五、结　　论

科研中心在多年的人才培养实践中，归纳、总结和摸索出"以实验促创新"的培养模式，实现从应用教育向素质教育的转变。经过 5 年的改革与实践已见到了明显的效果，学生综合设计能力、创新能力和团队协作能力显著提高。精心组织、大力支持学生的创新实验活动对提高学生的开发与创新能力取得了可喜的成绩，为北京体育大学优秀人才培养做出了贡献。

实践证明，该教学改革项目涉及专业多，学生层次多，成效明显，达到了预期目标。改革与实践思路正确，方法可行有效，将对体育院校应用性科技人才的培养起到推动作用。

凝练专业特色、开创我国护理本科教育新模式

陈京立*　李玉玲*

【摘　要】协和护理教育有着92年的悠久历史和辉煌的社会贡献。为了适应社会的发展，学院不断深化教育教学改革，在教育理念、课程体系、师资队伍、人才培养模式等方面均得到了长足的进步和飞速的发展。本文从护理专业教育教学改革背景、特色成果、进一步深化改革、强化质量和素质工程建设，介绍学院特有的办学风格、办学特色和办学优势，希望能为同类型护理专业建设和改革起到示范和带动作用。

【关键词】护理专业；教学改革；专业特色

北京协和医学院护理学院成立于1920年，是我国当时唯一一所培养大学本科水平护士的高等学府，开创了我国高等护理教育的先河。新中国成立后，一度停办，1985年在全国率先恢复了高等护理教育，1996年成立了我国第一所护理学院。回顾协和92年走过的历程，学校全面贯彻党的教育方针，始终把培养德智体全面发展的合格人才放在首位，始终把全心全意为患者服务作为教育的出发点和落脚点，始终把"以人为本"的理念贯彻在教育教学的各个环节中，坚持小规模，多层次，国内一流，国际先进的办学定位，形成了特有的办学风格、办学特色和办学优势。同时在教育理念、课程体系、师资队伍、人才培养模式等方面均得到了长足的进步和飞速的发展，形成了与世界护理教育接轨并满足人民群众健康服务需求的护理本科教育课程体系，为今后教育教学改革的深化奠定了良好的基础，并为提升学校办学水平、实现学校全面协调可持续发展作出了积极贡献。

＊　北京协和医学院护理学院。

一、护理本科教育教学改革背景

20 世纪 90 年代中期，正值世纪交替、中国社会政治、文化、经济飞速发展阶段，医学教育也面临着前所未有的新局面。在所有的变化当中，人将始终会作为关注的重点。人的价值、人的健康、人的生活质量正在受到世界各个国家越来越多的重视。所有这些变化对承担保护人类生命、提高人民健康水平任务的健康保健人员提出了新的要求。

对人的价值和生活质量的重视、健康观念和疾病谱的改变、保健卫生资源同健康需求之间日益尖锐的矛盾，使得健康保健队伍内部的各个专业产生了分化和融合，正在逐步形成新的分工。新的变化使古老而又充满生机的护理学面临着新的挑战和前所未有的发展机遇。21 世纪社会的发展和健康需求的改变，为护理人员赋予了更多的任务。护士的工作从单纯地为病人提供身体和生理的护理扩展为病人提供生理、心理和社会的整体护理；护士的工作对象从个体扩展为家庭、社区人群、从病人扩展为还没有生病但是存在高危因素的人和不同的生命周期需要护理的特殊人群；护士的工作场所从医院扩展到院外的家庭和社区；护士的角色也正在从单纯的病人生活的照顾者扩展为健康教育和指导者、精神卫生和心理支持的提供者、个体和群体健康的管理者、护理对象同家庭和其他医务人员的沟通者、健康保健团队的协调者；从单纯的医生的助手改变为健康保健队伍的合作伙伴。简言之，在人类的健康从最佳状态到生命濒临尽头的全过程中，"促进和维持健康、预防疾病、协助康复、减轻痛苦"将是 21 世纪护理人员的根本任务。

面对以上任务的变化，如何培养出大批高质量的、适应 21 世纪健康要求的合格护理专业人员是对护理教育的严重的挑战。

为迎接这一挑战，1996 年，学院成立之初，即启动了护理专业课程改革计划，即中标教育部"面向 21 世纪护理专业课程体系和教学内容改革"课题，得到了美国中华基金会（CMB）和国家教育部的资金支持。改革的主要任务是探讨符合中国国情、同国际护理教育接轨的护理人才培养模式，进行护理专业课程体系和教学内容的整体改革。改革的主要目标是：(1) 初步建立了一套符合我国护理专业发展的课程体系。(2) 形成了符合新课程体系、突出护理专业特征的教学内容和教学方法。教学安排体现护理专业特色，即早期接触实践、接触服务对象，接触社会，扩大教学场所。(3) 培养合格教师,开发和建设新课程体系下的教学基地。

二、护理本科教育教学改革的特色成果

1996 ~ 2006 年,是学院实践护理本科教育教学改革的重要时期,这一时期护理本科教育教学是有着特殊意义的。

(一) 建立了以人体功能和人的基本需要为模式的护理专业课程体系

1. 与世界护理教育接轨。在课程体系形成之前,吸取了国外诸多大学如美国德克萨斯大学、普度大学、香港理工大学、泰国清迈等护理学院的先进教学经验,并调研了中国 10 所护理学院的教育现状以及护理教育的发展需求,而后经过专家论证,博采众长,形成了以人体功能和人的基本需要为模式的护理专业课程体系。本科护理专业培养方案基于对现代教育观的理解、对教育基本要素的分析、对教育主要功能的认识、对护理专业人体需求的分析基础上;在探索课程观、学习观、师生观和坚持质量观的前提下形成的四年制培养过程。在培养目标的定位上更加重视学生的全面发展和能力素质的培养。课程体系其基本构成分为公共和人文素养课程群、专业基础课程群和专业课程群三大部分。

2. 适应中国健康服务发展的需要。21 世纪社会的发展以及健康需求的改变,使护士的工作从单纯为病人提供身体和生理的护理扩展到为病人提供生理、心理和社会的整体护理;护士的工作对象从个体扩展为家庭、社区人群,从病人扩展为亚健康及健康人群;护士的工作场所从医院扩展到家庭和社区。为适应这种变化,课程体系中大大增加了人文社会课程的比例,学时从原来的 8% 提高到 12.4%,并设置了社区护理和精神护理等课程。

3. 先进的办学思想和办学理念。在课程中融入了对现代教育观的理解、对教育基本要素的分析、对教育主要功能的认识以及对现代护理教育的思考,澄清了课程观、学习观、师生观、质量观的内涵及意义,对课堂教学方法和临床教学策略进行改进,在教学中采用了以问题为基础的学习、循症护理、小组学习、讨论和角色扮演等多种教学形式。

4. 减少了课堂理论教学与提高临床教学比例。

(1) 课堂理论教学。减少了公共基础课程的比例,从原来总课时的

18.0%降低到9.4%；专业基础课和专业课比例进行了调整，调整后的专业基础课的比例从10.7%上升到16.54%；压缩了医学基础课程、增加了护理学专业基础课程的比例；理论与实践的比例由原有的1:1.30提高到1:2.95。缩短了学制，由5年改为四年。

（2）临床实践教学。实践教学理念一贯坚持"三基""三严"的教育传统和作风，即强调扎实的基本理论、基本知识和基本技能的有机融合；实践教学过程恪守始终如一的严密方法、严格要求和严肃态度的教育品质。实践教学特色其一是早期即进入临床，其二是专职教师参与临床教学指导，无论是临床见习，临床学习，护理学院教师均参与临床教学指导，实践教学主要由四部分组成，即实验室教学、临床见习、临床学习、综合实习。

第一部分：实验室教学

实验教学是培养合格护理专业人才的重要渠道，根据护理专业培养目标和社会对护理专业人才的需求，课程构建了基本护理技能、健康护理技术、专科护理技能为一体的实验教学体系，时间为第一学年第二学期至第三学年第二学期。

第二部分：临床见习

在现行的教学计划中学生在第一学年第二学期开始临床实践教学的见习，为使学生到达用心、动脑和用手创造了条件。

第三部分：临床学习

第二学年第二学期为期四周，进行护理学Ⅱ：生殖课程的临床学习；

第三学年第一学期为期四周，进行护理学Ⅲ：营养/排泄，护理学Ⅳ：氧合等课程的临床学习；

第三学年第二学期为期四周，进行护理学Ⅴ：活动/休息，护理学Ⅵ：认知/感知等课程的临床学习。

第四部分：综合实习

第四学年完成36周临床及社区综合实践活动。

以上四部分的实践教学从时间上由少到多，从专业技能上由易到难，从教学难度上由浅入深，正是这四部分实践教学过程的有机结合，帮助学生完成了由理论到实践的飞跃。

（二）建设了与课程匹配的系列教材

根据新课程体系"体现整体、突出护理、强化目标、重视素质"的特点，结合国内外先进的护理理论，在研究了课程内容发展的基础上，学院组织编写了所有课程的教学大纲。明确规定了护士必须掌握的理论知识和基本技能，提出新教材应按照护理专业人才培养的要求，突出护理专业的独特性，突出体现素质教育和能力培养，坚持"整体性、综合性、科学性、实用性、先进性"原则，在学科内容上具有前沿性、启迪性、系统性和循序性。

教学改革的成果中有 14 本护理专业教材出版，包括《人体结构功能学》、《逻辑与思维技巧》、《健康评估》、《病理生理学》、《伦理学》等，其中有五本教材获校级精品教材，该套教材的整体构架与课程体系相一致。

（三）教学质量评价特色

教育教学评价，具有对教育教学效果进行价值判断、诊断并修订课程、确定课程目标达到程度等功能。在探索 21 世纪护理专业人才培养模式的过程中，建立一套符合现代教育观和护理观的高等护理教育评价体系，可以为高等护理教育课程改革的评价提供科学合理的依据。教育评价的对象包括学生、教师和课程。

1. 学生评价。学生评价主要侧重学生思维过程及个人能力的评价，以正确引导学生合作能力的培养。

评价采取综合方法：试卷成绩根据课程不同所占比例为 40%～60%；课堂参与、小组学习、文献查阅、综述和临床学习表现分别占 5%～50% 的比例。

在学生评价中发展并使用了护理技能操作考核评估表、护理临床学习评价表、护理综合实习评价表、科研训练评价表、护生德育考核表等。

2. 教师评价。为了提高教师教学质量，建立一支具有良好政治业务素质、结构合理、相对稳定的教师队伍，学院针对自身特点对教师进行评价，主要采用的是以发展性评价为主的评价方法。

由于学院教师均受过较高层次教育，其本身具有教师的职业效能，所以发展性教师评价的核心是以自我激励为主，在尽力满足其必要工作条件的基础之上发挥其最大工作热情和创造力。

对教师的评价主要侧重对其课堂教学和临床教学能力的评价，其中包括学生对教师评价、教师自评及管理人员对教师的评价，各项评价均有较完善的评价量表。

3. 课程评价。对护理学院教师所教授的每一门课程均由学生在课程结束后做出评价，以了解学生对该课程的认可程度并为控制教学质量提供有益信息。

4. 教学督导课程评价。由老专家组成的课程督导组，参与教师评价和学生对有关教学效果的信息收集工作，强化了教学质量的控制过程。

（四）优秀的护理专业教师队伍

在教学改革中，培养锻炼了一支优秀的护理专业教师队伍。目前我院有专职教师 39 人，平均年龄 41 岁，其中教授 9 人，副教授 6 人；10 人具有博士学位，25 人具有硕士学位，教师中博士生导师 2 人，硕士生导师 11 人；北京市优秀教师 2 人，北京市师德模范 1 人，北京市师德标兵 1 人；担任中华护理学会副理事长 1 人，专业委员会主任委员、副主任委员 4 人；北京市护理学会理事 1 人，专业委员会主任委员 3 人；护理期刊主编 1 人，副主编、编委 7 人。参与国家级护理专业考试命题 14 人。同时由于护理专业是实践性较强的学科，教师队伍中也另有一批来自三级甲等医院，专业责任感、教学意识和教学能力强，工作态度积极进取，德才兼备的兼职成员 30 人，平均年龄 39 岁；其中教授 1 人，副教授/副主任护师 13 人，主管护师 14 人，护师 2 人；承担学院 13% 的授课任务。

宽松的成长空间，开放的学术氛围使护理学院拥有一支稳定的教师队伍，1994～1998 年由 CMB 资助的 PONET 高级护理师资课程 8 名教师，目前全部工作在我院教学第一线。2005 年至今，又有 7 名教师获得了博士学位。

（五）良好教学支持环境

1. 资源共享。基础医学院提供高水平的基础课程讲授：基础医学院是集教学和研究于一体的单位，教学与科研相互依托，培养了一支高水平的师资队伍。教授授课、院士讲坛等不同的学习方式，是学生感受到了协和特有的文化。

2. 完善的临床教学基地。协和医院是护理学院学生进行实践教学的主要场所，是综合性医院中三级甲等医院的优秀代表，拥有 1800 张床位，1400 名护士，这里病源丰富，疑难重症齐全，是学生临床课程学习不竭的资源。同时我们还拥有最好的专科医院和社区医院作为实践教学场所：安定医院；阜外医院；妇产医院、方庄社区医院和和平里社区等，在这里学生可以学到专科最先进的临床知识，获得其他综合医院所不能给予的特殊临床护理体验，对实现培养目标，保证教学质量发挥了作用。

3. 优秀的临床带教老师。在临床教学医院拥有一批较强专业责任感、工作积极进取、极强教学意识和教学能力的临床教师，对临床教师的选拔有明确标准，如专科以上学历，三年以上工作经历等，临床教师的聘任有严格的筛选过程，经过自荐—评价—聘任过程。学生对临床教师教学工作的反馈信息也作为对教师嘉奖的可参考资料。

护理学院与临床带教老师有较深入的沟通，在教学活动的开始有双方教师座谈会，以为明确教学目标和实施教学计划制定可行的策略；教学活动结束后双方交换信息以分享双方的感受和体会，吸取教训，共同成长进步。

（六）人才培养质量和社会评价

1. 用人单位满意度高。为了解毕业生质量，护理学院每年定期召开用人单位座谈会，了解毕业生毕业后的工作情况，各家用人单位纷纷反映学院的毕业生专业态度端正，具有较高的人文素质、专业理论、知识扎实、技能娴熟、深得用人单位和服务对象的好评。学院教改后曾采用问卷调查了毕业生临床工作情况，结果显示：毕业生的临床护理能力在临床护理、护理教育、护理管理、护理科研、专业和自身发展五大项目中得分最高。护士长对学生评价得分高于学生的自我评价。

2. 毕业生社会声望高。学院的毕业生，无论是年迈的老护理专家，还是正在从事护理管理、护理教育和临床护理的工作者，均有较高的社会声望。目前从卫生部护理专业的最高行政管理者到许多医院的护理部主任、护理学院院长均毕业于协和，她们用勤奋、汗水践行着协和的护理精神，为中国护理事业的发展努力奋斗着。

3. 就业率高。护理学院 2000～2012 年本专科毕业生已有 2000 余名，得到了社会的认可和好评，许多用人单位提前一年预订毕业生。2005 年至今就业率一直保持在 98%～100% 之间。

协和护理学院的护理教育教学改革，不仅探索了中国护理教育在新的历史时期的教育实践，为社会培养了一批优质的护理专业人才，同时也得到了国家的认可，课题于 2001 年结束，荣获了教育部颁发的"国家级教学成果二等奖"、"北京市教学成果一等奖"为今后教育改革的深化奠定了基础。

2003 年，为了进一步深化教学改革的成果，在前期课题的基础上，学校又开展了"护理专业课教学安排与教学方法的改革与实践",对护理专业的教学安排与教学方法做了更深入的研究和探讨,完善了护理本科教学。此项目获得了"中华护理学会科技进步二等奖"。

2004年,《护理专业人才培养模式改革的研究与实践》荣获"北京市教育教学成果二等奖"。

2005年,学院与首都医科大学护理学院、北京大学护理学院合作的《我国护理教育课程设置和教学内容改革研究》,荣获"国家级教学成果二等奖"、"北京市教育教学成果一等奖"。

三、深化改革,强化质量和素质工程建设

2006年以后,在10年教学改革的基础上,借助于国家级教学质量评估、质量工程建设的开展,学院以教学质量为核心,以加强教学质量建设和学生素质工程建设为中心,积极推动本科教学的深化改革,解决的是在教学工作中发展中继承、发展中创新、发展中进步和发展中完善的问题。

(一) 护理专业质量工程建设

1. 完善教学管理职能,强化学科建设。成立了本专科教学工作委员会,在课程管理中,明确了每一门课程的管理归属,规定了开设新课程的基本要求。在课程负责人管理中,制定了课程负责人的实施办法、任职标准及任务标准、任免程序与考核、岗位职责和权利。审议了每门课程的课程负责人的资格。以建章立制,最大限度地利用教学资源,最大可能地发挥教师的积极性和创造性,最有效地提高教学质量。

2. 课程建设。加强了精品课程建设工作,根据国家和大学课程建设标准,形成了《院级精品课程》建设规划,积极推进了申报大学精品课程的立项,期望达到的目标是通过课程的建设和优化促进教学质量的提高。

3. 加大了实验教学建设力度。由于服务对象自我保护意识和医务人员伦理、道德和法律意识的不断提升,早接触临床面临着巨大挑战和压力。强化实验教学、更新实验教学观念、定位实验教学目标、筛选实验教学内容、尝试新的教学方法、细化教学评价标准已成为护理教育的议事日程。由于护理实验教学的不断拓展和探索,《护理技能实验中心》于2008年批准为"北京市实验教学示范中心"。

4. 不断深化教材建设。建立了学院《院级精品教材建设工作》规划

《临床护理系列丛书》正在组织编写中。2005 年，学院积极申报了国家新闻出版总署《"十一五"期间（2006～2010 年）国家重点图书出版规划》项目，《临床护理系列丛书》已被评为规划教材，目前部分教材正在教学中应用。2006 年出版了《成人护理》、双语教材《内外科护理学》、《奥运全科护理培训手册》；2006 年度院校精品教材：《护理学基础》、《人际沟通》；2006 年度北京市精品教材：《护理学基础》。2007 年，出版了全国自学考试教材《护理学基础》、《妇产科护理》和《儿科护理》教材的编写，并翻译出版了《新世纪照护》一书。2009 年出版《生长与发展》。

5. 教师优秀团队建设。护理学院始终把师资队伍建设作为建设工作的重中之重，把教师培养放在优先位置上进行统筹安排，制定了有利于护理学科发展的政策与措施，采取引进来、送出去和临床培养相结合的方法，经过几年的努力，初步建设成了一支德才兼备、勇于创新、年龄结构、职称结构、学历结构，学位结构趋向合理，年轻化、知识化、高水平的教学团队。团队中老中青相结合，充分发挥传、帮、带的作用，促进了教师专业素质的持续提高。近年来，通过继续教育、集体备课、课程研讨等多种方式，提高了专业教师理论联系实际的能力，并鼓励具有高级职称的教师逐渐确立研究领域和方向，促进了学科建设和发展。同时建立了教学质量评价监督机制，课程结束后严格对授课效果收集学生对课程的评价，学生学习效果的评价，并对每次的评价提供信息回馈，以修正教学中的问题，提高教学质量。多年来，由于不断加强了团队的思想、组织和专业成长建设，保持了本团队良好的发展态势。2007～2012 年，本团队教师以第一作者及通讯作者发表文章近 200 余篇，其中 90% 发表于核心期刊，SCI 文章 10 篇。

6. 教学科学研究工作的开展。鼓励教师积极开展教学研究，增强教师教学工作底蕴，及时将教学研究成果应用到创新人才培养实践中，推进学院的教育创新，提升教师教学的整体水平，学院采取多种措施，鼓励广大教师积极开展教学研究。2008 年完成了《完善本科临床实践教学和评价体系的研究》。该研究的显性成果为《临床护理学习指导》、《社区护理实践指南》的完成。并完成了护理专业教学评价量表的信效度的测量。2008 年组织申报了 3 项教改立项，2010 年组织申报了 4 项教改立项，分别获得了校级教学科研立项。学院研究中心也积极开展工作，为教师寻求各类科研项目，组织申请国家自然科学基金、北京市自然科学基金、校级协和青年科研基金、研究生创新研究基金等各级各项科研课题。

（二）积极开展职业素质工程建设学生培养

1. 为培养学生的职业素质，系统地开设了学生职业素质培养的第二课堂课程设置，并修正了实践活动手册。

2. 拓宽本科学生发展路径，完成了本科推免研究生工作的立项并获得批准。

3. 与学生专业思想的沟通。

（1）借助授课、入院教育、综合实习教育等过程与学生面对面。

（2）通过解决个别学生的留级、休学、病事假、情感及分配问题，个别引导与专业教育结合。

4. 创造职业素质培养环境和条件。建立了专业素养培训需要的形体训练室，并将学生仪容仪表的教育纳入素质教育的基本内容。

近年来协和护理教育获得了多项国家级和北京市级教学质量工程立项：应用型护理本科专业人才培养创新实验区（国家级 2007 年）、北京市实验教学示范中心（2008 年）、北京市高等学校特色专业建设点（2008 年）和优秀教师团队（2009 年）、2010 年获批"国家级高等学校特色专业建设点"。

协和护理教育有着悠久的历史，并在不断改革中创造着与时代的脉搏共同搏动的辉煌。它探索并实践了中国护理教育的改革，为社会造就了所需要的专业人员，履行着它特有的社会责任和历史使命，为护理教育的进步和发展发挥独特的作用。学校将继续以特色求创新，加强内涵建设，提高人才培养质量，坚持突出协和特色，培养具有协和特质的优秀护理人才，推动全国护理教育的可持续发展。

早期接触临床课程体系的建立与实施^①

徐薇薇*　高小惠*　杨　萍*　潘　慧*　张　雪*

【摘　要】为了更好地适应社会对医学人才培养的需要，在广泛征询同学们对课程的反馈与建议的基础上，学校对早期接触临床课程进行了改革，发展形成了较为系统的课程体系。新的课程体系在培养医学生能力素养方面进行了许多探索。

【关键词】医学教育；早期接触临床；课程改革

一、背　景

在医学教育中，传统的做法是学生学完基础医学课程后才进行临床学习。实践证明，这种安排容易导致知识传授与应用脱节，学生对所学知识缺乏兴趣，只是被动的学习。针对这些问题，北京协和医学院借鉴国际医学教育改革经验从 1994 年起在临床医学专业开设了"早期接触临床"课程。^②

随着时代的发展，社会对医疗卫生人才要求的提高，为了更好地适应 21 世纪对医学人才培养的需要，充分发挥"早期接触临床"课程在培养医学生能力素养方面的作用，经过十多年的教学实践，在广泛征询同学们对课程的反馈与建议的基础上，学校对该课程进行了改革。改革后的课程在原有课程的基础上，增设了"临床一日游"和"如影随形"活动，并对原有课程的教学进行了修订和完善，初步建立了必修与选修结合，教学方法多样的系列课程。

---

① 基金项目：北京协和医学院 2010 年度教育教学改革立项项目（2010zlgc0109）

* 北京协和医学院。

② 夏艳秋，高小惠，郑超强. 医学生早期接触临床的教学实践和体会. ［J］. 医学教育 1996（2）：26－27.

二、课程设置的指导思想

经过不断的讨论和修正，目前该系列课程已形成了比较清晰的课程定位。即该系列课程的开设目的是尽早将医学生带入到真实的临床环境中，形成明确的职业认知，并通过分段式的课程设计，针对不同阶段学生的特点和需求，采用专题讲座、讨论、观摩医疗活动及病人随访等教学方法，逐步从"专业知识及技能"、"沟通能力"、"群体健康、疾病预防及健康促进意识"、"主动学习和获取知识的能力"、"团队合作能力"和"责任感"等方面提高学生的能力素养。

三、课程设计

根据教学目的，课程面向二到四年级临床医学专业学生分阶段开展（见表1）。

表1　　　　　　　　早期接触临床课程体系设计课程

课程名称	开设年级	开设地点	课程内容	教学目的	授课形式	课程性质
临床零距离	大学二年级 大学三年级	三级甲等综合医院	近距离感受临床的学习工作氛围；与高年级志愿者交流。	让预科同学了解临床学习生活 早日进行职业规划或重新选择 消除在预科学习时的迷茫及对医学本部的距离感	"临床一日游"：预科同学跟随见习、实习阶段的高年级学生志愿者在病房轮转	选修
早期接触临床	大学三年级	三级甲等综合医院	以"护士的工作"和"医生的工作"为主线，融入卫生管理学、卫生法学、医学伦理学等教学内容	激发学生学习兴趣，在初步建立对临床的感性认识的基础上，促进学生对职业的认知和思考，提高团队合作意识和沟通能力	课堂教学、病房教学、小组讨论、病人访谈、医生访谈、标准化病人场景练习	必修
社区医疗实践1	大学四年级	二级医院	观看医师接诊病人、观摩医疗实践活动，在医师引导下对临床中遇到的问题进行观察和思考	增强医学伦理的认识和法律意识，学习医患沟通技巧。加深和巩固对基础知识的理解，提高学习兴趣，培养主动学习和获取知识的能力	门诊教学、病房教学、小组讨论	必修

续表

课程名称	开设年级	开设地点	课程内容	教学目的	授课形式	课程性质
社区医疗实践2	大学四年级	社区医院	了解社区卫生的工作特点、服务人群和疾病特征，了解三级卫生保健网的结构及组织形式，初步进行预防、保健和康复知识的学习	体会应用知识帮助他人的职业成就感，以较为平等的视角了解疾病对患者生活和家庭的影响，倾听病人的内心诉求，强化医学生职业道德意识，加强社会责任感和团队合作精神	在社区医生的带领下参观社区医院，参与社区医疗工作，参加健康宣教，进入居民家庭随访	必修
如影随形	大学四年级	三级甲等综合医院	了解一名职业医师的职责和工作生活模式，了解临床学习模式	体会医学生蜕变成医生的成长历程，为临床学习做好知识和思想的准备	跟随住院医师进行三天的临床工作观摩	选修

四、教 学 方 式

早期接触临床系列课程在教学方式上有以下特点：

1. 通过多种途径向学生提供与病人交流的机会。我们认为医患沟通能力的提高首先从沟通机会的增加开始，因此我们在早接的各个阶段均为学生提供和设计了与病人沟通交流的环节，如病人访谈、家庭随访等，并在2009级同学的早接课程中首次引入了"标准化病人"进行医患沟通技巧的练习和讨论。

2. 建立社区医疗实践教学基地。与二级医院及社区医疗中心合作，尝试将医学专业教育拓展到基层医疗服务机构，将初级卫生保健教育融合在早期接触临床教学中，在实践中提高医学生的群体健康、疾病预防和健康促进意识，增强学生的责任感。

3. 引导学生提高自主学习能力。早期接触临床课程与其他课程相比，更加强调学生的自主学习意识，我们根据不同阶段课程的特点，通过强化课程指南、加强"PBL"、"TBL"教学等方式，培养学生主动获取知识、运用知识解决问题的能力。另外通过对讨论题目的设定，也可对教师的带教和学生的学习起到一定的引导作用，一定程度上解决此类课程常见的学生学习目的及教师教学目标不明确的问题，更好地贯彻课程的目标。并且由于课程考核压力较低，应用PBL教学方法也可更好地保持学生的学习热情，提高课程教学效果。

五、教学效果与评价

由于目前新的早期接触临床课程体系的开展时间还比较短，我们只收集了临床医学专业2008级学生部分早接课程结束后的反馈问卷，并对其中有关教学效果的反馈进行了简单的统计。

表2列出了学生对"早期接触病人"课程效果的评价结果。其中5～0分分别对应"非常有帮助"、"有较大帮助"、"有一定帮助"、"帮助较小"、"几乎没帮助"和"没有帮助"。对于"增加对临床的认识"、"增加对病房工作流程的了解"、"增加对今后临床工作的思考"和"激发对临床学习的兴趣"四个方面的效果学生评价的得分均值分别为"4.1"、"3.9"、"3.9"和"3.9"。

表2　　　　　　　　　　**"早期接触病人"课程效果评价结果**

	5分 n (%)	4分 n (%)	3分 n (%)	2分 n (%)	1分 n (%)	0分 n (%)	平均分
增加对临床的认识	27 (32.5)	39 (47.0)	15 (18.1)	0 (0)	2 (2.4)	0 (0)	4.1
增加对病房工作流程的了解	23 (27.7)	34 (41.0)	20 (24.1)	4 (4.8)	1 (1.2)	0 (0)	3.9
增加对今后临床工作的思考	20 (24.1)	40 (48.2)	21 (25.3)	1 (1.2)	1 (1.2)	0 (0)	3.9
激发对临床学习的兴趣	27 (32.5)	28 (33.7)	24 (28.9)	1 (1.2)	0 (0)	1 (1.2)	3.9

表3列出了学生对"社区医疗实践"[①] 课程效果的总体评价结果。认为收获比较大和非常大的同学分别占72.3%和16.9%。值得注意的是有10.8%的同学选择了"虽然有一些收获，但觉得与将来的工作生活没什么关联"。提示我们仍有学生不明确课程的教学目的，或对部分学生而言课程的教学未能达到计划的目标。

---

① 戴洌，吴毅梅，郑东辉. 低年级医学生预见习实践及教学效果分析，中国高等医学教育，2007，21（8）：74－75.

表3　　　　　　　　"社区医疗实践"课程效果总体评价

评价等级	n	%
没什么收获。	0	0
有一些收获，但觉得与将来的工作生活没什么关联。	9	10.8
收获比较大，增长了一些见识和知识，对以后应该有好处。	60	72.3
收获非常大，增长了很多见识和知识，对我将来的学习工作很有益处。	14	16.9
合计	83	100.0

　　表4列出了参加"如影随形"活动的学生对活动的反馈结果，在活动计划完成方面，87.2%的同学与病人和家属进行了沟通交流，66.7%的同学观摩了住院医收病人的全过程。在活动效果方面100%的同学认为活动对培养临床工作兴趣有帮助，97.4%的同学认为活动对职业生涯规划有帮助。

表4　　　　　　　　"如影随形"活动学生反馈结果

评价内容	选项		合计n（%）
	是n（%）	否n（%）	
是否与病人或家属进行了交流	34（87.2）	5（12.8）	39（100）
是否观摩到了住院医收病人的全过程	26（66.7）	13（33.3）	39（100）
对培养临床工作兴趣是否有帮助	39（100）	0（0）	39（100）
对职业生涯规划是否有帮助	38（97.4）	1（2.6）	39（100）

六、课程展望与设想

　　1. 建立早期接触临床系列课程选修平台。除上述课程及活动外，我校目前还有很多在不断完善中的早期接触临床相关活动，如解剖讨论课、急救培训、急诊志愿者、模拟操作训练等。但这些活动大多以学生兴趣小组或课外活动的形式存在，缺乏整合和统一管理，使得各种活动水平参差不齐，时间安排缺乏统筹，学生面对众多选择不知所措。我们考虑可以将开展比较成熟，学生和教师评价较高的活动纳入到课程体系中，统一管理，规范要求，建立早期接触临床系列课程选修平台。并根据教学计划合理安排课程开设时间，使在医预、基础医学阶段及临床见实习阶段的同学都可以有更多更适合自己的选课机会。

　　2. 建立稳定的高水平"带教"教师队伍。临床一线的医务工作者是早期接触临床课程最适合的教师人选，但由于临床工作繁忙，当课程需要大量带教老师时，就会出现教学水平参差不齐、带教意识高低不一等情况，很大程度上影响了教学效果。因此，如果能够与学校对临床医务人员教师聘任相结合，就有可能经过选拔建立起一支稳定的高水平带教教师队伍，在规范其教学职责的同时，给予相应的激励，提高教学积极性。同时定期组织培训，建立良好的信息交流渠道，使带教老师能够准确把握课程教学要求及各阶段学生的需要。

3. 完善课程考核。建立与课程教学目标相适应的考核评价制度，是保证课程教学效果的重要手段。我们认为早期接触临床课程的考核评价方式，应以"过程评价"和"形成性评价"为主，以"使学生明确课程教学目标，激励学生学习，帮助学生有效调控自己的学习过程，使学生获得成就感，增强自信心"为目的。通过与课程指南、小组展示、讨论课及"标准化病人"练习相结合的自我评价、学生互评及教师评价的方式开展。我们将进一步制定和修正各种评价量表对课程的考核进行规范和完善。

研究结果显示，[1] 早期接触临床可以培养学生的学习动机、改善医患沟通技巧和临床学习技巧，增强卫生保健体系知识和团队合作意识，[2] 最终使病人受益。早期接触临床已成为世界高等医学教育课程改革的趋势之一，我们将继续完善早期接触临床系列课程，并对改革后的课程进行系统评价。如何使早期接触临床课程适应 21 世纪医学卫生人才培养的需求，在提高学生能力素养方面发挥最大的作用将是我们一直研究和探讨的问题。

---

① Littlewood S, Ypinazar V, Margolis SA, et al. Early practical experience and the social responsiveness of clinical education: systematic review [J]. BMJ. 2005 Aug 13; 331 (7513): 387 –91

② Hampshire A. Providing early clinical experience in primary care [J]. Med Educ 1998 (32): 495 –501.

打破课程设置 提升教师能力 塑造精品人才

孙 硕*

【摘 要】本文主要从国际关系学院英语系人员构成、课程开设现状以及学生专业培养方向等方面入手，分析了现有课程设置对学生素质培养、教师能力提升、学科群体塑造等方面造成的影响，并建议尝试逐步打破现有课程设置模式，创设"一课多人，一人多课，组合自由，群聚优势"的健康发展格局。

【关键词】课程设置；专业培养方向；专业课程空缺；专题

首都九所特色行业院校在高等教育规模不断扩大的背景下，虽然所属行业不同，招生规模、培养方向、教学内容等都有所不同，但是却都面临着如何走出自己特色之路的共同挑战。本文就是尝试通过分析国际关系学院英语系课程设置的现状，发现系、院在教学管理方面可能存在的有待改进之处，提出将课程设置与教学同教师教学科研能力的提升有效结合的建议。国关英语系虽然不大，但希望对这只麻雀进行剖析，得出的课程设置思路也许对整个国关，甚或是其他兄弟院校也具有一定的参考意义。

一、现 状

国关英语系现有专任教师 42 人，兼任教师 3 人，其中正教授 5 人，副教授 19 人（含 1 名兼任），讲师 20 人（含 1 名兼任），助教 1 名；具有博士以上学位的教师人数为 9 人（含两名在读）。根据 2011 ~ 2012 学年两个学期的情况统计，英语系除了承担全院综合英语和听力教学任务外，一、二年级共开设了英语精读、综合英语、英语阅读与写作、英语写作、英语听力、英语语音与朗读共 6 门专业基础课程和英语泛读、英美概况、

---

* 国际关系学院英语系。

英语测试共 3 门基础选修课程；三、四年级共开设了 11 门高级专业必修课程，包括高级英语、英国文学、美国文学、美国文化、笔译、高级英语写作、英语论文写作、英美报刊、语言学导论、英语影视、口译，3 门高级专业选修课，包括文体学、高级视听和英美报刊；另外聘请 4 名外教担任全院的英语口语教学任务；此外还为研究生部提供若干教学任务（不在本文讨论之列）（见图 1）。教师工作量为讲师 8 课时/周，副教授 6 课时/周，教授 4 课时/周。目前所有专任以及兼任教师均为满工作量。

从学生来看，英语系学生从三年级起开始选择专业方向，共有三个选择：文学方向、语言学方向、翻译方向，并于四年级下学期提交相应专业方向的毕业论文。

笔者认为，学生经过一、二年级的基础学习，在三年级进行专业方向的选择，就是要按照自己的兴趣和意愿选择适合自己未来发展的方向，发挥自己的长项，避免自己不擅长或不感兴趣的科目，从而有更多的时间去对自己擅长或喜欢的领域进行更为深入的了解与学习，并为未来的进一步深造和工作打下良好的基础。但如果我们比较一下英语系学生高年级的专业分流情况和系里为他们开设的高级专业课程就会发现：课程的总体设置中规中矩，但与学生的专业培养方向不够匹配，而且明显专业性不够突出，涵盖的知识领域也不够宽泛。课表中出现的高级专业课中除高级英语、写作、论文写作等适合定为通选课外，其他如文学、语言学、口笔译等课程混杂打包交给学生作为必选课，而毫不顾忌学生专业培养方向的做法明显有欠妥当。

我们知道，当今国内外学术研究与实践空前活跃，各学科除在各自的研究领域内不断突破，产生越来越多研究成果，衍生出越来越多的流派，还不断与其他学科相互借鉴，从而产生出很多交叉学科，这些进步可以大大丰富我们的教学实践，拓展学生的视野和学习的深度，但是同时也意味着学习的内容要有取舍，要有针对性。学生在进行了一定的基础训练之后，就应当在一定程度上"学有所专"，这也正是各高校英语系纷纷设置专业方向的原因。因此文学方向的学生更应该学习英国文学史（或简史）、美国文学史（或简史）、英美文学名著导读、文学理论等文学入门课程，以便为他们将来进一步深造打下基础；语言学方向的学生则应该更广泛深入地了解语言学领域的内容，如语言学简史、比较详细地介绍主要的语言学理论流派和研究实践课程；而翻译方向的学生则应更系统地了解翻译简史、主要翻译理论、笔译口译实践的技巧等。各专业课程为本专业学生必

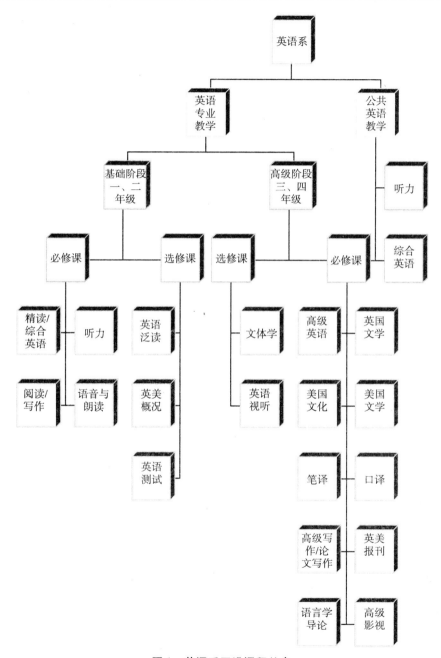

图 1　英语系开设课程总表

选，其他专业方向可选，供学有余力或有志于跨专业方向的学生选择学习。此外还应开设一些通选课，作为必修课程，如高级英语、论文写作以及真正意义上的西方文化课（见图2）。

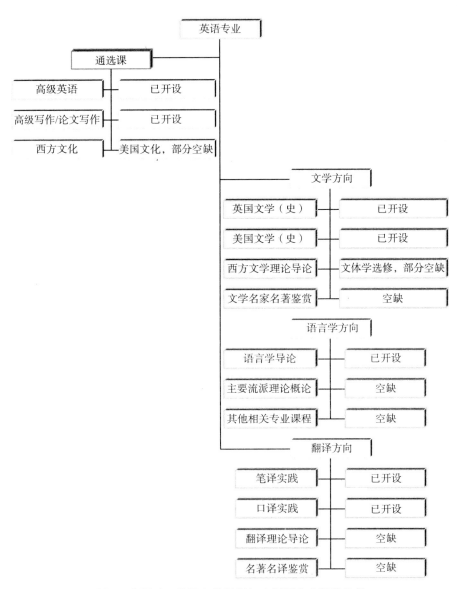

图2　英语系已设置专业课程与应设置专业课程比较

对比学生的专业方向和应设课程，英语系现开设课程虽然面面俱到，但明显有很多空缺，似乎每个专业方向的课程都不够丰满，都只是蜻蜓点水。可以想见，一个对语言学感兴趣的同学却将本可以更深入了解语言学科学的宝贵时间花在了文学、翻译上，而选择了文学方向的学生也不得不花更多的时间去学习语言学、翻译……这样一来，学生虽然涉猎相对广泛，但势必影响他们对所选专业有更加深入的了解，以便为自己未来的学习与发展打下一个比较坚实的基础，造成所学"泛而不专"的情况。

从教师未来专业发展和科研的角度看，高级专业课设置少，意味着很多中青年教师只能长期承担听力、基础阅读、写作等基本专业课程的教学任务，使一部分学有专长的青年教师（博士）不能够人尽其才，而另一部分教师找不到科研和教学之间的契合点，科研和教学割裂，教师只能单打独斗，同事间缺乏交流沟通，难以形成具有优势的学科群体；科研也只是低层次的甚至是重复的，比如从事基础教学的老师，很多都写阅读、写作、听力方面的论文，难以在圈内发出自己的声音，产生高质量的科研成果，而缺乏科研能力又使得其中一部分教师只能一直从事低年级基础课程的教学，向上发展无望，成为恶性循环，这对于培养年轻教师、形成专业教学梯次队伍以及调动教师从事科研的积极性都极为不利。从数量上看，英语系的 9 名博士（含在读）学历教师，3 位专业方向为国际关系，2 位为文学方向，1 人教育方向，1 人哲学方向，1 人主攻美国文化，1 位语言学方向。其中 3 位博士教师担任了与自己专业方向相关的本科和研究生教学任务，占比 33%；2 位教师担任了与自己专业方向关系不特别大的高级专业课程（哲学——笔译；语言学——高级视听选修课），占博士教师人数的 22%；其余 4 人（包括教育、美国文化、国际政治方向）约 45% 的博士群体在教授一、二年级基础阶段的精读课程。这种高级人才专业与教学方向的错位造成了人才的极大浪费，而且不利于他们在专业上的进一步发展。而从事基础阶段专业和公共英语教学的其他中青年教师共有 15 人专任教师，占全系教师（专任）人数的 36%，全部为讲师，那么这部分教师面临着专业进一步发展评定高级职称的压力，可是他们恐怕都存在专业方向选择与实际教学任务难以契合的问题，这也进一步增加了他们专业发展的难度，当然也不利于学校的科研工作进一步开展。

此外，高级专业课对课程内容本身广度和深度的要求较高，那么目前这种一人从头至尾担任一门课的形式，也在客观上加重了担任高级专业课程教师的负担，比如教授翻译理论的老师要介绍所有的翻译理论以及翻译流派的沿革，教笔译的老师则要新闻体、法律体、文学翻译等一人全包，……讲授语言学的老师则要一人介绍所有的语言学流派，等等。由于现在学科都不断发展，学科内容不断横向发展，与其他学科交集，并且不断向纵深发展，一位教师很难对本专业所有领域都有所建树，导致从事这些课程教学的教师教学任务繁重，往往疲于奔命，对一门课程所涉领域的掌握泛而不精，难以作出高质量的科研成果，事实上也难以真正发挥他们的特长，从长远看对教学和科研质量的提升和发展也是极为不利的。

总结起来，目前英语系在课程设置、学生培养方向以及教师未来发展方面存在以下主要问题：专业课程的设置不够丰富，尤其是高级专业课数量太少；不同培养方向的必修课针对性有待加强，专业必修课门类有空缺；一部分教师的专业知识和能力未得到充分展示于发挥；教师特别是中青年教师未来发展方向不够明确，后续发展困难；全系难以形成具有优势的学科群体。

因此，现行的课程设置体系以及教学管理方式，无论是对学生的培养，还是对中青年教师的选拔，或是对从事高级专业课程教学的教师，都有不小的消极影响。现在应该逐步打破和改善这种课程设置格局了，以便更好地调动广大教师的积极性，培养更优的精品人才。

二、设　　想

国际关系学院作为九所在京部属特色行业院校之一，为所属部门以及其他行业培养了大量的优秀人才。而现在，国关人更是将自己的培养目标定位于培养高素质具有国际视野的精品专业人才，而英语系作为国关的传统大系，曾经在国关辉煌的历史中发出过耀眼的光芒，曾经培养过秦刚、邹嘉仪等优秀的复合型人才。现在，国关英语系也要在保留自己特色的同时，融入国关发展的大势，不断改进个方面的工作，特别是在与学生培养和教师提升等重要问题上，不断研究新形势，融合新理念，敢于创新，与国关共同发展。

根据英语系目前的课程设置情况和学生的专业培养目标，反映出无论是专业基础阶段还是专业学习的高级阶段，各专业培养方向的课程似乎都留有一些空缺，其中的翻译方向尤其突出：例如翻译方向似乎缺少翻译理论介绍以及以切实提高学生口笔译尤其是口译能力的、涵盖了公共演讲的高级听力课程等。这当然与翻译方向属于新增专业方向有关，但即使是语言学和文学方向，在课程的设置上也尚存在一定的空缺。此外，也缺乏一门高级学习阶段能够将各专业培养方向整合起来的真正意义上的西方文化课。

但现在的实际情况是教师基本都是满工作量教学，而根据专业方向有针对性地调整课程的选择与设置的确需要时间，而且不仅需要英语系本身努力，更需要学院教学主管部门的配合，打破传统理念，在公共英语和英语专业基础教学的管理中创新思维，在教师管理，尤其是教师工作任务、工作量核算、科研量核算等方面实施新举措，上述问题才能从根本上得到解决。例如，一、二年级（含公外和专业基础）是否可以考虑逐步取消听力课，而代之以建立听力资料库和试题库，要求学生自主完成定额的精听、泛听等任务，平时设专人（如英研在读研究生等担任助教）在固定时间（如每周两次，每次一小时等）回答学生的问题，对学生进行必要的辅导，不固定地开展学习讲座，定期（每月一次）对学生进行考查测试……一、二年级学生的精读课是否可以考虑将课时减少为 4 学时/周，而将每周小测、书后练习这部分内容交由教学助理（英研在读研究生）来完成……这样做不仅能够提高学生的学习自主性，增加学习的针对性和有效性，也能够将一部分从事基础教学的教师从简单重复的教学任务中解放出来，使他们获得更多的宝贵时间，去进行更多的思考和研究，在低年级开设更多的选修课程，在高年级开设更多的专业课程，真正培养的学生的自主学习能力，也为在职教师尤其是中青年教师的教学与研究提供了更大的发展空间。

当然，罗马不是一日建成的，这些问题的解决、调整的到位都需假以时日。那么目前，在不大量增加教师工作量并且保证教学质量的前提下，现阶段可以尝试将主要专业课，尤其是缺位的专业课"化整为零"，选定一位具有该领域深厚专业知识的教师（教授或系学术委员会等）作为该课程的设计师、牵头人，将每一门课程划分为若干单位，由不同的教师，特别是有志于专业向上发展的中青年教师结合自己专长来"认领"，分头准备实施，并先以讲座的形式开设为某个专业方向的必选课，以后随着各位教师研究的不断深入以及教学经验的不断增加，除了承担上述课程的部分教学任务外，还可以逐步将个人研究领域开设为通选课，成熟之后向全院本科系和研究生部辐射推广。这样定会大大丰富选修课的数量和内容，也为教师未来的专业发展和科研树立了明确的方向，同时各相关专业教师可以有效交流合作，真正形成学科群体，才能整体提升全系的教学和科研实力，形成自己的优势，可谓一石击三鸟。

例如，翻译培养方向的学生目前仍然缺乏全面介绍翻译理论的课程，而现在的翻译理论可谓流派众多，精彩纷呈，那么完全可以分为中国译论与实践概论（四周）、西方传统翻译理论（三周）、文化学派翻译理论等单元（五周），还可以辅以中西名译赏析（四周）等内容，这样就可以容纳3~4名教师，这些内容相关各有侧重，每名教师专注于一部分内容，也有利于深入挖掘，找到教学与科研的契合点，同时又是相通的，可以相互交流，在教学和科研上相互促进，共同提高。

还有西方文化课，可以作为英语系所有专业方向学生的必选课，全院的选修课，开设长度为一个学年。内容上可以借鉴斯坦福等名校的人文科学通识课，应当包括英语国家历史（尤其英美历史）（12周）、西方宗教（8周）、西方文学（8周）以及哲学（8周）等专题，重点介绍上述领域的基本知识、各流派理论、名家名作，以区别于文学等专业方向的文学课程，那么这门课程就可以为更多的教师提供研究和发展的舞台，仅英、美历史专题就可以为数名教师提供延展空间，文学更是如此，而每个专题又可以划分为若干专题，由不同的教师介绍不同阶段的历史、文学，介绍不同教派、流派等，这样教师要想开新课，不必要将精力花在所有相关知识上，而是专注于某个阶段、某个方面，可以缩短备课开课的周期，使学生感觉到有新鲜感，"常学常新"。而这门综合窗口课程的任何一个小的专题又可以随着教师研究的深入变成大的专题，直至单独成课，真正形成"一课多人，一人多课，组合自由，群聚优势"的健康发展格局。

三、期　待

前述问题没有学院教学管理部门的配合很难有解。尤其是在教师业绩管理方面，更是要有所创新，例如打破一人一课到底的情形后，教师工作量如何核算；教师开设新课，需要大量的精力思考、准备、研究，是否应算作科研工作量；要出精品人才，就要保证小班上课，那么选修课开设最低人数限制问题，等等，都需要学院通盘考虑，打破成规，创新管理手段。

教学是学校立足之本，没有优质有效的教学和教学管理，没有高素质并不断自我更新进步完善的教师队伍，教学就无从保证，塑造高素质的精品人才就是无根之木，培养有特色的专业人才就更是一座空中楼阁。国关作为特色院校，曾经多次开创先河，国关的英语系也曾在全国外语院校中引领风尚：第一批开设英美报刊课、第一批开设英语新闻视听课等等，为所属机关和其他行业培养了少而精的优秀人才。今天，作为国关的传统系和教师人数最多的大系，英语系存在的很多问题或多或少地也折射出其他系乃至学院在教学管理、教师管理、教师培养等诸多方面的欠缺，英语系的问题得到重视和解决，一定也会将整个学院的管理和教学提升到一个新的高度。我们真诚地期待今天的国关一如当初那个"勇为天下先"的国关，勇于探索和改革，在教师的能力提升、人才的素质培养等方面不断打破陈规，大胆创新，开创出特色院校人才培养的新局面。愿我们的国关是一棵大树，根深叶茂，常绿常青。

参考文献

[1] 2011～2012 年度第一学期英语系课程表.

[2] 2011～2012 年度第二学期英语系课程表.

计算机课堂教学中如何培养学生的创新能力

董瑞卿*

【摘　要】新时代需要创新型人才，课堂教学是培养学生创新能力的主阵地，如何在课堂教学中培养学生的创新能力是教育工作者必须深入思考的问题。计算机课程在培养学生创新能力方面，起着基础性、综合性和先导性的作用。对此，作者在计算机课堂教学中进行了一些有益的尝试。

【关键词】计算机；课堂教学；创新能力

前　　言

"创新是一个民族的灵魂，是国家兴旺发达的不竭动力"。"我们必须把增强民族创新能力提高到中华民族兴衰存亡的高度来认识。"国家发展需要创新人才，时代呼唤创新型人才，而培养创新型人才的关键是创新教育。课堂教学是学生获取知识和技能的主阵地，是培养学生创新精神的摇篮。如何在课堂教学中培养学生的创新能力是教育工作者必须深入思考的问题。

《计算机应用基础》是一门非计算机专业的本科生必修的公共基础课程之一。随着计算机的广泛应用，计算机知识已经不是一个简单的学科，它已渗透到各专业的学习中。在培养学生综合能力素质方面，该课程起着基础性、综合性和先导性的作用。21 世纪，计算机对教育的影响越来越深入，创新计算机教学，以激发学生学习兴趣，培养学生创新精神和创新能力显得愈加重要。德国教育家斯多惠说过："教学的艺术不在于传授本领，而在于激励、唤醒、鼓舞。"从一定意义上说，教学方法运用得当，可以激发学生的学习兴趣，锻炼和培养学生的创新思维和创新意识，促进学生的全面发展。对此，笔者在计算机课堂教学中转变教育观念，立足现

＊　国际关系学院。

实，不断探索和改进教学方法，进行了一些有益的尝试。

一、课堂导入，激发学生的学生兴趣

爱因斯坦说"兴趣是最好的老师"。只有产生了兴趣，才有动机，才能积极主动地学习，才能有效地培养学生的创新精神和创新能力。为了增强学生的学习兴趣，课堂导入是关键。导入是教师在开始讲授新课之前的一个重要环节。导入得成功就能使教师从一开始就像磁铁般地吸引学生，激发学生的学习动机兴趣，调动他们学习的积极性和主动性，使学生能主动参与教学过程，引发学生主动思维、自觉创新的意识。

计算机本质是一种智能工具，使用者可以很方便用其设计各种情境。计算机教学课堂导入可采用情景创设的方式。所谓"情景创设"，就是上课伊始，教师将事先准备好图片、图表、实物、简笔画、幻灯片、投影片、录像片、计算机多媒体课件等直观教具创设情境，进行导入，激发学生的学习兴趣和挑战欲望。建构主义学习理论和情景化学习理论均认为情景创设有利于激发学生的积极思维，调动学生学习的积极性。

例如在《幻灯片切换和动画设计》讲授中，笔者用全体同学的照片制作了一个含30张幻灯片的PPT文件，当同学们看到自己的照片在大屏幕上出现时，全身的细胞都活跃起来，随着每一张幻灯片的不同的切换时间、切换方式、动画效果的演示，有的学生已经跃跃欲试，在构思自己的动画。在这个过程中，学生的主体性和主动性被充分调动起来了。

在讲授《动画路径的设置和录制旁白》时，笔者设计了一个白天和晚上的轮回切换、太阳和月亮的淡入淡出的画面，文件播放同时再配以旁白和背景音乐——"白天不懂夜的黑"，学生看到这个美轮美奂、引人入胜的画面时，学习兴趣一下子被激发出来了。笔者在对几个基础知识进行概括性的讲解后，让学生自己独立进行思考和设计。在这种浓厚的自主学习氛围中，学生充分发挥想象，制作出了各式各样的小动画。

要想用好这种方法，教师必须精心准备具有代表性、完整、新鲜的实例，才能够引起学生足够的兴趣。好的课堂导入如同一座桥梁，联系着旧课和新知，如同序幕，预示着高潮和结局，如同路标，引导着学生的思维方向，让学生进入积极的学习状态，真正成为课堂主人。

另外，教师要熟悉导课实例操作的各个步骤和环节，这对教师的操作技能也是一个考验。

二、问题导向，促进学生的创新思维

教师课堂提问，是教师组织课堂教学的一种重要的方式，课程导入后，教师要通过安排有效的课堂提问诱使学生进行主动的思考，使教学目标真正通过学生的思考来解决。

苏霍姆林斯基曾说："在学生的脑力劳动中，摆在第一位的并不是背书，不是记别人的思想，而是让学生本人进行思考。"我们知道，疑问与思考是密切相关的。长期的教学实践表明，适当的提问是一种行之有效的教学方法。这与建构主义的"学与教"理论强调是一致的。建构主义认为，学习是获取知识的过程，但知识不是通过教师传授得到的，而是学习者在一定的情境下，借助他人的帮助，利用必要的学习资源，通过意义建构方式而获得。教师的作用更主要的在于激发学生的学习兴趣，努力促使学生将当前学习内容所反映的事物尽量和自己已经知道的事物相联系，并且在可能的条件下通过提出适当的问题以引起学生的思考和讨论，启发诱导学生自己去发现规律，自己去纠正错误。

例如，在讲授《Frontpage 网站发布》时，笔者让学生自由选择主题，结合所学过的计算机知识，发挥想象进行创作，分别设计不同风格的网站……然后提出一个问题：如何把网站传到因特网上？学生对这个问题都很感兴趣。笔者先让学生看书，上网查相关资料，最后让学生发表意见。有的学生提出先申请空间，有的学生补充说，网上空间有免费和收费两种；还有同学说，免费的一般只提供在线上传，收费的可以 FTP 上传。我又引导学生从提供商提供的空间大小、费用、上传方式等多方向了解，以找出解决问题的最适合方法。

良好的课堂提问能让学生在学习新知的过程中不断地享受到"成功破解疑难"的快乐，从而增强学生的学习兴趣。教师设计好一堂课的课堂提问是非常重要的。在整个过程中，教师只需给学生以引导、点拨、帮助学生排除阻碍，开拓学生的思路，激活学生的思维，要求学生自己分析、论证、归纳、总结，从而达到了培养学生的创新精神和实践能力的目的。

三、精讲多练，重视学生实践能力培养

计算机教学最忌拘泥、呆板，教师将每一步都讲解得清清楚楚，学生

尽管容易记住操作，但不利用学生综合能力的培养，笛卡尔说："最有价值的知识是方法的知识。"为了培养学生学习方法，教师在对知识点讲解过后，要引领学生进行实践操作。如果任务有过去所学的知识，可以放手让学生实践，如果学生通过自己思考或与他人交流合作，采用新的方法完成了任务要求，教师要抓住时机进行新知识的归纳和梳理。使学习过程由"吸收"、"存储"、"再现"转向"探究"、"同化"、"创新"。在这个环节中，教师的讲解要简练和突出重点，从而留给学生更多的练习时间。

例如，在讲授《Outlook 收发电子邮件》时，笔者先用 OE 进行邮件的收、发操作，让学生对其使用的便捷有一个全面的认识；然后再将在 OE 中添加账号及其设置的过程演示给学生，在设置接收和外发邮件服务器地址时，特别强调不同网站对 POP3 邮件服务器地址要求不同；最后让学生自己动手，在 OE 中添加自己的电子邮箱，并进行邮件的收、发操作。虽然事先已强调提醒过学生，但仍有一部分学生出现了无法发送或接收邮件的问题。我引导学生浏览邮箱所在网站，查证有关信息，重新进行设置。通过老师引导、学生主动探究、学生之间的合作，最终全体同学都进行了正确的设置，实现了邮件的正常发送、接收操作。

在讲授《Word 应用》时，尽管版面设置操作较多，但为了不让学生的思维受到示范效果的影响而能有自己的独创性，笔者没有给学生一一详细介绍各菜单中每个命令的功能，而是要求学生自己有选择地来学习。在笔者对一些特殊效果的制作要点做了介绍后，要求学生制作一份个人简历，按自己的审美合理进行内容和格式的编排。课程结束时，每个学生都完成了有着自己独特格式的个人简历。笔者将所有文档在课堂上进行展示，并请全班评出的优秀作品作者上台展示并讲解他们作品制作的特色之处，碰到了哪些困难又是怎么解决的，以及作品的亮点和不足之处，其他同学也可以发表意见。这种方式不但使每个人都能分享成功的快乐，通过观看和对比也获得了感性的认识，提高学生学习兴趣。

教师在讲授课程的过程中，不仅要教给学生知识，更重要的是教给他们如何获取这种知识的方法。"纸上得来终觉浅，终知此事要躬行"。教师要鼓励学生灵活、大胆地运用已学知识，解决实际问题是培养学生创新精神和创新能力行之有效的方法。学生只有通过解决实际问题，才能应用已有知识，才会有独特的想法，才能有创新。

四、转变教育观念，加强教师教学能力

当然，要更好地完成计算机教学，还需要教师转变教育观念，加强教学能力。在课堂教学过程中，教师的教育理念和教学能力对学生的创新能力培养起着至关重要的作用。教师的教育理念反映了教师对教学的认识和理解，决定了教师的教学方法。教师教学能力直接影响甚至决定着所培养人才的素质和能力。要培养学生创新精神和创新能力的教育观念，就必须改变那种以传授为中心的教育功能观，树立激发学生学习兴趣、展现学生潜能的教育功能观。当代计算机科学技术发展迅速，新软件、新产品不断涌现，对计算机教师的知识和能力提出了更高的要求，作为计算机技术的传承者，教师必须具备极强的知识获取能力，以辅导者、帮助者和引领者的身份引导学生，充分发挥计算机的智能工具作用。

结　束　语

在计算机课堂教学中，我们要不断地改进课堂教学，更新教育理念，给学生营造一个良好的学习环境，注重对学生创新能力的培养，激发学生的学习兴趣，培养学生养成专注研究、独立思考的好习惯，为培养学生成为创新型人才奠定科学的思想基础。

参考文献

［1］王丛会．在计算机教学中培养学生的创新能力．文理导航，2012．
［2］马燕．计算机教学模式改革与实践［M］．北京大学出版社，2010．
［3］周秀红．计算机教学中学生创新能力培养探究．科技向导，2012．
［4］王洪忠，陈学星．创新能力培养，中国海洋大学出版社，2011－3．
［5］刘跟奎．实践环节在计算机教学中的重要性．学科研究，2012．

论学分制背景下高校教师
综合能力的全面提高

刘晓颖 *

【摘　要】在高校实施学分制的大背景下，教师的综合能力急需全面提高，既要努力提升教学能力，又要结合学校的发展定位，提升素质教育理念，强化实践教学及实践学习的意识，深入挖掘学分制结构体系，实现自身与高校的整体进步。

【关键词】教学能力；学分制体系；导师制；实践能力

学分制作为教学体制改革的一项重要内容，已为高等学校所普遍认同并逐步推广。它以因材施教的原则为思想基础，以竞争机制和激励机制为动力，以富有弹性的教学计划、灵活机动的教学管理方法、较为宽松的教学环境为运行机制，充分挖掘教师和学生的教与学的潜能以及内在积极性。学分制的实施给了学生自主选课的权利，使得学生能够灵活调配学习计划，从自己的兴趣爱好及实际需要出发进行课程选择。学生自由灵活地选课是学分制的核心所在，因此，教师的受欢迎程度成为了学生课程选择的前提条件。学分制的实施促使教师由被动被选变为主动竞争，这种竞争促进教师不断提高自身素质和学术水平，不断更新自己的知识结构，提高学历层次，全身心地投入到教学工作中，积极进行教学内容和方法手段的改革，努力提高教学能力以及其他各种综合能力，以获取学生的认可，这种良性竞争机制能够从根本上提高教师的综合素质，促进师资队伍建设，同时也能提高师资的使用效率。

要适应实施学分制的大趋势，在高校中立足，教师的综合能力需全面提高：首先要提高教学能力，这是立足之本；其次是结合学校的发展定位，提升素质教育理念，深入挖掘学分制结构体系，做好学生的学业及人生的指导教师；另外要注意提高个人实践能力，强化实践教学与实践学习的意识。

---

* 国际关系学院。

一、提高教学能力

高校教师的教学能力是影响教学效果的最直接、最具效力的因素。一般来说，教师的教学能力会在教学过程中自然形成，但这种形成过程不仅缓慢而且"良莠"齐生，在实行学分制的大背景下，学生对教师有较大的选择权，对教师的要求和标准更高，因此，高校教师必须有意识地完善自身的知识结构，提高自身的教学能力。

（一）开设多样化课程

实行学分制要求有足够数量的课程供学生选修，而且课程内容要反映当今科学技术发展的最新成果和前沿动态，因此教师必须提高自身的业务能力，通过不断地学习来扩展自己的知识领域，及时获取学科的最新知识，使教学成为有源之水，在教学深度不断提高的同时，也要不断地拓宽教学宽度，对于边缘学科或者交叉学科都要有所涉及，结合自身的学术特长，开出多样化的选修课程，一方面要制定出适合学分制的教学计划，给学生提供更为广阔的选择空间，充分发挥学生学习的主动性和积极性；另一方面，要搞好课程建设，精心设计出多种课程模块，使学生在自由选课中获得最佳的课程组合。另外教师还应具有将课程内容精练、提纯的能力，使学生花费较少的学时获得最大的收益。在考试内容上，注重考查学生运用知识的能力、综合解决问题的能力，改革考试方法，采取撰写论文、写调查报告、课题的文献综述、产品设计等方法来培养学生的独立思考和创造能力，注重从多方面加强学生的素质培养。

（二）向优秀教师学习

提高教学能力，一个最有效的途径就是学习优秀教师如何有意义地呈现新材料、有效地指导课堂作业、布置家庭作业等教学常规和教学策略的知识。

优秀教师的示范带动，对于青年教师教学能力的提高能起到极大的促进作用，因此许多高校都建立起了青年教师导师制，就是为其选配高水平的指导老师，充分利用优秀导师的资源，使之有计划、分批次地对青年教师进行培训，把自己所掌握的知识和本领传授给青年教师，帮助青年教师完善知识结构，充分发挥老教师的"传、帮、带"作用，这客观上为提高其教学能力提供条件。

除了跟随优秀导师学习之外，高校教师还可以主动选择名师课堂进行观摩，最好是国内外此学科发展列位居前的知名大学的名师课堂，通过学校或个人与对方院校进行接洽，获准走进课堂，学习其教材教案、教态语言、教学风格，深入了解其课程设置、学时内容安排、教学研讨、教学理念乃至教学管理，这样不仅可以丰富自己的专业知识，还可以借鉴到优秀教师先进、生动、与众不同、大受学生欢迎的教学方法，以增长自己的教学经验和理念。另外除了本学科以外，还可以选择深入不同学科的课堂，以此顺应市场经济社会的应用创新人才所需的知识结构，既要接受专业教育又要接受通识教育，既要有"专"的深度又要有"博"的广度。完成优秀课堂观摩之后，注意把自己所学到的新鲜教学理念等一手材料进行整理、归纳，回校后以讲座、研讨等方式与同事分享。

（三）积极加入教学团体

要提高教学能力，扩展专业视野，高校教师还应该积极参加各种教学团体以及各种教学竞赛等团体活动。

教师为了实现自己的专业发展而建立的一种教师间相互影响和相互促进的学习团体称为专业共同体。专业共同体成员可以由不同学科或不同专业但却有相同发展特征的教师组成，也可以由相同学科或相同专业但处在不同发展阶段因而有不同特征的教师组成。它以学校为基地，以教育实践为载体，以共同学习和共同研讨为主要活动方式，在团体情境中通过相互沟通与相互交流，以实现教学技能的共同提高。

有些高校还设立了教师教学研究和培训中心，其宗旨是提高教师教学能力，主要任务是研究现代教育思想观念和当前教育教学的现状，研究教师教学过程中普遍存在的问题，为教师提供相关的职业和个人发展培训；组织"青年教师教学竞赛"和教学研讨活动，帮助教师解决教学过程中遇到的问题，促进灵活、创新和有效的教学和学习；提供有关教学、课程的评估服务，倡导优秀的教学、学习和研究。从组织形式和工作机制上彻底改变我国高校教师培训与教学过程相分离，教师教学能力培养不被重视的现状。

参加各种教学竞赛是提高教学能力、水平和教学质量的一种重要途径，是对教学能力、教学水平的全面展示和检阅，有些高校每一学年都会在固定的时间段举办各种教学竞赛活动，对教师采取积极的激励保护措施，尽量为其提供崭露头角、显示才华的机会，如教学大赛、公开课、演讲比赛、报告会等等，让学生充分认识教师的才华和实力，调动教师根据自身优势和特点选择不同努力方向的积极性，构造公平竞争与激励、制约机制兼顾的教学氛围，促进教师的教学能力尽快提高。

（四）重视教学反馈（督导、评教）

要检验教学效果就要重视各类教学反馈，除了教师自身的用心和努力还需学校的制度配合与支持。

高校教师要注意加强与学生的交流，了解学生在学习过程中的需求，关注每学期学生的评教结果，有效减少教与学过程中的信息不对称，采用积极的教学手段进一步提高教学效果，提高学生的学习积极性，更利于教学过程中的沟通与协调。

学生评教是指学生对教师教学工作中的各种要素，如教学素质、教学态度、教学方法、教学组织、教学效果、批改作业情况、课外辅导等进行评价。学生作为教育服务的消费者，教学过程的参与者，对教学质量最有发言权。学生评教有利于教师改进教学，提高教学质量。但由于学生评教易受到学生素质、师生关系、教师形象、课程类型等因素的干扰，因此评教工作一定要借助于学生管理部门和人员的引导和宣传，避免学生评教的随意性，同时还要运用统计技术消除评教中出现的非正常数据，采取积极措施来提高学生评教的有效性，将评教结果及时反馈给教师，使教师更客观地了解自身的长处与不足。

除学生评教外，同行教师的评教结果也是一个很重要的参数。一般来说，教师评教是以教研组为单位，由教研组长主持，主要内容包括：教师交流本学期听课情况、互查教案讲稿、教师本人向教研组汇报本学期教学情况、同行座谈交流，教研组对任课教师的授课态度、授课内容、授课方法、授课效果等方面进行综合评价并提出改进意见，进一步增强教师的工作责任感和纪律观念，促进教师教学精力的投入和教学质量的提高。

从学校管理层面来看，教学督导是教育督导中一个重要组成部分，在高校教学管理工作中有着十分重要的地位，教学督导是高校教学部门及其人员管理教学的一种校内行政行为，目的是通过对教学过程、教学效果和质量以及教学目标达到的程度进行评估和价值判断，监督有关教学政策和要求的贯彻落实，遵循教学规律，深化教学改革，改进和优化教学过程，促进教学效果和教学质量的提高。

有些高校的相关管理层十分注意督导制度的确立，学校督导员进行经常性的教学检查、听课评课，并及时与任课教师沟通；有目的、有重点地对一些教学现象进行考察，分析教学过程中的普遍性问题；对教风、学风及教学管理工作的不足之处提出意见和建议。督导的目的在于充分肯定教师的教学成绩、总结经验，立足于教师专业的发展和教学能力的提高，帮助教师发现自己的不足，改进教学工作和优化教学过程，提高教学质量。

（五）及时教学反思，进行客观自评

教学反思是高校教师通过对已经发生的教学事件尤其是自身参与实践的教学活动的追问和思考，用高等教育学理论重新认识、分析、评价、提高自己的过程。教学反思是高校教师获得实践性知识、增强教学能力、形成教学智慧的有效途径。要切实提高自身的教学能力，教师需要不断反思教学实践，促使个体内隐的理论公之于众，在教与学的相互交流和碰撞中迸发出智慧的火花，构建新的教学互动模式，推动教与学的共同发展，实现教学自主创新，形成教与学的统一。

除教学反思外，教师自评也是教师自我管理的重要环节，以教师本人为评价主体，辅以教学质量学生评估调查表为自评的参考要素，在学期课程结束前由教师本人向学生发放并回收汇总教学质量评估调查表，以此自我评价、发现问题。教师自评有利于促进作为知识工作者的教师自主发现问题、自主分析问题，不断完善自我。

教学能力作为教师教学专长的核心部分，直接影响课堂教学的有效性以及学生对知识技能的掌握和能力的发展，也是体现教师地位和作用的核心因素。教师教学能力发展是高校教师队伍建设的重要内容，也是开展教学改革，提高教学质量的基本保障。教师教学能力的发展是一个实践、反思、总结、改进、提高的长期过程，要依靠教师个人的努力，要与师德的提升相结合，更需要学校采取措施，为其创造良好的发展环境。

二、结合学校发展定位，深入挖掘学分结构体系

高校教师在对自身的职业生涯进行规划时，除注意以提高教学能力为立身之本外，还要结合学校的发展定位，提升素质教育理念，深入挖掘学分结构体系，对学校及学分制的实施有较高层面的统筹认识。

目前很多高校都在积极实施导师制，可以说，没有真正落实以导师制

作保证的学分制，只能是一种"粗放"的学分制，导师制是成功实施学分制的重要保证。学分制为学生独立地安排学习、选择课程和教师、充分发挥学生的特长及主动性和创造性提供了必要的条件。但是，学分制下的班级是比较松散的组织，尤其是低年级学生对高校培养人才的模式及知识结构缺乏了解，独立地设计符合社会要求的自我发展的目标比较模糊，在较为宽松的教育、管理环境中，实现目标的学习方案往往难以进行优化选择。另外，学分结构体系是整体性的，学生如果不理解其内在联系，就会产生片面追求学分的现象，去选择那些容易得到学分的课程，肢解知识结构体系。因此，在实施学分制的同时，必须建立导师制，并组织导师的培训和考核。使专业课导师从学生入学开始直到毕业的全过程中，根据共性的基本要求和学生的个人实际，紧紧把握因材施教、教书育人的原则，在学生选择目标、过程和争取良好结果等方面给予充分、有效的指导。

所以说，在实施学分制的大背景下，高校教师不仅需要提高教学能力，还要深入挖掘学分结构体系，同时要进一步发挥教师教书育人的作用，通过实行导师制，更好地关心学生的成长，培养学生的学习、实践和研究能力。但是，就实行学分制的大多数高校而言，目前聘任的专业导师大多是教师兼任，既无编制又无津贴，完全靠聘任导师的责任感和个人好恶来承担学生的学习指导工作，是一项"业余工作"，更无培养和考核，严重缺乏政策支持和保障。因而导师制处于"名存实亡"的状态。要想达到预期的效果，就需要建立和健全规范的导师制，在精心挑选的基础上，落实编制和待遇，明确责任和资格审查，并定期进行业务培训和考核，形成一支业务素质高、思想素质优、方式方法灵的专兼职导师队伍。导师的责任一般应包括：帮助学生理解培养目标；帮助学生制订符合学生个性特点的学习计划和发展目标；帮助学生适应大学学习生活并掌握良好的学习方法；接受学生在选课和执行方面的咨询和指导；帮助学生处理学习过程中产生的问题等等，使因材施教、充分发挥学生个性的原则落到实处。

三、提高个人实践能力，强化实践教学与学习的意识

《国家中长期教育改革和发展规划纲要（2010～2020年）》指出，提高教育质量是未来十年我国高等教育改革和发展的核心任务。教育质量的关键要素是大学生的学习能力、实践能力和创新能力。因此，提高大学生的实践能力无疑是今后一段时期我国高校人才培养工作的一项重要任务。

要想从根本上扭转这种局面，尽快提高大学生的实践能力，除更新教育观念、创新办学体制、改革培养模式、改善实践条件外，还必须同时加快高校教师特别是青年教师实践能力的培养力度，努力建设一支理论与实践双馨的高校教师队伍。

高校教师需加强现代教育理论学习，全面树立素质教育的理念，使自己的教育观念和思想主动适应时代发展的需要，满足人才培养模式改革的要求，对提高个人实践能力的必要性和紧迫性有一个清醒的认识，强化自身实践教学与实践学习的意识，努力使参加实践锻炼、提高实践能力成为自身专业自主发展过程中的自觉行为和长期行动，从事科学研究工作，大力开展新理论、新技术、新材料、新方法的研究，开拓边缘学科、交叉学科的新领域，锻炼、提高和丰富自己的创造能力和实践能力，这样才能做到理论教学与科学实践相结合。只有教师具备了这样的素质，开展创造教育，提高学生创造技能。开设开发学生创造能力的课程，如创造思维训练、创造思维技法、创造原理等创造教育的理论课程以及创造技能等实践课程，才能使学生全面接受素质教育，使其具有强烈的创新意识和创新能力。

除实践理论课堂外，应用型学科教师还可到相关单位进行挂职盯岗，切身体验真实的企业运转流程。这样不仅可以把现实工作岗位上的实践知识与自身的专业理论知识结合起来，完善自身的知识结构，还可以进行实地调研，与业务部门专家交流，也可对以往毕业生跟踪调查，及时把握企业真实需求中的热点与难点，选准"结合点"，以便在教学中更加有针对性地根据市场对各类人才需求的变化不断调整教学措施，注重与用人单位发展的实际情况紧密接轨，使应用教学与行业发展与时俱进。这样培养出来的学生才能够与社会接轨，融入市场经济发展大潮。同时教师也可为实践单位带来丰富的理论知识和严谨的科学态度，强化企业职工的学习氛围，提高企业科学决策的水平。

加强高校教师实践能力的培养，不仅有赖于教师本人教学理念的转变，还需政府有关部门到学校、院（系）教育观念的更新和积极推动，切实解放思想，树立起强烈的实践意识，使加强实践教学、强化教师实践能力培养成为从管理层面到操作层面的自觉行动。

在高校施行学分制的大背景下，高校教师只有全面提高自身的综合能力才能在良性竞争中立足，这需要教师的积极努力，也需要有社会及学校制度坚定的后盾支持，提高教师的综合能力是提升高校师资力量、实现可持续发展的根基，也才是教育改革的目的所在。

参考文献

[1] 蔡文伯. 以学分制改革为突破口全面提高人才培养质量 [J]. 陕西师范大学学报，2003（32）.

[2] 陈利华. 地方高校教师教学能力发展的思考与实践 [J]. 中国大学教学，2010（2）.

[3] 陈伟东，闫淑芳. 学分制背景下高校青年教师如何提高自身的教育教学能力 [J]. 现代阅读，2012（7）.

[4] 李春燕. 提高高校教师实践能力的对策研究 [J]. 教育理论与实践，2011（7）.

[5] 李茂科. 论高校教师教学能力促进机制的构建 [J]. 教育与职业，2009（15）.

[6] 梁文明，谢华. 着眼于教师教学能力的提高：高校教学督导工作的核心——兼谈改进高校教学督导工作的路径 [J]. 高教论坛，2005（6）.

[7] 盛丰. 对高校教师通过教学反思提高教学能力的探讨 [J]. 学园，2012（6）.

[8] 孙钰华. 高校教师教学能力研究的回顾与反思 [J]. 中国大学教学，2009（8）.

[9] 王岗. 在学分制推行中选修课教学质量监控的实践与探索 [J]. 中国职业技术教育，2007（266）.

[10] 王晓红，王永生. 优化学分制师资管理模式的思考 [J]. 煤炭高等教育，2001（5）.

[11] 张海亮，熊永莲. 高校青年教师在学分制背景下如何培育自身竞争优势 [J]. 中国市场，2011（26）.

[12] 张淑娟，黄斯楠，张铁军. 应用型本科院校青年教师继续教育实践论 [J]. 黑龙江教育，2011（9）.

[13] 赵菊珊，马建离. 高校青年教师教学能力培养与教学竞赛 [J]. 中国大学教学，2008（1）.

[14] 周立春. 论学分制教学管理制度下的师资队伍建设 [J]. 中国高教研究，2003（3）.

[15] 朱光福. 高职院校学分制条件下的"五方评教体系"研究 [J]. 教育与职业，2012（14）.

[16] 邹光华. 以实施学分制为突破口促进教学管理改革 [J]. 中国高教研究，2003（3）.

浅析建设特色院校实践教学中的本科生学术科研项目

——基于 2012 年度国际关系学院英语系本科生
学术科研训练计划的研究

林 棽*

【摘 要】本科生学术科研项目作为实践教学的重要组成方面，可以增强学生的竞争力，培养学生的独立学习及创新能力。通过对国际关系学院 2012 年度英语系本科生学术科研训练计划的研究，结合美国大学的经验，本文提出建设特色院校实践教学需要融入培养方案和学分制，强化指导教师作用，建设完善的管理体系及评价激励机制。

【关键词】本科生科研；科研课程建设；指导教师；管理评价机制

建设特色院校实践教学的其中一项重要内容是本科生学术科研训练计划。在国外，实践教育正在成为一种制度化理念，渗透在其大学理念和使命中，通过多种途径提高学生能力培养。① 因此，本科生的学术科研项目也需要得到全方位的支持，将其融入到本科生实践教学设计中，培养学生的独立学习及创新能力。

本科生科研计划旨在增强学生的竞争力。自洪堡在柏林大学倡导研究与教学相统一的思想以来，本科生科研计划在美国和英国得到高度重视。美国是战后最早开展本科生科研的国家之一，也是本科生科研活动开展的最广泛的国家之一。② 自 1969 年麻省理工学院（MIT）创立的"本科生研究机会计划"（Undergraduate Research Opportunities Program，UROP）以来，这种新的科研与教学结合的模式得到迅速推广。中国大学在进入 21世纪以来，借鉴了美国高校本科生学术科研阶段，虽然仍在起步阶段，但

---

* 国际关系学院。

① 陈超，赵可. 国外大学实践教育的理念与实践 [J]. 外国教育研究，2005.11

② 刘宝存. 美国大学的创新人才培养与本科生科研 [J]. 外国教育研究，2005.12

也在对本科生科研的内涵、性质和制度上得到一定关注和发展。

2012 年度国际关系学院大学生学术支持计划是国关第一次大规模开展学生科研学术研究活动，是基于前期多年的"挑战杯"学术计划经验的一次覆盖面较广的本科生学术科研计划。本文基于国际关系学院英语系学生科研项目进行研究，结合实际操作中遇到的问题，对比美国研究型大学的发展和经验，在课程建设，指导教师制度以及管理和评价机制上提出建议。

一、2012 年度国际关系学院英语系本科生学术科研训练计划情况

以国际关系学院英语系为例，本次大学生学术科研支持计划正式立项执行共计 25 项。数据由项目立项书中采集。有如下的特点：

（一）科研团队构成多样化

按照本次学术支持计划的申报要求，项目成员数目最少为 2 人，最多为 5 人，申报年级限定在 2010 级和 2009 级本科生，不接受个体独立研究。就立项并执行的 25 个项目来看，1 项为 2 人团队，10 项为 3 人团队，5 项为 4 人团队，9 项为 5 人团队。成员构成包括多个年级的有 7 项，占 28%，包括多个系别的有 6 项，占 24%，即跨年级又跨系别的 3 项，占 12.5%。包含多系别成员的小组立项一般与其选取的跨学科课题对应，形成良好的学科背景融合。包含多年级成员的小组课题负责人皆为 2009 级学生，也为暂时还不能独立申请课题的 2010 级学生提供了一个实践机会。

（二）课题研究兴趣广泛

在研究课题的选择上，可以发现学生选题的出发点不局限于英语语言文学学科，也有跨学科研究，体现对社会热点问题的关注，以及学校生活及学习的关注，显示出高度的实践性和良好的社会关怀倾向。其中，英语语言文学类 8 项，占 32%，经济学 2 项，占 8%，社会学 4 项，占 16%，教育学 1 项，占 4%；食品营养学 1 项，占 4%，跨学科研究 9 项，占 36%。在跨学科研究中，教育学 5 项，社会学 2 项，心理学 1 项，政治学 1 项。

从课题内容上，此次学术支持计划项目体现出以下特点：（1）与英语

专业课程紧密相连，比如"不同国家第二语言习得的模式探究以及对国内英语教学的启示"、"如何解读英文报导所传递的深层信息"，体现了英语专业培养方案中的课程元素。（2）将学校传统优势英语专业与特色专业结合的课题，比如"从美国影视作品中的文化渗透看我国的文化安全"、"移动新媒体对英语学习影响的调查与建议"。（3）将英语专业知识与校园文化相结合，比如"关于英语系与图书馆建立阅读合作机制的研究"、"国际关系学院英语系专业课程选修系统分析及课程学习方法指导"。（4）社会热点问题研究显现较为广泛的研究兴趣，比如"小微企业的作用，地位及其目前所处困境的解决"、"西苑枢纽站商业发展对周边地区的影响"。

（三）科研成果较为单一

从立项书来看，除 1 个项目以论文集提交外，其他 24 个项目均以研究报告形式提交。其中有明确论文发表计划的 8 项，占 32%。2 个项目还有其他类型成果，比如数据库模型和工具书形式。可以看出，学生在考虑成果类型时采取了相对保守即稳妥的做法，论文发表的比例并不高，并且鲜有考虑成果出版计划，主要原因为担心没有发表渠道。

（四）课题调研方式不清晰

在立项书中明确写明研究方式的共有 23 项，占 92%。其中外出调研 4 项，占 17%，问卷调查 15 项，占 65%，采访 4 项，占 18%。从立项中可以看出，学生对于可以采取的课题调查方式并没有非常清晰的概念，所列举的调研方法也较为笼统，同时这也显现出学生较为缺乏系统的科研训练。

（五）毕业年级存在项目终止的风险

项目终止的风险主要在 2009 级的项目存在，此次有 3 个项目申请了项目终止。2009 级项目负责人及团队皆在升入大四开始时提出终止申请，理由集中在因为考研、准备出国考试和实习而没有精力继续进行项目。

二、应对策略及建议

在考虑到本科生科研的内涵和性质时，要认识到"本科生科研包括学生、指导教师和大学三大要素，三者均通过参与本科生科研而得到发展"。① 鉴于前文的数据和现象，在进一步推进本科生学术科研计划时，可以从下面几个方面着手：

（一）将本科生学术科研训练融入课程建设及学分制

从本次立项可以看出，学生对于科研的认识基本还停留于兴趣阶段，缺乏系统的规划设计和组织。在申报时，也有不少学生对自己的项目选题的学科归类表示困惑。在促进科研训练进一步发展的问题上，可以从课程内容和课程计划两个方面进行规划设计。

目前英语专业培养计划的课程主要集中在语言技能课程和文化知识类课程，而缺乏对研究方法，科研项目操作方面等的课程。通过开设研究方法论，质性研究方法，科研写作技巧，科研项目申请等课程，可以系统地发掘学生科研潜力，多样化科研成果，提高发表率。比如以人文与社会科学为主的耶鲁大学为一年级新生开设"指导研究"项目，为研究课式小班，讲课与讨论课时比例为 $1:2$。②

本科生学术科研也要从课程计划上进行保障，将本科生科研纳入课程计划，减少学位学分，在时间上提供本科生科研创造的条件。比如加州伯克利大学的本科生课程目录中，可获得研究学分的课程占到本科毕业学分的 $1/6$。③同时这种做法也可以降低项目因学生精力不够造成的项目终止风险。

（二）指导教师制度及团队建设

指导教师制度及团队建设需要从几个方面进行。一是建立完善的导师学生沟通机制；二是规范指导内容，提高指导的效率；三是建立以教师为主，本科生为"学徒"的科研实习计划。自4月份立项以来，从对学生和教师的跟访可以看出，学生和指导教师的联系频率并不高。学生在选取导师时一般选取熟悉的任课教师，而对导师的研究背景鲜有了解，对于导师的认识更集中在其教学方面的成就，而非学术研究方面。而对于导师来说，缺乏标准化的指导流程使得导师也容易在自身教学和科研压力较大的情况下，忽略对学生的有效指导。同时，可以引入以教师为主，本科生为

① 李正，林凤. 论本科生科研的若干理论问题 [J]. 清华大学教育研究，2009. 8.
② ③卢晓东. 本科教育的重要组陈部分——伯克利加州大学本科生科研 [J]. 高等理科教育，2000. 5

"学徒"的科研项目指导。比如加州大学伯克利分校的"本科生科研学徒计划",学生可以选择加入教师的研究小组,担任研究助理的角色。① 学生通过在导师项目中的实习,逐渐完善独立承担科研项目的科研能力。

(三) 建立本科生科研管理及评价激励机制

从大学层面上来看,从学校层面建立管理及评价激励机制是对本科生科研计划上形成制度上的保证。目前国际关系学院在各系部建立了本科生科研项目管理办公室,由校科研处统一协调。这种机制的优势在于各系部与学生直接对接,保证了项目执行效率,但缺点在于缺乏宏观协调,难免出现因研究课题重复而造成的资源浪费问题,同时也不利于各学科的协作和跨学科研究。为了保证本科生科研的开展,美国大学非常重视本科生科研的领导与组织管理工作,一般都在学校一级成立本科生科研管理机构。② 伯克利的"本科生研究办公室"工作包括对本科生研究工作的组织与服务,不仅包括研究的申请和审核验收工作,还承担一定教育职能,并负责维护一个负责信息发布的网站。③

同时,对参与本科生科研项目的指导教师和学生应有一定激励机制。在经费和工作评定上向指导本科生科研的教师倾斜,使指导教师提高积极性。建立标准统一的项目评测机制,促进学生项目的竞争,并将其与荣誉学位挂钩,能更加促进其良性发展。

因此,正视本科生的科学研究潜力,通过机制保障本科生参与科学研究的热情,科学有效指导本科生进行科研,是保证本科生科研计划良性循环的根本。对于特色院校中的实践教学,国际关系学院需要考虑如何体现其特色行业院校特色,强化学科背景,发扬外语优势,更好地促进整体教学科研质量的提升。

① 杨宁,于立蕾. 学分制的创新:本科生科研学分 [J]. 比较教育研究,2002.2.
② 刘宝存. 美国大学的创新人才培养与本科生科研 [J]. 外国教育研究,2005.12.
③ 卢晓东. 本科教育的重要组陈部分——伯克利加州大学本科生科研 [J]. 高等理科教育,2000.5.

全面扶植青年教师成长
建立家园式服务型教师发展中心

——从青年教师的培养看教师发展中心建设

阴医文*

【摘　要】近年来，青年教师在高校师资队伍中所占比例的不断扩大，教师发展问题业已成为高等教育界的研究热点。各高校都在着力建立和完善一套适于高等学校内部运行的教师教育培养体系，加强对青年教师的全面培养。随着加强教师队伍建设的一系列举措，"教师发展中心"的建立和发展问题进入高校管理者的视野，并逐步成为关注的热点。本文旨在针对青年教师的特点、承受的压力、需要的指导和帮助等方面进行分析，从而对教师发展中心建设途径进行探索。

【关键词】青年教师成长；教师发展中心；教师专业发展；教师队伍建设

青年教师的成长和进步是学校实现可持续发展的关键所在，关系着师资队伍的未来发展，更直接影响大学人才培养质量，是高校"人才质量工程"的重中之重。《国务院关于加强教师队伍建设的意见》对中青年教师的培养提出明确要求："高等学校教师队伍建设要以中青年教师和创新团队为重点，优化中青年教师成长发展、脱颖而出的制度环境，培育跨学科、跨领域的科研与教学相结合的创新团队。"文件同时强调要"大力提高教师专业化水平"，特别是要"提高教师培养质量"、"建立教师学习培训制度"、"完善教师培养培训体系"，并"培养造就高端教育人才"。

目前，各高校都在着力建立和完善一套适于高等学校内部运行的教师教育培养体系，加强对青年教师的全面培养，以期"培养造就高端教育人才"。各校在"学术梯队建设"、"人才引进"、"青年教师培养"等方面都相继出台一系列方针和实施计划。随着加强教师队伍建设的一系列举措，"教师发展中心"的建立和发展问题进入高校管理者的视野，并逐步成为关注的热点。

---

* 国际关系学院。

本文旨在针对青年教师的特点、工作中容易出现的问题和其承受的压力，以及需要的指导和帮助等方面进行分析，从而对"教师发展中心"的定位、工作职责、注意的问题等进行探索。

一、高校青年教师的成长压力点

随着高等教育的迅猛发展，为了缓解生师比的巨大压力，各高校近年来不断引进青年教师对师资队伍进行补充，青年教师（35 岁以下）在教师队伍中的比重大幅度提升。

青年教师的加入为高校师资队伍注入了新鲜血液，成为一支生力军。目前，国内一流高校的新进青年教师基本都是刚从学校毕业的博士研究生。以国际关系学院近三年新进教师为例，在入职的 20 位专任教师中，17 人具有博士研究生学历，2 人具有硕士研究生学历。也就是说，该校95％的新任教师具有研究生以上学历。他们受过系统的专业教育，掌握一定的专业知识和技能，具备一定的科研能力，学习能力强，综合素质较高，可以说青年教师的教师职业发展有着良好的基础。但同时，青年教师也面临着许多问题，承受多方面压力。

（一）来自教学工作的压力

目前的青年教师队伍中非师范专业毕业生占有相当大的比例，而他们中的大多数又是从大学毕业直接走上讲台，经历着从学生到教师的角色变换。青年教师一方面对教学工作充满了热情，另一方面由于教学实践和教育经验的不足，他们从教案的编写、教学方式方法的选取，到对课堂的驾驭能力都有所欠缺，课堂效果往往难以达到自身期望。

通过对国际关系学院近三年教学评估中青年教师的评估成绩和学生评语进行分析，发现青年教师在教学上的问题集中在以下三个方面：

1. 教学内容。青年教师容易将过多的精力放在那些易受学生追捧的、与时事紧密相连的热点，而忽略一门课程、一个学科的完整知识体系建构，本末倒置，导致学生上课"听热闹"，下课"犯迷糊"，在教学评估中落得"叫座不叫好"。此外，"眉毛胡子一把抓"也是青年教师在教学内容安排上容易出现的问题。他们总是觉得学生"什么都不懂"，担心造成学生的知识漏洞，以至于教师每节课都在不停地讲，学生在不停地记。什么都是重点，也就导致什么都不突出。到头来，学生反映"不知道老师都在讲些什么，什么也没记住"。

2. 教学方式方法。有些青年教师为了迎合学生"猎奇"心理，有意在教学中运用偏激的、消极的观点来阐释问题，以期吸引学生眼球，引起共鸣，从而在一定程度上背离了教学的严谨性和育人性。殊不知在信息大爆炸、地球村落化的今天，学生们在猎取"碎片化"信息的同时，也在不停地自我合成"事实的真相"。老师的"过激"言论在他们看来不过是"浮云"。这种教学方法对于教师自身教学成长也意义不大。

3. 教学态度。个别青年教师将过多的时间和个人精力用在完成科研任务量上，影响到本职工作，对教学工作有"敷衍"之嫌，致使学生对教师的课堂表现和课外反馈都不满意，从而产生了科研成果"全面丰收"，而教学评估成绩"一片惨淡"的强烈反差。

（二）来自科研任务的压力

教学和科研是高校的两个中心。有人说"教学是高校的生命，科研则是高校的灵魂"，二者相辅相成、缺一不可。具有高学历的青年教师，应该成为高校科研队伍的生力军，但是青年教师科研能力的开发也面临着一些问题：

1. 科研成长环境差，缺少"领路人"。青年教师由于其年龄、知识、阅历、经验的局限，科研和学术的基础相对薄弱，刚进入工作岗位，大都缺乏科研选题、课题申报等方面的技巧和经验。由于缺乏学术带头人和课题组织者，青年教师在科研上基本靠自我摸索，客观上造成青年教师成功申报并完成高质量课题的机会减少，挫伤了他们的科研积极性。

2. 教学任务重，新开课程多，科研精力有限。一般来说，青年教师每学期都会承担 2～3 门课程，个别教师的单学期新开课程数甚至达到 4 门。面对繁重的教学任务，在全身心保证课堂教学质量之余，青年教师从事科研工作的精力委实有限。

3. 对科研工作认识有误区，科研积极性不高。由于知识结构和经验问题，青年教师往往将教学和科研工作分割开来，看作是完全不同的工作内容。一些教学型教师更是将科研任务看成是巨大额外负担。事实上，教师通过科研能够丰富教学方法和手段，并有效提升教学水平和教学高度。教学和科研完全可以做到相互促进，协调发展。

（三）来自心理方面的压力

高等学府是高学历人才最为集中的地方，处于激烈竞争中的青年教师无疑承受着巨大的心理压力。这些心理压力源自教学评估、科研成果、个人专业方面、职业生涯规划、人际关系处理及师生交流尺度的把握等等。诚然青年教师由于其年龄、经历、教育、职业等方面因素，面临的心理压力各有不同，但主要体现在自我期望值与现实的差距造成自卑与不安，以及处理人际关系上的能力欠缺影响到自我和他人之间的相互认可、评价和支持，从而陷入自我价值认知恐慌和焦虑的状态。

作为教师队伍里的"职场新人"，青年教师出现这样或那样的问题实属正常，高校管理者应该给他们一定的时间和空间，创造条件帮助他们熟悉教学、科研工作，掌握应具备的技术和能力，进行合理的职业生涯规划，并为他们提供良好的成长氛围。随着高素质青年教师队伍建设日益高涨的需求，单凭固有的"职前培养、准入、职后培训"系统显然已经难以达到要求。"教师发展中心"责无旁贷地承担起提供家园式成长辅导和服务的重任。

二、教师发展中心的建设思路

教师发展中心最早诞生于 1962 年的美国密歇根大学，并于 1990 ~ 2010 年在全美高校普及开来，其目的在于促进教师发展。美国高等教育专业和组织网络（POD）对"教师发展"有这样的定义：教师发展一般指集中于单个教师发展的项目。这种项目的重点普遍都集中在作为教学者的教师……（它认为）教师是推动院校发展的驱动力，因此，帮助他们尽可能多地作出成就，将会使院校整体也取得更多的成就。

我国现有的教师教育仍然是以教师职前培养为中心的一次性教育，缺乏连贯性和持续性。"教师发展中心"则着眼于教师的持续性发展，为教师的专业发展提供持续的多维度支持。

（一）"教师发展中心"性质的定位

由于"教师发展中心"的建设还处于起步阶段，其性质是管理机构还是服务机构，在我国教育界尚无定论，需要各学校依据自身情况定夺。但是基于目前师资队伍建设现状，特别是青年教师培养需求判断，一个服务型的教师发展中心应该更加切合实际。应该认识到，教师来到中心的目的是寻求辅导和帮助，而非接受管理。正是基于这种共识，国内高校已建立的"教师发展中心"大都进行了服务型定位。

（二）中心工作职责和内容的确定

"教师发展中心"的工作职责和内容应围绕着教师，特别是青年教师在教学、科研和心理等方面的成长需求展开。"教师发展中心"应充分发挥服务作用，通过举办新教师教学、科研培训，教学、学术沙龙、研讨会，教改成果推广和新教学技术研讨班和圆桌会议等形式多样的教学科研辅助活动来辅导青年教师成长。具体如下：

1. 配合教学管理部门，为新教师、研究生助教提供教学基本技能培训。教学基本技能培训的管理层面在学校的教务部门。"教师发展中心"负责具体组织和实施，通过邀请校内外各级名师对青年教师的教学、实验课讲授、备课、课堂驾驭、教学方式方法等方面进行不同专题的指导。指导形式可多样化，如讲座、座谈会、研讨会、茶话会、沙龙等。名师培训，一方面有效提升青年教师培训的层次，另一方面也进一步发挥教学名师在教学工作中的引领示范作用。此外，通过建立教师教学发展中心网络平台，建设有关教师专业发展的共享资源，可以为教师运用现代教育技术进行教学提供条件与帮助。

2. 进一步发挥教学督导作用，对青年教师进行指导。高校教学督导制度已经日臻成熟，教学督导在新教师培养过程中发挥着不可或缺的作用。相对于教学督导的其他工作内容（期末试卷审查、毕业论文督察等），对青年教师，特别是新教师、新开课的督导工作，重点在一个"导"字。教学督导基本上都是已经退休的教授。他们无论在教学、科研还是教师职业生涯规划上都阅历丰富，有着高深造诣。督导们往往随堂听上一、两次课，就掌握了青年教师的教学特点和问题。他们乐于帮助和辅导青年教师，将自己多年的工作经验与青年人分享。但青年教师碍于"人微言轻"，普遍对教学督导心存畏惧，不敢主动交流。因此，"教师发展中心"应该多组织教学督导与青年教师座谈活动，为双方的自由交流创造机会和条件。

3. 组成一支稳定的青年教师导师队伍，加强"传帮带"。目前，很多高校正在致力于建立青年教师导师制，积极发挥资深教师的传帮带作用。选拔那些学科知识扎实、教学经验丰富、教学能力突出的优秀教师担任导师。为切实保证指导效果，导师与青年教师通过双向选择的方式确定指导与被指导关系。导师从思想、教学、科研等方面对青年教师进行全面指导和多方帮助，为培养青年教师提供多方支持和有力保证，促使青年教师尽快过好教学关、科研关和育人关。实际上，在辅导青年教师的过程中，导师也在不断的自我学习和成长。青年教师和指导教师的组合，是一种"以老带新、以新促老、共同发展"的合作机制，是教学团队建设的关键一环。此外，除了固定的指导教师，部分高校的"教师发展中心"还聘请校内外专家组成教学指导专家组提供咨询服务，为需要的教师提供教学咨询、诊断与建议，进行个别辅导和帮助。

4. 协助举办教学竞赛活动，以竞争促成长。"教师发展中心"协助教学部门开展各种教学竞赛活动，使其中的优秀分子脱颖而出，让青年教师在竞赛中互比互学，共同进步。教学竞赛活动可包括青年教师授课比赛、专业技能竞赛、课件制作比赛、现代教育技术应用、课程改革等。

5. 开展科研促进活动，搭建跨学科交流平台，促进青年教师间的学科交叉。"教师发展中心"应在学校科研管理部门的指导下，及时向教师提供各类科研项目申报信息，并邀请各类科研项目的专家学者举办讲座，开阔视野，开拓思路。在为教师提供科研资讯和辅导的同时，"教师发展中心"还要搭建起一个可以跨学科交流的平台，以促进青年教师间的交流和学科交叉。美国密歇根大学教师发展中心有一个鲜明的特点——让教师们在舒适的环境中充分交流沟通，分享自己的想法。不同学科的大学教师可以在这里讨论共同感兴趣的问题。多学科交叉融合往往是重大创新的突破点。社会需要高校培养创新型人才。要培养学生的创新品质，教师首先应具备强烈的创新意识。跨学科的交流能够为教师相对单一的专业思维带来"头脑风暴"，碰撞出火花，激发创新性理念的形成。

6. 硬件、软件共同建设，努力打造宽松、融洽、温暖的家园氛围。"教师发展中心"通过形式多样的服务，营造宽松融洽、和谐共处的群体氛围，让青年教师感到温暖，将中心真正当成可以依靠的"家园"。在师德建设方面，"教师发展中心"更要发挥独特作用。通过组织各种喜闻乐见的活动，同时发挥督导、导师、教学名师的示范作用，做到"春风化雨，润物无声"。在硬件建设方面，"教师发展中心应充分发挥"在室内装潢、家具摆设上也应尽量采用轻松活泼的风格，以营造家园氛围。

（三）运行过程中需要注意的问题

作为服务机构，教师发展中心的良性运行有赖于校领导的高度重视，人事、资金上的支持，其他职能部门的密切配合，以及自身管理制度的健全。

1. 学校高度重视。作为教师培养体系的有机组成部分，"教师发展中心"的工作离不开学校，特别是校领导的高度重视和全力支持。这样才能将"教师发展中心"的建设工作纳入师资队伍建设的总体规划，从而探索建立健全教师发展活动与学校其他工作有效衔接的工作机制和运行制度。

2. 完善组织机构。高校要依托教学管理部门，积极建立规模适当、富有特色的教师发展中心，并在人员配备、经费支持、办公条件等方面保障到位。中心工作人员可以专兼结合，形成稳定的工作队伍，并对工作人员进行相应培训，提高中心人员的专业化和职业化水平。

3. 健全运行管理。中心应建立自身的管理制度，制定岗位职责，明确人员分工，提高整体运行效率，并制定自身监督体制，保证服务质量。

4. 加强协调沟通。中心的运行工作一定要依托学校的教学、科研工作，加强与相关职能部门的协调和沟通，在教学管理部门的指导下，对服务项目进行规划、设计和管理，促进教师发展（见图1）。

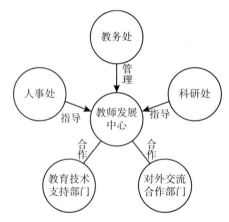

图1　"教师发展中心"与学校其他相关部门交互关系图示

5. 设立专项经费。学校应为"教师发展中心"的建设提供专项经费，提供硬件支持以及相应的政策保障，以利中心工作的持续发展。

"教师发展中心"在我国高等教育界尚属新生事物，其运行机制尚不健全，需要各高校较强交流，通力合作，探索符合中国高校教师发展要求的"教师发展中心"建设途径。

参考文献

[1]［美］康斯坦斯·库克. 提升大学教学能力——教学中心的作用［M］. 浙江

大学出版社，2011.5.

　　[2] 彭苏三. 美国教师教育的新发展："城市教师驻校模式"及其对我国的启示 [J]. 外国教育研究，2012（8）.

　　[3] 秦华. 论创新型人才的培养与高校教师角色的转换 [J]. 教育与职业，2008（7）.

　　[4] 史彦虎，辛志勇. 试论高校文科青年教师的特点及应注意的问题 [J]. 太原理工大学学报（社会科学版），2001（3）.

　　[5] 王燕，张立. 高校青年教师的特点及培养途径探讨 [J]. 高等教育研究，2011（6）.

　　[6] 徐新阳，韩斌，刘一. 高等学校青年教师培养的探索与实践 [J]. 中国高校师资研究，2011（2）.

　　[7] 严小丽. 高校青年教师转型面临问题分析与解决对策 [J]. 上海工程技术大学教育研究，2006（4）.

　　[8] 张年国. 高校青年教师科研能力培养的问题及对策分析 [J]. 当代教育论坛，2008（8）.

以国家安全为核心
不断凸显专业特色

李文良*

【摘　要】国际关系学院以国家安全为核心，加强对国家安全的教学和研究，逐步形成了自身专业发展特色，主要表现在国家安全课程充实，教学方法多样、教学科研团队实力强、课程教材建设领先、科研成果丰厚。

【关键词】国家安全；专业特色；教学科研

作为一所"小而精"的特殊高校，国际关系学院为北京市及全国各行各业输送了大量具有国家安全理论知识和管理技能的优秀人才，对于维护首都社会稳定和国家安宁做出的一定贡献。这一切都是与国际关系学院的办学理念和专业建设以"国家安全"为核心密切相关。

一、以"国家安全"为核心是时代迫切要求

虽然自从国家产生时起，国家安全问题就随之而来，甚至普通百姓也对国家安全负有责任即"国家兴亡，匹夫有责"。但由于受生产力、认知水平等因素的限制，人们仅仅从军事安全层面来理解国家安全问题，认为只要加强国防建设，研发一流武器装备，创建高水平军队，构建强大的国防系统，就能够确保国家安全。第二次世界大战，特别是冷战结束后，和平与发展成为时代主流。随着经济全球化的日益增长和信息化技术的蓬勃发展，世界各国经济联系出现"你中有我、我中有你"一体化格局，世界成为"地球村"。构成危害国家安全的因素也随着时代发展而发生了显著变化，恐怖主义势力、极端主义势力和分裂主义势力以及全球性的自然灾害已代替军事侵略、武装占领等军事因素成为影响国家安全的重要因素。

---

* 国际关系学院公共管理系主任。

为此，面对传统国家安全和非传统国家安全因素相互交织的复杂态势，特别是美国战略重心东移且高调介入南海问题给我国国家安全造成巨大挑战，国际关系学院以国家安全为核心，加强对国家安全的研究，特别是对大学生进行国家安全理论教育及国家安全管理能力提高势在必行，义不容辞。

二、"国家安全"课程设置及教学方法

目前在国际关系学院给本科学生开设涉及国家安全方面的通识课和专业课有：《国家安全学》、《国外情报机关评价》、《国外间谍机构发展史》和《国家安全管理学》等课程。主要采取以下方法进行授课，取得了良好课堂效果。

1. 系统讲授与重点讲授相结合的方法。使用此方法的目的，是为了让学生既能够全面掌握本课的知识点，能够"全方位认识国家安全"，同时又能够使学生很好地理解和掌握重点问题、难点问题。

为了使学生对本课知识有系统性了解和掌握，我们讲解国家安全研究对象时，对国家安全课程包括的主要内容进行全面展示，并通过 PPT 课件展示使学生能够比较形象直观地了解当代国家安全包括的主要问题，从而在头脑中形成一个当代国家安全各方面有机联系的全景图，从而为以下章节的系统讲授奠定基础。

为了使学生能够比较深入、准确地掌握重点问题和难点问题，我们在各章节之间平均分配课题，而是对普通章节略讲，对有重点和难点章节细讲，从而使学生通过课堂学习在头脑中对重点和难点问题留下深刻印象，并结合考察考试进一步强化学生对重点和难点问题的掌握。

2. 古今中外归纳概括法。由于没有现成的课本和材料可供借鉴，因而我们通过归纳概括古今中外有关国家安全的历史和现实材料以及已经有的理论材料，来构建一个理论结构合理、逻辑论证严密、历史材料丰富、时代特色鲜明教学体系。各位老师也尽力把这一方法运用到自己的备课实践中，运用到课堂讲授中，以期使自己讲授的有关章节具有丰富的内容、严密的逻辑，取得了良好效果。

3. 明确概念的逻辑方法。由于有关"国家安全"方面的课程都是新兴学科，因而有一些概念是过去其他学科没有深入讨论过的（例如"安全"、"国家安全"、"政治安全"、"主权安全"等），甚至是以前从来没

有出来过的（例如"国民安全"、"科技安全"、"生态安全"、"国家安全保障体系"、"国家安全观"、"国家安全战略"、"情报与反情报"、"间谍与反间谍"等），因而在备课和讲授时，为了深入讲解某个问题或某个概念，我们甚至把研究这些问题时的逻辑思维过程和论证过程严密地展示给学生，以期用逻辑力量征服学生，用逻辑力量强化国家安全学这门新兴学科的科学性。

4. PPT 课件教学法。本课程每位教师都制作了丰富的 PPT 课件，朱红勤老师的课件"领土与国家安全"曾在国际关系学院首届教师多媒体课件教学比赛中荣获一等奖。课件的运用使许多抽象理论得以形象展示，促进了学生对理论问题的理解。

5. 网络实时教学。为了使学生掌握有关国家安全的现实问题，在适当的时候，针对适当问题，我们网络新闻和材料进行教学，对提高学生兴趣和自学积极性起了很好作用。

三、整合资源，形成国家安全教学科研团队

对国家安全基本理论的研究及对国家安全领域的热点、难点问题追踪，历来是学校教学科研人员的热衷和偏好。早在 20 世纪 90 年代中期，学校教师就着手国家安全学科建设和国家安全理论研究。通过逐年扩大，目前形成了一支结构合理、教学效果好、科研水平高的师资队伍，现有 30 名教师。其中具有高级职称的教师占 75%，全部具有硕士以上学历。形成了《国家安全学》教学团队和《国家安全管理学》教学团队。

为了整合全校的国家安全科研力量，学校于 2004 年 12 月挂牌成立了"国家安全战略中心"（现更名为"国际战略与安全研究中心"），该中心全面协调和统筹学校有关国家安全的研究工作，为全校教师从事国家安全研究创造了必要条件。该中心除了举行年度国家安全论坛外，还把"中国国家安全年度概览"作为其重要科研课题立项并一直坚持至今，共陆续组织编写了《2005 年中国国家安全概览》、《2006 年中国国家安全概览》、《2007 年中国国家安全概览》、《2008 年中国国家安全概览》、《2009 年中国国家安全概览》、《2010 年中国国家安全概览》、《2011 年中国国家安全概览》。概览以中国国家安全为中心，以国际安全和国内安全为视角，全面追踪透视年度中国国家安全的重点、难点和热点问题，准确把握年度中国国家安全发展态势，集中国国家安全年度报告和中国国家安全资料宝库

于一身，既可以为普通读者了解中国国家安全概况提供便捷清晰的资料信息；又可以为专家学者深入探究中国国家安全战略和发展提供了丰富的学术大餐。

四、"国家安全学"课程的教材建设

20世纪90年代中期，在主管部重点科研立项的强有力支持下，国际关系学院开始进行国家安全类系列教材建设，并在内部陆续印行其他类型国家安全专业教材后，编写完成了《国家安全学基础》教材。2002年，主管部内部出版国际关系学院教学科研人员编写的《国家安全学基础》。与此同时，原来的《国家安全概论》更名为《国家安全学基础》，列为全院本科生的必修课。为此，还组建了专门的国家安全教研室和资料室。同年，刘跃进教授牵头的国家安全教材研究和编写工作获"北京市高等教育精品教材建设立项（项目）"支持。2004年，由国际关系学院教学科研人员为主体编成的《国家安全学》教材由中国政法大学出版社出版发行，成为国内第一部公开出版发行的国家安全学教材，不但填补了国内学科建设的空白，而且也为国家安全研究奠定了理论基础。同年，课程名称由"国家安全学基础"改定为"国家安全学"，仍被列为全院本科生的必修课，由政治理论教研部"国家安全学教研中心"承担教学任务，刘跃进担任国家安全学教研中心主任。2006年，学院把"国家安全学"列为院级（校级）A级精品课，拨款5万元予以支持。同年，《国家安全学》被北京市教育委员会评为"2006年北京高等教育精品教材"。2008年，《国家安全学》获中共北京市委、北京市人民政府授予的"北京市第十届哲学社会科学优秀成果二等奖"。同年，由刘跃进教授牵头的"精品通识课'国家安全学'体系建设"，被国际关系学院推荐参评"2008年北京市教育教学成果奖（高等教育）"，并已被北京市教委评为"2008年北京市教育教学成果二等（高等教育）"，即将由北京市人民政府授奖。另外，预计2010年12月，由李文良编著、吉林大学出版社出版的《国家安全管理学》（已签订出版合同）也会与读者见面，届时希望能为国家安全学科建设和国家安全理论研究添砖加瓦，贡献微薄之力。最值得一提的是学校不幸英年早逝的陈东同志，他耗费大量心血所著、2010年由上海三联书店出版的《情报预测论》在学术界、教育界、实业界产生了广泛影响，并被一些高校的相关专业选作教材。

五、"国家安全"教学科研效果

1. 丰富了国家安全理论体系。主要表现在：一是探究了有关国家安全的基本概念。国家安全基本概念是国家安全基本理论的基石。在教学中通过诸如政治安全、经济安全、文化安全和社会安全等一些基本概念探究和把握来揭示国家安全的基本理论内容。二是探究了有关国家安全的基本理论。国家安全基本理论是国家安全理论体系的重要组成部分，为此，在教学中通过探讨国家安全基本理论，如国家安全主体理论、国家安全行为理论和国家安全关系理论来不断丰富国家安全管理理论体系。三是逐步完善有关国家安全理论体系。构建一门学科的理论体系不是一朝一夕能够完成的，也不是几个个人凭借几本教材所能做到的。我们试图通过对国家安全的基本概念和基本理论进行深入细致的研究，逐步构建和完善国家安全理论体系。

2. 为国家安全管理提供了一定的理论支撑。人类社会进入现代社会以来，由于人们认知能力的提高和认知工具的不断发展，各学科的理论体系日益完善，理论的功能和价值在一个国家中的政治、经济和社会发展过程中越来越凸显出来。国家安全理论的功能也是如此，随着国家安全理论体系的日臻完善，为国家安全管理提供的理论支撑必将越来越夯实。

3. 在通识课中开设"国家安全"课程，把思想政治教育的普遍做法和规律，与国际关系学院特殊的具体情况相结合，是我院做好学生思想政治工作的一个新思路、新举措，经过多年实践，取得了良好效果，不仅在校生有积极的良好反映，而且已经在相应部门工作的毕业生也反映对其工作具有积极的促进作用。另外这一做法具有一定的辐射作用和推广价值，可以在不断改革和完善高校思想政治理论课程和思想政治教育过程中，对其他高校特别是公安政法军事类高校起到一定的参考作用，甚至可以通过教育主管部门循序渐进的工作，使"国家安全学"以各种不同形式进入高校特别是公安政法军事类高校的思想政治教育工作和课程序列中。

4. 科研成果丰富。全校国家安全教学科研团队的教师不断加大对国家安全理论的研究，近五年，共发表与国家安全有关的论文 150 余篇，撰写著作、教材等 10 部，承担主管部级课题 10 余项。

知识经济时代大学英语
教学的创新理念

沈文香[*]

【摘　要】在现代经济增长中，知识与技术的贡献越来越大，作为知识发源地和集散地的大学，影响和引导着知识经济发展的方向和进程。英语教育要随着时代而变化，教育观念与思想要进行改革，改革方向必须以教育理念的革新为导向。

【关键词】知识经济；英语教学；教学改革

在现代世界经济增长中，知识与技术的贡献越来越大，知识要素正在成为制约经济发展的关键要素，"以知识为基础的经济"蓬勃兴起。"知识"是人类生存发展过程中所积累的生产、生活及管理等各方面的知识，"知识经济是以知识为基础的经济"，其内容既包括知识生产、研究开发、高新技术产业化，也包括人力资源的开发和利用，同时还包括教育与培训、知识市场的运作等。它强调了知识要素在各种经济要素中的突出地位，强调了知识要素对社会生产的不可替代性和应用的普及性。作为一个新的经济形态，知识经济的资源结构和产业结构都不同于以往的经济发展阶段，经济基础和增长的动力机制也赋予了新的内容。迎接知识经济、应对知识经济的挑战，是高等教育面临的一项重要任务。

一、大学英语教师的国际化视野是发展知识经济的前提

高等教育不仅仅是公益性的事业，也是服务性的产业，其服务性主要体现在知识性方面，知识经济时代的一个特征是知识的使用周期将缩短，知识的现实应用性增强。知识性产业是发展知识经济的基础产业，是发展知识经济的主力，是从纯教育事业中裂变出来的教育产业，是教育功能的

＊　国际关系学院。

一次革命性变革，它为各行各业源源不断地输送新鲜血液。知识经济时代是伴随着信息社会化、全球化时代而到来的。我国高等教育现在已经跨越传统模式中的制度和地域界线，实现了跨国发展。知识全球范围的即时传播和应用，人才全球范围的流动与竞争，知识化产品全球性的合作生产、竞争和行销，科技与文化全球化的交流与合作等，全球化已成为知识经济的重要特征。

　　教育功能是教育能满足主体现实和未来需求的一种表现形式，从高等教育发展的历史看，大学的功能是随着科技和经济发展的需要不断地进行着选择与创新，随着知识经济的到来，高等教育对社会经济发展的作用主要是通过"功能系统的重构"来进一步确立高等教育的新功能并催生知识经济的发展。在知识经济时代，国民素质的高低，掌握知识的程度，拥有人才的数量，以及知识创新和技术创新的能力，对一个国家、一个民族在国际竞争能力和世界格局中的地位至关重要。作为知识发源地和集散地的大学，开始从社会边缘走向社会中心，影响和引导着知识经济发展的方向和进程，这对高等学校既是机遇，又是挑战。

　　未来的大学是无国界教育，知识经济要求教育在空间的拓展上呈现为国际化的趋势，大学教师在教育思想和学术研究上要具有国际水平。因此，大学英语教师应当经常走出国门，在广泛的国际性文化交流中不断提高自身素质和学术水平。美国未来学家托夫勒认为：知识经济的内驱力是在不断的变化中进行创造，而知识经济的生命力则是在创造中不断变革自我、更新自我、超越自我。从发达国家的情况看，高新技术产业从业人员一般要求高中毕业后接受两年专业训练，其中 1/3 须具有大学学历，从事研究开发的人员比传统产业高出 5 倍以上。因此，大学要把培养具有创新精神和创造能力的人才作为办学宗旨。我们的大学，应当在继承历史上优良教育传统的同时，学习和借鉴世界上一切先进的教育思想和教育方法，特别是继承发达国家培养学生创新能力的做法。在教学中，不仅向学生传授已有的知识，更要引导学生善于站在前人的肩膀上，去探索未知的领域；不仅让学生接受现成的答案，更要引导学生开阔思路，去寻求解决问题的新途径；不仅向学生传授理论知识，更要教会学生掌握驾驭知识、实现知识价值的方法和手段；不仅随时为学生引进新的教学内容，更要及时淘汰那些已经陈旧过时的内容，避免教育资源的浪费；不仅教导学生虚心好学，更要鼓励学生充分开发自己的潜能，使整个教育过程自始至终贯穿着变化与创新这条主线。

二、大学英语教育要处理好知识经济时代三大主体的新关系

我们把与大学英语教学直接相关的人群分为三大主体：一类是本土教师，一类是外籍教师，一类是学生。三者之间的主要纽带便是英语教学。

作为本土教师，其主要的教学任务是将已有的知识进行整合、归纳，并采取一定的方法将这些内容传授给学生。在大学英语教学中主要还是沿袭着一种"家长制"的"填鸭式"教学法，学生被培养成"继承式"人才。大学英语教学一直在进行改革，要求教师在教学中由传播者转变为引导者，这虽然对本土教师的传统教学观念起到了一定的效果，但其依然受到传统教学模式的严重影响。

为激发学生学习兴趣，给学生创造一个接触地道英语的机会，许多大学都在引进外籍教师，开设第二口语课堂。外教已经成为大学英语教学中一个重要的组成部分，其主要作用是为辅助传统英语教学，弥补本土教师教学的不足，让学生更直接地接触外国文化，了解英语地道的使用方法。但在实际的教学中，外教的作用并没有被合理的发挥，许多外教在上课时没有明确的教学目的，课前不进行准备，随意性大，没有系统性。外教相对于本土教师的思想是新颖的，授课的趣味性很强，课堂上总会不时传出学生们愉快的笑声，但课后总结时却发现学生其实并未学到实质性的东西。

在经历了快乐的小学、懵懂的中学和严酷的高中生活后，许多怀揣梦想的学生步入了期盼已久的大学，刚刚开始的大学生活对他们来说是充满吸引力的，但当他们第一次走进大学英语课堂时，还是让他们有些摸不着头脑。英语的第一堂课大家都会被告知大学期间会有两个很重要的考试——CET4 和 CET6，而这两个考试也成了日后学生的英语学习动力，为应付考试而学习的心态越来越严重。学生并没有变成学习的主人，而是一直被学习奴役着。

在旧的教学模式下，本土教师、外籍教师、学生的关系是相对独立的。首先是本土教师与外籍教师之间：由于原有的教学模式将普通的英语课程与外教课程的教学成果分别进行评价，无论是在教学计划还是教学内容上二者都没有实质的联系，这就导致了本土教师与外籍教师之间缺少足够的沟通和了解，给学生传授的知识没有衔接性。其次是教师与学生之间的关系：在我国，不论是本土教师还是外籍教师，其教学成果直接反映在

学生的分数上，而不是学生本身。为完成教学任务、取得良好的教学成果、得到学校的认可，教师会积极地采取措施督促学生学习。学生角色好像变成了教师获取荣誉的工具，而不是学习的主体。

三、应对知识经济的挑战，大学英语教育理念需要创新

随着知识经济时代的到来，知识信息在社会各方面的地位得到提高，无论是经济发展或是时代进步，都必须依赖着知识这一基本的生产要素。在以知识为基础的时代里，知识便是推动经济发展与时代进步的核心力量，各行各业都面临着新的改革。外语教学过程，同样面临知识更新的重大问题，从而也引起英语教育的改革，通过改革，才能有效地培养出适应新知识时代变化要求的人才。

英语教育要随着时代而变化，必须与时俱进。首先，是教育观念与思想的改革，在这个以创新为灵魂的知识经济时代，英语教育的改革方向必须是以教育理念的革新为导向。只有在教育理念进行创新性变革的情况下，英语教育机制才有可能得到实际的革新，教学质量才得以提高。知识经济的发展使英语教育迎来划时代的变革，只有革新传统的英语教育理念，树立起适应新知识时代要求的教育观念，才能从根本上改革英语教育模式，从而进一步进行英语教育方式与手段的细化，实现教育多元化，切实以学生为出发点，提高学生的英语综合素质。

英语教学也面临着探索新方法，摸出新路子的重大问题。要彻底扭转过去那种"老师讲，学生听"的英语教学方法。教学过程中，必须坚决贯彻"少讲多练，精讲实践"的方针。教师要善于利用现代化教学手段，尽量让学生多看反映外国实际国情的录像，多听外国专家的原装录音，多看表现外国社会政治、经济、文化及风土人情的电视，为学生创造学习英语的良好环境。作为大学英语教学中的三大主体——本土教师、外籍教师和学生的关系也应该由单独奋战改为团队合作，团队的特点是要求成员在追求自我的同时要有共同的目标，团队不仅要求个人的成果，更强调团队的整体业绩，三大主体之间不应是独立的分支，而是团队合作的关系。在以创新和人才为特色的知识经济时代，大学英语教学的改革和创新还有很长的路要走，对于全球经济一体化的今天，合作已成为一个民族繁荣富强必不可少的要素。教学中的合作并不是磨灭了对教师的尊重，而是更强调各个主体在教学中的重要作用，这与以往强调学生的主体地位有所不同，它

不仅突出了学生在学习中的主体地位，更突出了学生在教学中的主体地位，同时教师也成了学习的重要组成部分。

参考文献

[1] 陈雪. 大学英语教学新模式中教师角色转变的思考［J］. 教育探索. 2011 - 05 - 25.

[2] 王喆. 创新"团队式"教学模式，提高专业教学质量［J］. 职业. 2011 - 08 - 15.

[3] 范方芳. 大学英语教学中大班教学问题的思考［J］. 中国校外教育. 2010 - 03 - 20.

[4] 卓杨. 普通高校大学英语教育的回顾与反思［J］. 现代教育科学. 2011 - 11 - 20.

[5] 刘旭亮. 试论如何发挥外教在大学英语教学中的最大效益［J］. 海外英语. 2010 - 06 - 15.

关于外交学院拔尖创新人才培养的几点思考

韩银安*

【摘　要】培养拔尖创新人才，是新时期国家对我国高等教育发展和人才培养提出的迫切要求。高校在拔尖创新人才培养过程中本科教育是基础，当前高校正在积极探索拔尖创新人才培养新模式。外交学院始终坚持特色办学理念，注重培养具有创新能力的高素质、复合型人才，在特色行业院校中享有较高声誉。

【关键词】本科教育；拔尖；创新

从《国家中长期教育改革和发展规划纲要》（2010～2020 年）可以看出，培养具有创新精神和创新能力的高素质拔尖人才，是新时期国家对我国高等教育发展和人才培养提出的迫切要求。2010 年 7 月 13 日，在全国教育工作会议上，胡锦涛主席明确指出："着力培养我国现代化建设需要的各方面人才，特别是要高度重视培养拔尖创新人才。"显然，培养拔尖创新人才成为高校当前所面临的一项重要任务。

一、高校积极探索拔尖创新人才培养新模式

（一）高校拔尖创新人才培养刻不容缓

人才培养是高等学校的根本任务。美国基础研究主要集中在大学，1901～2000 年的 100 年间，美国共有 204 人获得诺贝尔科学奖，有 170 人是大学教授。我国科学技术落后的主要原因是缺乏创新型的大师级人才。①2006 年 1 月 9 日，国家主席胡锦涛在全国科技大会上宣布要在 2020 年基

＊　外交学院教务处副处长。

①　杨德广. 进入大众教育阶段后的中国高等教育面临的 10 个问题［J］. 上海师范大学学报（哲学社会科学版），2011（3）：44.

本实现创新型国家的战略目标，这就必须有大量的拔尖创新人才作支撑。显然，在高等学校中深入探索拔尖创新型人才培养新模式是时代所赋予的高等学校神圣使命。能否培养出拔尖创新人才将是衡量一所大学办学水准的重要指标。

（二）高校拔尖创新人才培养中本科教育是基础

我国高校在人才培养上存在"平而不尖"的问题，"为什么我们的学校总是培养不出杰出人才？"这是著名的"钱学森之问"。培养拔尖创新人才传统教育模式显然难以胜任，本科阶段是高等教育的起始阶段也是打基础的最佳时机，关系到人才培养的成败。美国的高等院校非常重视开设通识课程和人文课程，培养兼容并蓄、锐意创新的校园文化氛围。拔尖创新人才通常具有两个最基本的特征：一是宽阔的学术视野，二是创新性的思维品质。①

外交学院在秉承"凝练特色、强化优势、彰显品牌"的办学理念基础上，目前正在本科教育中积极探索以能力、素质和创新为培养核心的教学新模式，着重打造强外语、通专业、高层次的外交外事领域优秀人才。

（三）一些研究型大学在拔尖创新人才培养方面率先进行了积极探索

北京大学从 2001 年推出元培计划，培养目标是培养具有国际视野、在各个行业起到引领作用、具有创新精神和实践能力的高素质人才；清华大学 1998 年创办数学—物理基础科学班，2003 年开办"化学—生物学基础科学班"，2005 年又推出"人文科学试验班"、"社会科学试验班"，2009 年开始实施"清华学堂人才培养计划"，以培养学生将来成长为相关学科领域的领军人物，并跻身国际一流的学术队伍为培养目标；中国人民大学 2003 年建立人文社会科学领域拔尖创新人才培养实验班；浙江大学 2000 年成立竺可桢学院对优秀本科学生实施"特别培养"和"精英培养"；四川大学 2006 年成立吴玉章学院对优秀本科生实施拔尖创新人才培养；上海交通大学 2010 年创办了"致远学院"，目标定位为培养创新型领袖人才；② 南京大学 2006 年成立了"匡亚明学院"。

---

① 马廷奇. 交叉学科建设与拔尖创新人才培养［J］. 高等教育研究，2011（6）：74.

② 张杰. "三位一体"培养创新型领袖人才［J］. 国家教育行政学院学报，2010（10）：4.

　　外交学院是外交部所属的文科类外语院校，把培养高层次外交外事人才作为办学目标。确立了以外交为主导学科，以外语为优势学科，形成了国际法、国际经济等多涉外学科相互支撑、优势互补、外交方向鲜明的学科体系。努力培养思想好、专业基础扎实、精通外语、知识面宽、实际工作能力和研究创新能力强的高素质、复合型人才。

二、外交学院本科教育中拔尖创新人才培养的思考

（一）充分体现我国现阶段本科高等教育发展目标

　　按照国家中长期教育改革和发展规划要求，培养拔尖创新人才是高校改革的核心价值理念。高等学校应始终把培养"厚基础、宽口径、高素质、复合型"的拔尖创新人才作为本科教学的目标，致力于不断探索本科教学改革新模式，逐步形成自身鲜明的办学特色。

　　"十二五"期间，学院教育教学改革重点内容包括：专业教学英语化、全院范围内本科生导师制的实施、本硕连读人才培养模式的探索（创新试验班计划），以及实践教学改革等。进一步加强本科教学建设，不断探索培养外交外事类拔尖创新人才的新模式、新方法。

（二）专业教学英语化是培养外交、外事复合型人才的有效途径

　　学院多年来十分重视外语教学，在各本科专业设置中，一是外语教学课时占有较大比重，二是结合专业特点开设了政论类课程。目前社会上对于复合型、国际型人才的需求不断增加，在本科教学中通过专业教学英语化将有利于具有全球视野、国际竞争意识、多种综合能力的高素质复合型外交外事人才的培养。

（三）因材施教，突出个性化培养模式探索

　　目前在一些高校中提出学生要有学的自由选择权。即大学入学时不分专业，将专业的自主权给予学生，学生可以自我设计人生目标、学习计划，自由地选择专业、课程，自由地选择指导教师，充分满足自己的学术兴趣、研究志向等。高校中因材施教，积极开展个性化的教学计划和专业设置方面的探索，实行多样化的教学组织形式和方法，使每名学生都有机会选择最适合自己的学习与成长模式，显然有利于拔尖创新人才的培养。在美国

的哈佛大学、加州大学伯克利分校等高等学府允许学生围绕一个特定知识领域自主设计专业，从全校课程中选择形成跨学科的课程学习计划，经过校方审核后着手实施，完成学习计划后可被授予特别专业的本科学位。①

（四）建立灵活多样的保障机制，创造良好的育人环境

本科教育中拔尖创新人才的培养离不开灵活多样的教学管理制度和配套的保障运行机制。如围绕本科招生制度、弹性学制、学分制、导师制、主辅修制、小班制、本硕博连读制度等方面的改革与创新是必不可少的。入学不分专业涉及本科招生制度的改革；学生自主设计学习计划涉及弹性学制；突出个性化培养和制定科学合理的培养计划与方案离不开学分制、导师制等制度保障。纵观国际一流大学对本科人才的培养模式，一个显著特点是为学生提供多层次、多途径的跨学科学习机会，如设置辅修专业、双学位制等。美国斯坦福大学为本科设置的专业主修方向共66个，辅修方向则多达63个。

（五）积极探索本科教育与研究生教育贯通机制

在高等教育中拔尖创新的才培养，本科教育是基础，研究生教育是关键，必须建立本科与研究生贯通培养新模式。为了适应培养高素质拔尖、创新人才的需要，吸引优秀生源，根据教育部和国务院学位办有关文件精神，高校中陆续推出了"本—硕—博"连读制度。即选拔高考成绩优异的学生，成立某学科类"创新试验班"，学校为其提供优质培养条件，配备指导教师，给予优惠待遇，采取滚动淘汰式管理，本科毕业后免试进入研究生阶段学习的培养新模式。也可概括为"本—硕—博"连读"2+2+1+3"模式，前两年为通识教育，第三、四年为专业课程和硕士研究生课程，第五年为博士生课程（或放弃博士计划者进入硕士论文阶段），第六~第八年为博士论文阶段。

三、外交学院拔尖创新人才培养应注意的几个问题

（一）配套管理制度与措施应相互支撑

1. 创新试验班计划，应与学校推荐优秀应届毕业生免试攻读硕士学

---

① 黄景荣等．复合型拔尖人才培养体系的探索与实践［J］．合肥工业大学学报（社会科学版），2010（3）：41．

位实施办法相结合。创新试验班中本硕连续名额占学校整体推荐名额比例不宜过高，否则会挫伤普通班优秀学生努力学习的积极性。

2. 在根据学生自主选择专业配备导师过程中，也应注意师生的双向选择。在本科阶段，实施导师制。学生首先要了解导师的科研领域与学术专长，同时导师也应考查学生的基础与学习兴趣，只有这样才能做到因材施教。

3. 本科与研究生课程学习相贯通，导师的指导作用是关键。在第三、四学年为学生的专业课程和硕士研究生课程学习，原则上不会单独开班设课，学生将在导师的指导下在全院范围内选择本、硕课程。课程的选择过程中包含着学生个性化培养方案、合理的学习计划制定以及科研能力、创新能力的培养，其中导师的帮助与指导是关键。

4. 财政经费支持是保障。拔尖创新人才培养必然要占用更多优质的教育资源，离不开充足的办学经费支撑。

（二）"本—硕—博"连读制度中本硕阶段为主体

创新试验班在培养过程中往往推行本硕博连读制度，即"2＋2＋1＋3"模式，实为"金字塔型"结构，期间有分流与淘汰，本硕连读为主体，硕博连读为较高层次。为了避免出现学术上近亲繁殖现象，在本硕阶段培养过程中打好基础是关键，然后再将优秀的生源输送到其他高校或单位继续培养，形成交叉互补，往往有利于培养出复合型拔尖创新人才。

（三）创新实验班人才培养过程中应建立进退机制与中期考评制度

本着"加强基础、淡化专业、因材施教、分流培养"的思路，各大学在培养期间应实行多次选拔、滚动考核机制，能进能退、择优递补，从而保持整体培养质量和综合素质。学生在学习过程中出现以下情况将退出创新实验班的学习：受到警告以上（含警告）处分；考试成绩出现不及格情况；指导教师认为该生不具备拔尖创新人才培养条件，并且获得本专业另外两名教授的支持；学生本人自愿放弃创新实验班学习计划等。中期考评制度，包括：第七学期初进行本升硕阶段综合考评；第九学期初进行硕升博阶段综合考评。考评不合格者退出创新实验班学习，进行分流培养。

（四）为学生营造一个相对宽松的学习空间

创新能力的培养需要的是自由而不是束缚。高校在培养拔尖创新人才过程中，普遍实行了竞争性的淘汰机制。如果淘汰标准过于严格或学校为学生安排的学分过多，一些学生可能会用很多时间和精力去忙于应付这些刚性的课程安排与考试，相反他们感兴趣做的事情、自主学习的时间就会被挤占，最终不仅达不到应有的效果，学生创新思维和创新能力也会被扼杀，显然不利于拔尖创新人才的培养。

（五）鼓励本科生参与科研

从本科阶段要求学生参与科研活动，有利于培养学生掌握科学的思维方法和挖掘潜在的研究能力，对培养拔尖创新人才起到了积极地促进作用。2012 年学院推出了 94 项大学生科研创新项目，鼓励大学生参与科研，并为学生提供教师一对一的科研指导。既激发学生的研究兴趣，又培养学生的研究能力。

总之，高校是拔尖创新人才培养的重要基地，其中本科教育是基础。只有从高等教育起始阶段入手，积极探索、勇于创新，才能为拔尖创新人才培养奠定良好的教育基础，从而真正担负起国家所赋予高等学校新时期这一重要使命。

从外交学院英语专业教师发展看英语专业教学对教师知识的要求

范秀云*

【摘　要】《高等学校英语专业英语教学大纲》要求各高校英语专业培养复合型英语人才，社会的发展使得教师的角色从"教书匠"、"课程执行者"以及"知识的纯粹传授者"到"专家型教师"或"研究者"，这一切都对教师的知识及专业发展都提出了新的要求。通过对外交学院英语专业课程设置的分析，从教师的学科知识结构、教学知识两方面探讨了英语专业教学对教师知识结构的要求。

【关键词】知识结构；信息素养；专业发展

一、引　　言

提升、丰富教师的专业知识和技能是教学品质的保证。2000年3月国家教委颁布的《高等学校英语专业英语教学大纲》（以下简称《大纲》）中提出英语专业的培养目标是："高等学校英语专业培养具有扎实的英语语言基础和广博的文化知识并能熟练地运用英语在外事、教育、经贸、文化、科技、军事等部门从事翻译、教学、管理、研究等工作的复合型英语人才。"社会对英语人才的要求不仅仅是扎实的语言基本功和牢固的英语专业知识，而且还应掌握其他相关领域的宽泛的复合性知识如人文知识和科技知识。那么，作为英语专业的学科教师，又应该具备怎样的知识和技能才能更好地促进其自身专业发展，是每一个教师都面临的现实问题。根据我国外语教育专家的观点，传统上英语教师必具三方面的素质：（1）英语学科的知识，即专业技能（能教）；（2）教育专业知识，即教学技术（会教）；（3）教育专业精神，即师德（愿教）。[①] 随着社会的发展，教师的角色从"教书匠"、"课程执行者"以及"知识的纯粹传授者"到"专

---

* 外交学院英语系。

① 张正东，李少伶. 英语教师的发展 ［J］. 课程. 教材. 教法，2003（11）.

家型教师"或"研究者"的转变、信息技术对教育领域的介入，除了对教育本身提出更高的要求之外，也产生了新的教育教学理论，对教师的知识、技能以及专业发展都提出了新的要求，传统的观点显然已不能满足时代的发展。吴宗杰曾指出："外语教师研究已经成为外语教学研究最重要的方向"，[①] 然而相对于英语专业教学的语言本体研究或是教学法研究，目前对英语教师专业知识和技能方面的研究成果明显较少。[②] 在较大规模实证研究的基础上提出了我国高校英语教师应具备的专业素质框架，含四个维度：外语学科教学能力；外语教师职业观与职业道德；外语教学观；外语教师学习与发展观。笔者则以外交学院英语系教师的专业发展为例，综合英语专业的发展要求以及英语教学环境的变化，从学科知识结构、教学知识两方面方面分析了新形势下英语专业教学对教师知识和技能的要求。

二、英语专业教师的学科知识结构

作为二语教师的英语专业教师首先要有丰富的学科知识，其次还要拥有国际关系、外事、经贸等方面的复合性知识。潘懋元（2007）曾经指出："深厚的基础理论与宽阔的跨学科知识面都是大学教师发展所必需"。

丰富的学科知识是二语教师首先要具备的素质。学科知识又称内容知识（Content Knowledge），包括语法学、语意学、语音学、文学、英语国家文化等。《大纲》构建的由英语专业技能课程、英语专业知识课程和相关专业知识课程三个模块组成的英语专业课程体系中的前两个模块都是内容知识。其中专业技能课包括精读、泛读、写作、口语、听力、笔译、口译等基础课程，旨在训练学生的听、说、读、写、译等各种能力；英语专业知识课程包括英语语言、文学、文化三方面的课程；相关专业课指的是学校可根据现有的条件和资源开设有关外交、经贸、法律、管理、新闻、教育、科技、文化、军事等方面的专业知识课程。[③] 以下将通过外交学院英语专业的课程设置来探讨对英语专业教师学科知识结构的要求（见表1）。

---

① 吴宗杰等. 外语课程与教师发展——RICH 教育视野［M］. 合肥：安徽教育出版社，2005.

② 吴一安. 优秀外语教师专业素质探究［J］. 外语教学与研究，2005（03）：199 – 205.

③ 戴炜栋，张雪梅. 对我国英语专业本科教学的反思［J］. 外语界，2007（04）.

表1　　　　　　　　　　　　外交学院英语专业课程设置*

基础阶段课程	精读、泛读、口语、听力、写作、英国概况、美国概况、公众演说、中国国情讨论、辩论
提高阶段课程	方法论与学术论文写作、普通语言学、英国文学史及选读、美国文学史及选读、中西文化对比、西方文明史、美国历史专题、美国族裔文学、口译、笔译
外交外事专业拓展课程	政论、经论、英语法律阅读、英语专题讨论、当代中国外交、国际政治导论、国际经济导论、国际问题专题讨论、欧盟研究、东亚合作研究、美国外交政策、多边外交、国际关系：理论与实践、大众传媒
外交外事实践课程	外交文书与实践、外事礼仪、交流学

*英语系本科项目包括英语专业和翻译专业，这里特指英语专业。

　　值得一提的是，表1中的公众演说和英语辩论课属于新增课程，其目的是为了培养学生的交际能力、思辨能力、创新能力与团队精神，同时也能够满足学生参加演讲及辩论等赛事的需求，当然这也意味着对教师的学科知识提出了新的要求。从课程的整体设置看，既注重了语言技能训练，又包括了专业拓展课程和翻译理论和实践课程，凸显了外交学院的外交外事特色。按照《大纲》的三元课程体系，可将英语系课程重新归类，如表2所示。

表2　　　　　　　　　外交学院英语系专业课程设置三大模块

专业技能	精读、泛读、口语、听力、写作、笔译、口译、公众演说、辩论
专业知识	语言类：普通语言学、方法论与学术论文写作
	文学类：英美文学、英国文学史及选读、美国文学史及选读、美国族裔文学
	文化类：英国概况、美国概况、中国国情讨论、中西文化对比、西方文明史、美国历史专题
相关专业知识课程	政论、经论、英语法律阅读、英语专题讨论、当代中国外交、国际政治导论、国际问题专题讨论、美国外交政策、多边外交、外交文书与实践、外事礼仪、交流学等

　　从表2相关专业知识课程的设置可以看出外交学院主要培养的是既有从事外交外事和其他实务的实际工作能力，又有进行调研、科研和翻译能力的高素质外向型复合人才。同北京外国语大学的国际政治与经济、国际

新闻与传播及北京大学的商业英语等跨学科特色课程相比，外交学院则以外交外事、国际关系的理论与实践为重点，担任相关专业知识课程的教师尽管研究方向侧重点有所不同，但背景主要都是英语语言文学，如果仅仅专注于传统的英语教师的专业技能和知识，不能完全满足讲授跨学科特色课程的要求。因此，结合学校的定位，从教师自身专业发展的角度来考虑，英语专业教师掌握一定的相关跨学科知识是有必要的。由此，我们将当今英语专业教师的学科知识结构与传统的英语教师学科知识进行了比较概括，如表3所示。

表3　　　　　　　　　　英语专业教师的学科知识结构变化

	传统英语专业教师的学科知识结构要求	当今英语专业教师的学科知识结构要求
专业技能	听、说、读、写、译	听、说、读、写、译
专业知识	语言学、语音学、文学、文体学、英美概况、思想史等	语言学、语音学、文学、文体学、英美概况、思想史等
跨学科知识	无明确要求	外交、国际关系、国际政治与经济、国际新闻与传播等

　　表3虽然体现了当今英语专业教师的学科知识结构与传统的英语教师学科知识的不同，但没有体现出随着学科建设的发展，各个院校根据社会需求和培养学生交际能力、思辨能力、创新能力与团队精神等新增开课程对教师学科知识的要求，如英语辩论课，虽然仍属于基本技能"说"的范畴，但对教师和学生表达能力和思辨能力提出的挑战则明显不同于以往的英语口语课。综上，随着教学任务和责任的日益复杂化以及教学目标的多元化，英语专业教师的学科知识不仅应包括听、说、读、写、译等专业技能，还应掌握文学、语音学、思想史、文化等专业知识，同时根据学校发展定位，掌握外事、经贸、法律、管理、新闻等方面的复合性知识。

三、英语专业教师的教学知识

　　教师掌握了"教什么"的学科知识，还要具备"如何教"的教育与心理学方面的知识，诸如教学理论、学习理论、教育心理学等，包括了解学生的学习心理，激发学生的学习动机，选择合适的教学策略，设计适当的教学活动，教会学生有效的学习方法，评价学生的学习过程等。戴（Day，1991）主张第二语言教师的知识基础除了学科知识知识之外还应该包含：（1）教学知识（Pedagogical Knowledge），即一般通用的教学策略、教学信念、教学实务；（2）学科教学知识（Pedagogical Content Knowledge），即传授知识给学习者，使其理解并掌握专门知识，如听说教学、阅读教学、语法教学、教材编写与分析等；（3）支持性知识（Support Knowledge），指的是懂得目标语教与学的各种原理原则，如心理语言学、语言学、第二语言习得等（转引自蔡乔育）。本文所提出的教学知识将上述三种能力融为一体。除此之外，教学知识还应该包括对这些教学理念的有效应用。大学教师要能够将其所拥有的知识转化为学生所能掌握的知识，就需要掌握教育知识和教学技能①。

戴的理论有助于我们理解第二语言教师的专业知识和能力的内涵。然而当前新的教学环境的变化对教师的学科教学知识和支持性知识又提出了新的要求。

首先是教学对象的发展变化。随着中小学英语课程标准的改革、实施及高考英语改革所起的导向作用，以及媒体英语和社会办学的英语培训班的普及，大学新生的整体英语水平起点有不同程度的提高，他们对大学阶段的英语教学方法的要求和期望已经开始变化。就外交学院英语系的学生构成来看，每个班级的 20 名同学中有 5～7 人是来自南京、成都、重庆、杭州等各地外国语学校的保送生，其英语起点较高。就正常录取的学生而言，外交学院的录取分数通常比各地的一本学生的高考录取分数线高出数十分，这就意味着每个来到外交学院的学生高中时都曾是当地或班级的尖子生，与高考分数形成对比的是各地英语教学水平发展的不平衡，因此每班的学生中还有 4～5 人英语基础比较薄弱，其中也可能包括报考本校其他系如国际经济等专业的理科学生因调剂而转到英语系的学生。总之学生英语水平的两极分化情况比较明显，如何因材施教是教师首先应该考虑的问题。学生之间英语水平的差异意味着教师必须具备的一项基本功是应对多元化的课堂环境，英语系学生性别、文理科背景、学习态度和兴趣、知识结构、原有语言水平等因素都影响到课堂教学。尤其值得一提的是，英语水平较弱的学生从尖子生到"差生"的心理落差，以及对大学生活充满

---

① 潘懋元. 大学教师发展与教育质量提升——在第四届高等教育质量国际学术研讨会上的发言［J］. 深圳大学学报，2007（01）.

美好憧憬、成绩尚可却难以与外语学校毕业的学生英语听说能力和词汇量相匹敌的处于中间地带的大部分同学从优秀到普通的失落，往往对学生造成极大的心理压力，直接影响到教与学，并对教师的心理学和教育学知识提出了极高的要求。如何建立起开放的课堂环境，让每个学生有归属感，让材料适合所有学生，调动每一个学生的积极性，是摆在英语专业教师面前不可回避的挑战。

其次是教学模式的变化。在当今建构主义教学理论的影响下，一些新的教学模式被陆续应用到英语专业教学当中来，其教学过程与传统教学完全不同，带给学科教师的也是全新的感受和体验。以外交学院英语专业教学中采用的"任务驱动型"和"专题讨论式"教学为例，教学活动不再以教师的讲授为主，而更强调的是学生的主动学习，教师的教学设计更多地集中在以下几个方面：对"任务"或"专题"的选择和设计要让所有学生都能积极地参与到活动当中来；在了解学习者特征的前提下，采取合适的分组方式来更好地促进学生之间的合作学习；对学生学习过程的有效引导，要将对学生知识、技能的培养和对学习方法的学习有效地结合起来；对学生学习的评价，这其中包括对学生学习过程、学习成果的评价，也可以采用学生互评的方式等等。这些全新的教学方式对教师的教学知识将提出更高的要求。

四、结　语

综上所述，随着社会的发展和教学环境的变化，作为第二语言教师的英语专业老师具备的专业知识和技能趋于多元化，不仅包括专门学科知识，还要根据具体的教学情境选用适宜的教学法，并且要了解、重视学习者的特点，注重学习新的教学理论，从而提高教学效能。总之，复合型教师既要有高水平的外语能力，又要懂得现代教育技术与教育理论。当然，为适应英语专业学科教学的要求，英语教师在不断充实自己的学科知识和教学知识的同时，还要提高自己的科研能力和信息素养，当然这需要教师自主而个性化的学习，也同样需要国家和高校以一定的措施和途径来促进教师的专业发展。

参考文献

［1］蔡乔育. 成人教师教学专业知能与教学效能关系模式建构之研究——以华文

教学为例，http：//ndltd. ncl. edu. tw/cgi-bin/gs32/gsweb. cgi/login？o＝dnclcdr&s＝id＝%22097CCU05142005%22. &searchmode＝basic.

　　［2］戴炜栋，张雪梅．对我国英语专业本科教学的反思［J］. 外语界，2007，（04）.

　　［3］高等学校外语专业教学指导委员会英语组．高等学校英语专业英语教学大纲［Z］. 外语教学与研究出版社，2000；上海外语教育出版社，2000.

　　［4］潘懋元．大学教师发展与教育质量提升——在第四届高等教育质量国际学术研讨会上的发言［J］. 深圳大学学报，2007（01）.

　　［5］吴一安．优秀外语教师专业素质探究［J］. 外语教学与研究，2005（03）.

　　［6］吴宗杰等．外语课程与教师发展——RICH 教育视野［M］. 安徽教育出版社，2005.

　　［7］张正东，李少伶．英语教师的发展［J］. 课程．教材．教法，2003（11）.

对大学制定本科教学发展规划的思考

李明枝*

【摘　要】科学的大学发展规划是在科学发展观的指导下，大学置身宏观背景，立足自身实际，对学校未来发展的方向、目标、步骤和行动做出的深谋远虑的策划。本文从大学发展规划所应包含的内容、现状分析、制定规划目标、保障措施及规划实施等方面进行了探讨，并给出了具体的意见和建议。

【关键词】大学发展规划；规划实施

发展规划是一个组织在较长时期的发展方向和方针，它规定了该组织的各个部门在较长时期内应达到的目标和要求，是组织长期发展的蓝图。进入21世纪，教育部要求各高校要精心制定"三个规划"，即学校发展战略规划、学科建设和队伍建设规划、校园建设规划。科学的大学发展规划，必须充分体现科学发展观。究其本质，科学的大学发展规划是在科学发展观的指导下，大学置身宏观背景，立足自身实际，对学校未来发展的方向、目标、步骤和行动做出的深谋远虑的策划。本科教学是大学的基础，提升本科教学质量是高校发展的重中之重。制定大学本科教学发展规划，对于提升本科教学质量，发挥着重要作用。

一、大学发展规划所应包含的内容

作为高校发展规划，第一是具有策略性，因为它需要面对变化的环境并采取适应环境变化的最佳应对方案；第二是具有系统性，即既要有所侧重，又要全面涉及；第三是具有先导性，无论是长期的或中短期的，无论是概念化的或是操作性的，都必须有明确的目标；第四是具有强制性，即一旦确立，全体教职员工必须严格接受它的指导，在不断深化的联系与沟通中，共同为实现其目标而努力。

---

* 外交学院教务处。

从规范的高校发展规划格式来说，必要的内容应该包括这些方面：一是指导思想；二是学校的定位和目标；三是历史回顾和目前概况；四是主要发展策略；五是项目及其衡量指标；六是行动方案或运作措施。此外，如果可能，可以加上以下附件：一是内外环境因素，即优势、劣势、机遇和挑战分析；二是公众或社会需求调查；三是完成规划的长期财政预算方案；四是规划委员会成员名单，等等。①

二、现 状 分 析

针对学校存在的内外环境因素，即优势、劣势、机遇和挑战，进行"SWOT"分析。

（一）目前教育教学工作中存在的差距和不足

1. 保障和提高质量需常抓不懈。多年来特别是评估之后，学院在建立健全质量保障的规章和制度方面已经打下了良好的基础，并逐渐积累了一些确保学院教育教学工作质量的手段和经验。但这还远远不够，如何在新的教育形势下，以改革和发展的眼光来看待质量建设问题，这是一个长期和艰巨的任务，是一项需要常抓不懈的工作。尤其是在高等教育发展由规模发展转为内涵发展的今天，更需要学院不断采取措施，保障和提高教学质量。

2. 特色和优势还需深入挖掘，并进一步强化。培养外交外事人才是学院的特色，在激烈的高校竞争中我们不能与其他高校拼规模、拼齐全，而必须发挥自己的特点和优势。随着国内大批高校走向国际化，学院的"外交外事"特色逐步弱化。而如何凝练我们的特色，进而将其转化为学院的办学优势，这不仅需要在思想上牢固树立"凝练特色、强化优势、彰显品牌"的办学理念，更需要在具体的教学工作中既要发挥各教学单位的特色优势，又要打通专业界限，整合、形成、完善我院在人才培养方案、专业建设、课程建设、学生实践活动、教师培养等方面的外交外事特色办学的规章、制度并予以贯彻，从而达到"通专业、精外语；宽视野、重能力；复合型、高素质"的人才培养目标，这是一项具

---

① 蔡怡嘉，黄子杰. 我国高校制定发展规划的问题与思考［J］. 福建医科大学学报（社会科学版），2006（6）、（2）：34.

有开创性的工作。

3. 彰显品牌还不充分。品牌应该是凝练特色、强化优势的结晶。同时，品牌的树立又反过来影响进一步的凝练特色、强化优势。目前学院的"高端"品牌还不多，如国家级精品课目前只有《当代中国外交》一门；教学名师只有北京市级名师，没有国家级名师；在综合类的教学改革项目中，只有一个国家级人才培养模式创新实验区（外交外事人才培养模式创新实验区），其他的综合类项目均为市级，因此，要继续打造外交学院自己的品牌，建设出更多的"高端"项目，任务艰巨，任重道远。

（二）威胁

当今世界正处在大发展大变革大调整时期。世界多极化、经济全球化深入发展，科技进步日新月异，人才竞争日趋激烈。我国正处在改革发展的关键阶段。党的十七大明确提出：优先发展教育，建设人力资源强国，是中华民族振兴的基石；建设创新型国家，是国家发展战略的核心。高等教育正处于这一"基石"与"核心"的交汇点上。胡锦涛总书记在清华大学百年校庆的讲话中指出：建设若干所世界一流大学和一批高水平研究型大学，是建设人才强国和创新型国家的重大战略举措。重点建设高校要以重点学科建设为基础，以体制机制改革为重点，以创新能力提高为突破，加大支持力度，健全长效机制，鼓励重点建设高校成为知识创新的策源地、深化教育改革的试验田、扩大开放的桥头堡。能否跻身这一行列，融入高教发展主流，是未来学校建设和发展的关键。

1. 改革是大势所趋。《国家中长期教育改革和发展规划纲要（2010～2020）》已颁布实施，优先发展教育，加大教育投入力度的总体要求为学校发展创造了良好的外部环境。自2010年起，全国范围内分区域、有步骤地开展了教育教学改革试点的工作。教育部批准北京大学等部分高校设立试点学院，开展创新人才培养试验；实施基础学科拔尖学生培养试验计划；完善教学质量标准，探索通识教育新模式，建立开放式、立体化的实践教学体系，加强创新创业教育。高教改革形势逼人，不改革，就难以在激烈的竞争中拥有立足之地。

2. 高校发展从规模发展为主，兼顾内涵发展转化为内涵发展为主，兼顾规模发展。在20世纪90年代之前相当长的一段时间内，我国高校内涵建设并未得到充分重视。2007年，《教育部　财政部关于实施高等学校本科教学质量与教学改革工程的意见》文件中明确提出："加强内涵建设，提升我国高等教育的质量和整体实力。""十二五"期间，高校的内涵建设成为高等教育发展的战略重点。

3. 生源竞争与就业竞争压力大。目前，高考考生数量持续下降、留学潮升温及高校自主招生所带来的生源危机，已经使高校之间的生源竞争越来越激烈；在就业方面，毕业生也面临着严峻的就业形势，近年来就业压力越来越大。由于公务员考试制度和社会竞争，学院学生的就业优势逐步弱化，与其他高校毕业生面临相同的竞争压力。这就要求高校必须改革办学及人才培养理念，进一步提高办学质量，加强内涵建设，进一步凝练特色，强化优势，从而在生源竞争及就业竞争中脱颖而出。

三、制定发展目标

(一) 确定学院发展的办学理念、办学定位

大学的办学理念、办学特色与办学目标是大学发展规划的顶层设计。

目标定位：目标定位，根据自身资源的优势和竞争者的情况，对自己在高等教育系统和市场中所处层次和类别作出理性选择。

特色定位：打造特色品牌，在巩固已有鲜明特色的基础上提炼、发展新的特色。

(二) 确定建设目标

目标定位要科学合理：定位太高，与校情相悖，难以实施，会挫伤员工的积极性和热情；目标定位太低，对大学的发展就没有前瞻性的引导，对员工也就没有激励的作用。大学的目标定位要建立在对发展形势和校情的分析基础上、建立在广大员工充分讨论与集思广益的基础上、建立在引导学校与师生员工共同发展的基础上。

四、保障措施

(一) 广泛的讨论参与

参与人员主要包括：

1. 领导。大学书记、校长等高层领导在规划制定过程中发挥着不可替代的领导作用。大学的高层领导不仅要经常深入思考教育思想、办学理念和长期目标等宏观战略问题，在规划制定之际提出一个明确的中长期办学目标与总体思路，还应亲自组织、指挥、协调好整个发展规划的制定以及后续的实施和监控过程。

2. 基层。制定科学的大学发展规划应提倡参与式战略决策，让所有的师生员工都参与进来。"如果学校能组织公开的甚至有时可能还会是言辞激烈的讨论，看看学校究竟应当向什么方向发展，然后努力地朝这个方向走下去，这样，大学就走上了决定自己的学术命运的道路——一个以学校内外部实际情况为基础的、也是学校多数主要人员从心理上和政治上都能拥护的选择。"

3. 专门班子。大学应成立专门的总体规划编制领导小组和各专项规划编制工作小组，建立编制制度，规范编制流程，明确分工，划定进度。例如，上海交通大学为制定"十一五"发展规划成立了三支队伍：由学校领导和机关部处长组成的规划队伍，负责提出超常规发展思路并加强编制工作组织协调的发展规划处，以该校管理学院的专家教授为主体的学术研究队伍。三支队伍同时启动，分头行动，协同进行，定期交流。

4. 局外人。大学可以聘请校外专门的高等教育研究机构或咨询公司，让他们从局外人的角度"诊断"学校的发展基础，客观分析学校的优势条件、薄弱环节和学校未来发展中会遇到的难点问题，并提出发展思路。

（二）院系规划与学校规划保持一致

实现高等学校发展规划与基层院系规划之间的有效整合，必须对上层学校总体发展规划进行详细的目标、任务分解，以此作为学院制定自身发展规划的基础与参考变量，促使二者间的有效对接。这既对学校发展规划的制定提出了更高的量化要求，也对学校规划部门的工作提出了更大挑战。因为任务分解与规划对接需要组织上的沟通与衔接，学校规划部门必须深入学院对其规划编制提供指导与帮助，确保学校发展规划的主要目标任务能够成为学院发展目标的基础变量。

五、规划实施过程中的注意事项

（一）舆论引导，民主参与

资源利益相关者 政府、科研经费的提供者 校友及捐赠者 向学生和学校提供贷款的银行 奖学金的设置者 各种学术活动评审委员会和委员	服务利益相关者 政府、科研经费的提供者 毕业生供职的机构、企业 学生及其家庭 普通民众

高校内部利益相关者
教师、研究人员
行政管理人员
学生
其他员工

图1　高校三大利益相关者群体

资料来源：彭兰，张泽麟，周梦君. 关于我国高校制定与实施发展战略规划的思考［J］. 当代教育论坛，2005（4）上半月刊.

　　学生和教职工作为主要利益相关者，必须广泛征求、充分考虑他们的意见。为学校发展规划的制定与实施争取广泛的"民意"支持。发展规划制定过程是集思广益、凝聚智慧的过程，是为全校明确行动方向与奋斗目标的过程。规划一旦编制完毕获得通过就是学校的小法规。我国高校的发展规划工作起步较晚，至今仍处于初级发展阶段，发展规划的制定、实施并没有上升到高校管理中的核心地位。在高校内部，普遍存在对规划工作轻视的现象，不少学校虽然成立了相关规划部门，但在人力、物力、财力等资源配备上明显不力，工作职能不明确，部门形同虚设，规划实施往往得不到广大师生员工的积极参与。因此，学校的总体发展规划一经通过，就应该通过各种形式广泛宣传，使全校教职员工熟知学校发展规划，形成关注未来、关注发展的公共舆论氛围，为学院规划及各重大项目规划的制定与实施提供良好的环境和条件。

（二）注重对规划的过程管理

　　规划的实施过程应该引起领导层的关注。通过对规划执行的过程监督

和结果评估，可以回过头来总结规划的科学性、合理性和可操作性，从而为下一轮规划的制定提供有益的信息；可以通过对规划执行的绩效评估来考核各个单位或员工的工作表现并给予其必要的奖惩。只有这样，才能把学校的发展规划真正转化为大家的责任和自觉的行动。

关于完善高校教学督导工作的探讨

楚媛媛*

【摘　要】教学督导是高等院校为了提升和保障教学质量，对教学工作实施监督与指导的一项基本教学管理制度。在教学工作中实行教学督导制度，是高校提高教育质量的一项有效措施。本文结合学院教学督导工作实践，分析了目前教学督导工作的现状及存在的问题，提出了加强和完善高校教学督导工作的几点建议。

【关键字】高校；教学督导；教学质量

教学督导是高校对教学实施监督和指导的一项基本教学管理制度，是高校教学质量保证体系中的一个重要环节，也是为确保教学质量提高而采取的一种制度措施。实践证明，教学督导作为教学管理的重要手段，对于推进教学改革，强化教学管理，提高教师素质和稳定教学质量等具有重要作用。但是，目前各高校普遍采用的是常规性督导模式，督导作用难以得到充分发挥。为了提高督导效能，充分发挥督导作用，高校院系必须创新教学督导模式，完善教学督导制度。本文结合学院教学督导工作的一些实践，拟在加强与完善教学督导工作方面进行一些探讨。

一、学院教学督导工作实践

近年来，外交学院督导组在教学督导工作中主要开展了以下几个方面的工作：

（一）听课制度

听课制度是学院开展督导工作的有效措施之一。教学督导组成员经常深入课堂听课，重点包括新开课、新教师和教学质量评估排名落后的教师的授课情况，以及针对双语课程、精品课课程、参与评奖课程的专项听课

＊　外交学院教务处。

等。作为经验丰富的教学专家，督导组成员在听课过程中坚持实事求是的客观评价原则，从教学态度、教学内容、教学方法、教学组织等方面对教师进行综合评价和指导，并记录听课小结，将督导组成员的意见和建议及时反馈给教师。通过督导组听课，引导教师自我完善和发展，不断提高课堂教学质量。

（二）教学工作环节审查

监督和检查教学工作环节是督导组工作的重要内容。具体而言，主要包含两项工作：试卷抽查和毕业论文审查。每学期教学督导组都要开展试卷抽查工作，检查试卷的难易程度、AB 卷相似程度、试卷评阅情况、分析、研究从考试中反映出的教学质量问题，关注各教学单位及任课教师的整改情况。通过抽查，促进了学院教学质量的提升。毕业论文的质量问题能比较全面地反映人才培养的情况，因此应对毕业论文进行督导。从毕业论文选题、开题报告、文献综述、毕业答辩、毕业论文成绩的核准等各环节都进行了有效的督导。严把毕业论文质量关，加强过程监督和检查，这对保证毕业论文的质量起到了很好的作用。

（三）召开工作例会

教学督导组定期召开工作例会，反映课堂教学、教学管理等方面出现的问题，及时反馈给相关教师和领导，纠正教学工作中出现的偏差。每学期末召开督导组工作总结会，对检查中发现的问题进行认真梳理和总结，交流工作中的心得体会，为提高学院整体教学水平献计献策；确定并布置下学期督导组工作计划和工作重点。

学院已经实行教学督导制度多年，该项制度的实施对保障教学质量起到了重要作用，督导组专家在规范教学行为、提高教学质量、倡导师德学风、培养青年教师等方面发挥着不可替代的重要作用。

二、当前督导工作面临的主要问题

教学督导组的辛劳付出，为学院规范教学秩序、稳定和提高教学质量做出了积极的贡献。但是，随着社会经济的发展和高校体制、职能的变化，现行督导体制暴露出一定的局限性和不足，主要表现在以下几个方面：

（一）教学督导队伍结构单一

目前国内高校教学督导人员的组成多是返聘的本校已退休的老领导、老专家、老学者及在职人员。退休教师有丰富的教学经验，时间也比较充裕，对于保证听课次数、扩大督导范围、指导青年教师都是非常有利的，所以很多高校教学督导专家组成员一直以退休教师为主。但是，随着知识经济和信息社会的到来，各种新的思想和新的知识不断涌现，部分退休专家的教育教学观念仍停留在自己所取得的那些老经验上，必然会与年轻教师存在一定差异。在这种合时的教育思想指导下开展教学督导工作，有时也会引起一些教师的反感。所以督导队伍中，退休和在职的比例如何确定，就成为督导队伍建设中需要探讨的问题。

（二）教学督导内容过于狭窄

在教学督导实践中，多数高校认为听课评教、监控教学质量是督导工作的基本内容，只要抓好课堂教学，教学督导工作就能做出成效、高校的教学质量就能有所提高。这一观点明显过于狭隘。高校的教学工作涉及学校及学校各个方面，是个系统工程，包括学校的办学方向、人才培养、专业设置与调整、课程建设、学术科研、教学改革、教学管理、教师教学水平和学生学习状况等方面。虽然教学督导不可能涉及所有范围，但是教学过程的几个主要方面是万万不可忽视的。就督导而言，应包括"督教"、"督学"、"督管"三个方面，而多数高校在教学督导实践中，只重视教学质量的督导，而忽视其他教学环节和教学过程；只重视理论教学而忽视实践教学环节；只重视教学秩序而忽视对人才培养方案、教学大纲及课程设置；只重视课堂教学而忽视试验教学、专业实践及作业等其他教学环节；只重视对老师的督导而忽视学生的学习情况及教学管理等。

（三）教学督导运行体制尚不完善

随着规模不断扩大，许多高校建立了校院两级教学督导体制。由于高校不再把教学管理统辖在学校这个层面，院系大多能比较独立地组织教学活动。虽然教学督导条例规定督导员可以参加许多各层次的教学活动，包括院系的教学会议、教研室活动等，但是由于教学督导组设立在学校层面，人数有限，工作缺乏连贯性，参加院系教研活动往往就成为一句空话。尽管校级督导员对学校总体的办学理念和管理思路比较了解，但对院系较具体的管理细节和教学要求比较陌生，与院系教研活动脱节，这就使得具体的督导活动产生了一定的盲目性。因此，完善教学督导运行体制，建立校院两级教学督导体制非常必要。

（四）教学督导理论欠缺

由于高校教学督导在我国高校经历的历史较短，当今的督导理论实质上存在着明显的不足。例如教学督导领域研究的基本理论体系不完善，缺乏具有凝聚力的核心理论。理论研究缺乏系统性，更多的理论还是一些肤浅的探索，从研究的程度上说，目前相关的研究主要还处于个体的经验总结、介绍阶段，缺乏整体的梳理和系统的总结。研究范式既缺乏站在一定理论基础上进行逻辑推演，又缺乏从实证的角度上进行论证。① 由于没有较成熟的督导理论指导，教学督导人员的工作要么不能到位，要么越位，教学督导工作面临两难的困境。

三、加强和完善教学督导工作的建议

督导工作面临的问题，是高校发展过程中产生的问题，只能在发展过程中摸索解决。高等学校应该深化内部改革，更新督导体制。具体来说，有以下几点建议：

（一）切实加强教学督导队伍建设

教学督导队伍的素质和结构状况，直接影响教学督导工作的成效。要采取有效措施，切实加强教学督导队伍建设。要把教学、教研水平高，教学经验丰富，办事公道，认真负责，为人师表，热心教学督导事业、具有高级职称的在职和退休优秀教师、教学管理人员遴选入教学督导队伍；要努力优化教学督导队伍结构，各主要学科都应有相应人选，年龄上应老、中适当搭配，性别比例要合理、重视发挥优秀女专家的作用；要建立、完善教学督导队伍的遴选机制、考核机制、奖惩机制、退出机制以充分发挥教学督导队伍的作用。

---

① 杨雪滢，张恩忠. 基于博弈论的高校教学督导效能经济学分析 [J]. 西安电子科技大学学报（社会科学版），2009，19（4）：126 – 129.

（二）充实教学督导工作内容

教学督导的基本内容，是教育全过程的各个主要方面，可概括为"督教"、"督学"和"督管"。目前各高校教学督导工作主要围绕"督教"展开，而"督学"和"督管"却普遍得不到重视。"督学"是指活动的主体，是体现学校育人质量的载体，应成为教学督导的重要对象。对学生督导的主要内容是检查评议学生在思想政治觉悟、事业心与责任感、社会公德、法规意识、学习自觉性、学习方法、学习效果、综合能力、操作技能、强身健体意识、运动技能等德智体诸方面的综合素质。只有加强"督学"，才能促进良好学风的形成，调动学生学习的主观能动性，提高学生的综合素质和水平，而达到教学督导的最终目的。"督管"，是指对育人环境的管理进行督导，对教学管理进行检查、监督和评价。主要包括检查评议育人管理工作的质量，根据督教和督学所反馈的意见，经过汇总、分析和整理，向有关部门提出改进管理工作的建议、改革方案和措施，不断提高管理工作的质量和水平，促使育人管理向有序化、规范化的科学管理迈进，提高管理效率。①

（三）建立校院（系）两级督导体系

随着高校办学规模的扩大，教学督导的工作量与难度都明显增大。建立校、院（系）两级教学督导体系分级督导成为必然的选择。由于学科专业结构趋于多样化，而各校督导员的人数却是有限的，从学校层面上讲，教学督导的频率与针对性不能完全满足学校各院系的实际需要，督导员不可能也没有必要精通多门学科，因此，在学校督导基础上，建立校院两级教学督导体系。具体设想是：院系根据校级督导员的遴选标准、按照本院系专任教师的比例进行自己的专职督导员配备。院系督导员都是本院系在岗骨干教师，他们对本院系领导的管理意图、对本院系所开专业的教学大纲及发展方向、对具体课程的执行计划、对本院系各个层次的教师的个性特点都比较了解，这就使得他们的督导工作更具针对性，可以针对教学管理和专业课程的具体要求结合不同老师的个人特点进行督导工作。总的来说，校级督导组应"以督为主，以导为辅"，院系督导组则"以导为主，

---

① 赵正大，许秀英，梁斌. 加强教学督导工作全面提高教学质量 [J]. 云南公安高等专科学校学报，2002（4）：12-13.

以督为辅"，两者互为补充，各有重点。

（四）加强教学督导工作理论研究

近几年高校教学督导理论研究的发展，有力地推动了高校教学督导工作的实践。教学督导理论已成为近年高等教育理论界研究的热点之一。因此，教学督导人员在教学督导实践中要加强督导理论研究，不断地研究督导规律，探索督导方法，总结督导经验，使督导工作向着科学、合理方向发展。目前各校也正在摸索之中，在取得实践经验的同时，理论研究的系统性等方面正在进一步加强，如教学督导的效能研究，教学督导的模式研究等。力图对高校教学督导制度建设的理论支撑做出论证，以拓展高校教学督导理论，为高校教学督导制度建设提供相应的理论支持。提高督导工作水平，加强督导理论的研究，不断提高督导人员自身的督导水平。

教学督导是新形势下高校加强和完善教学质量监督体系的重要措施，是提高教学质量的有力保证和有效手段。不断加强和完善教学督导制度，可以促进高校的教风、学风建设，强化教学管理，深化教学改革。必须高度重视教学督导工作，建立健全教学督导体系，改进教学督导工作方式和方法，充分发挥教学督导行之有效的监督和调控作用，从而进一步推进教学质量的提高。

依托行业 探索以和谐劳动关系为主线的跨专业仿真综合实习平台

——以中国劳动关系学院为例

黄金芳* 王淑芬*

【摘　要】跨专业综合实验教学是实验教学体系的重要组成部分。但目前文科的跨专业实验还仅局限于经管类学科下的少数几个主要专业（工商管理、经济学、财务管理），实验的综合性不足制约了跨专业综合实验教学的进一步发展，因而，突破经管类专业限制的跨专业综合实验是其发展的一个重要方向。中国劳动关系学院是中华全国总工会直属的一所普通高等院校，具有很强的行业特色，在跨专业综合实验课程的设计上，不仅涵盖了传统经济管理学科下的主要专业，而且融合了多个特色专业（劳动关系、劳动法、劳动社会保障、安全工程等专业），不仅突破了传统跨专业综合实验在专业上的限制，而且实现了学院"依托行业，服务社会"的发展宗旨，积极探索了以和谐劳动关系为主线的人才培养模式的改革与创新。

【关键词】劳动关系；跨专业；综合实验；实验教学

一、引　言

经管类跨专业综合实验是经管类院校实验教学改革的突破口，是经管类应用型本科人才培养改革的新举措。在高校开展跨专业仿真综合实习教学，通过仿真环境中的企业运作演练将多个专业的知识贯穿起来，可以解决学生在企业实习阶段无法接触核心业务，实习活动大多流于形式的问题，对提高学生的综合能力和培养高素质复合型人才有着非同寻常的意义。

但目前高校经管类跨专业综合实习平台的建设还主要集中在传统的经济管理类专业（工商管理、经济学、财务管理），由于专业之间的关联性比较强，实验的综合性不足的问题也逐渐突显出来，制约了跨专业综合实

---

* 中国劳动关系学院实验教学中心。

验教学的进一步发展。而对于依托行业，以行业特色为主线的跨专业仿真综合实习平台的研究却比较少。

二、现行经管类跨专业综合实验课程及实习平台概述

（一）跨专业综合实验的特点

跨专业仿真综合实验是通过人为构建仿真市场的经济环境，让不同专业的学生在仿真环境中灵活运用所掌握的专业知识，进行企业运作仿真演练的一门综合应用型课程。实习教学前期着重于业务的系统运作，实习教学中后期借助计算机软件处理常规性业务，教学重心转移到带有设计性、综合决策性的业务上。在实际教学过程中，学生从多个角度分析企业的内、外部资源，参与制定企业的发展战略；组建跨专业的学生管理团队，协作开展企业经营管理相关业务，业务涉及供应链、生产链、价值链等各个环节的核心流程。

与传统课堂教学相比，跨专业综合实验教学的教学目的在于让学生以本专业为基础，淡化专业的"专一性"，加深学生对主修专业与相关专业之间关系的认识，通过"跨学科"来增强专业的弹性。组织学生进行综合型实验的目的，在于加深学生对同一课程的不同知识点、同一专业的不同课程、主修专业与相关专业之间关系的认识或进行综合性方法、技能的训练，从而使学生获得的不是零散的彼此孤立的知识或单一的方法、技能，而是一个有机整合的、彼此关联的科学知识体系或综合的方法、技能体系。与班级制的传统教学管理方式相比，跨专业综合实验教学具有如下几个特点：

1. 以跨专业班级为管理单位。跨专业综合实验中，教学班级是由不同专业的学生组成的，学生的专业和人数根据实际的教学需求进行搭配。这样的组织化方式打破了自然班界限，将来自不同专业的学生混合编组，每一个学习小组就是一个知识结构相对完整的群体，旨在为自主式、协作式学习提供组织保障，为跨专业实验提供多重角色资源。

2. 以团队的形式进行授课。学生来自不同的专业，因此跨专业授课团队也由不同专业的教师组建而成。跨专业综合实验教学改变按专业或课程设置教研室的例行做法，组建"团队式"教师教学组织。教师在团队中分工协作，分别负责实验项目的研发、相关条件的建设、实验现场指导等

环节。

3. 教师是跨专业实验课的指导者。在跨专业的综合实验中，学生成为了课堂的主体，他们即是课堂实验中的行为人，又是学习活动的组织者。教师在课堂中发挥了主导的作用，教师不再是单一的讲授知识，而是需要走下讲台进入学生团队中进行个性化的指导。师生的关系从"单边活动"转变为"双边活动"。老师不能依靠教案独自完成整节课的授课，而是需要环境、教学道具以及不同专业、不同角色的老师进行配合完成，教师在教学中更多地起到组织者和指导者的作用。

4. 综合的课程考核形式。一方面因实验本身就是试错式的、探究式的、深层次的学习过程，因此跨专业综合实验课程不能单独由期末考试静态地去判断学生的学习效果，而是需要采取过程性评价与形成性评价相结合的方式进行。另一方面，以学生团队为单位的授课形式决定了评价方式需要采取团队评价与个人评价相结合。

（二）现行经管类跨专业综合实习平台及其设计思路

根据实验室的体系构想，现行经管类跨专业校内综合实习平台包括一个制造企业的经营模拟和七个服务机构的业务模拟训练。其中制造企业的经营模拟业务按照部门进行划分，主要由生产部、采购部、销售部、企管部、市场部、财务部 6 个部门。这个综合实习平台以生产制造企业为核心，构建了一个涵盖政务服务区、供应链服务区和个人消费区的仿真经济环境。制造企业作为学生训练子平台的核心企业，制造业经营模拟业务驱动系统的功能主要由经营数据模型和经营业务模拟两大部分组成。经营数据模型是建立一套和在规则下的数据流转控制功能；经营业务模拟主要模拟采购、生产、销售、财务、行政、市场 6 个部门业务功能，具体包括：产区建设、生产线管理、产品质量管理、采购管理、市场开拓、市场投资、人力资源管理、信息化、企业资质、销售竞单、投标、贷款等。

这个跨专业综合实习平台，通过众多各类服务机构，企业的角色扮演和业务模拟，体现在社会层面的资源配置与服务业分工及企业的生态环境；通过与同类型企业竞争、与上下游企业和服务业的协同外包，体验在行业层面供应链的运营及服务业与制造业融合的经营模式；通过在有限自愿公平环境下团队模拟运作企业，体验在企业层面的决策运营、内部管理、风险防范、市场竞争；通过大量具体业务处理和任务完成，体验岗位层面在手工作业或信息化环境下不通的岗位技能要求。具体流程图如图 1

所示。

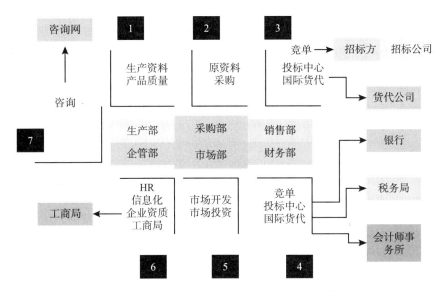

图1 传统经管类跨专业综合实习平台示意图

三、体现劳动关系特色的跨专业综合实习平台探索

中国劳动关系学院（以下简称学院）是中华全国总工会直属的一所普通高等院校。多年来，学校根据经济社会发展的需要，进一步确定了依托工会等相关领域的资源优势，探索以劳动科学为特色的人才培养模式的改革与创新。学院提出了"靠特色求生存，靠质量求发展"的办学指导思想，并通过特色学科专业建设和科研工作的支持，形成了以社会科学、管理科学和法学为主的学科，重点培养从事劳动关系、劳动法律、劳动经济、劳动安全、公共管理的普通高等院校。

学院在劳动关系、劳动安全、劳动法学等领域有较强的学科基础和学识优势。在专业课程体系建设上，劳动关系专业根据劳动关系学科的特质，探索劳动关系专业的发展思路；构造多元学科整合的人才培养方案和专业课程体系；法学专业在保证了法学十四门核心课程的基础上，确立了以劳动法和社会保障法为主干，以就业促进法、劳动合同法、劳动争议处理法、社会法、人权法、工会法、职业安全卫生法、国外劳动法等课程为分支的特色课程体系，为实现劳动法律专门人才的培养目标奠定了学科基

础，专业培养方案中所设置的劳动法相关的课程群、课时量，在目前全国
600 多所法律院系中绝无仅有；安全工程专业的方向定位为劳动安全管
理，其专业特色体现在：从保护劳动者的职业安全与健康的角度，以劳动
者的劳动安全、劳动卫生问题作为安全工程专业的教学、研究方向。本专
业的课程设置不仅包括劳动安全问题，即伤亡事故的预防、控制，而且包括
劳动卫生问题，即职业危害、职业病防治等内容。可以说，在国内众多的安
全工程本科专业中，学院是唯一一个以劳动安全卫生体现自身专业特色的。

　　因此，在跨专业实验课程的设计上，学院在现有经管类跨专业综合平
台的基础上，突出自身特色。这个跨专业综合实习平台的设计，不仅涵盖
了传统的经济管理下的多个专业，还融合了中国劳动关系学院的特色专业
［劳动关系、法学（劳动法与社会保障方向）、劳动与社会保障、社会工
作、安全工程等］。

　　为了突出行业特色，这里将"工会"作为一个协调劳资关系的服务机
构融入学院的跨专业综合实验平台，并且将劳动关系协调模块置于这个跨
专业实习平台的核心位置（如图 2 所示）。其理论基础在于：市场经济条
件下劳动关系的本质是对立统一的经济利益关系。作为经济利益的主体，
劳动者追求工资收入的最大化，资本所有者追求利润收入的最大化，二

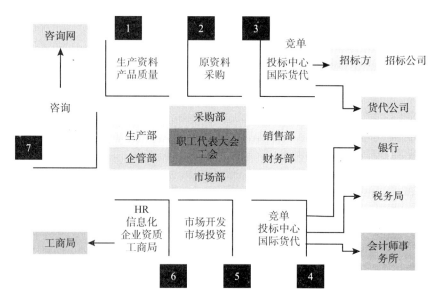

图 2　体现劳动关系特色的跨专业综合实习平台

者的经济利益是直接对立的，对立焦点表现为新价值的分配比例；但二者的经济收益量同时更主要地取决于企业创造的新价值总量，由此二者的利益又具有统一性。企业作为劳动者和资本所有者利益的共同体，其经济发展要求劳资双方建立均衡的利益分配机制。由此可见，市场经济条件下劳动关系的本质是劳动者和资本所有者对立统一的、互惠互利的经济利益关系。新时代、新形势下的工会应当深刻把握劳动关系的本质，促进劳动关系的协调稳定，工会（或职工代表大会）是劳资关系协调的主体。

　　这个体现劳动关系特色的跨专业综合实习平台在现行经管类跨专业综合实习平台的基础上增加了劳动关系特色课程模块，劳动关系特色模块在流程设计上可以按照协商、调解、仲裁、诉讼的程序进行，具体流程图如图3所示。这个特色模块囊括了学院的诸多特色专业及特色课程，包括劳动关系专业的《劳动关系学》、《集体合同制度》、《劳动争议处理制度》、《劳工政策》等；劳动与社会保障专业的《劳动法与社会保障法》、《集体协商与集体合同》等；法学专业的《劳动合同法》、《劳动争议处理法》、《工会法》等；安全工程专业的《工会劳动保护》、《社会保障与工伤保险》、《个体防护》等；社会工作专业的《中国劳动关系学》、《女职工权益保障》等专业特色课程。

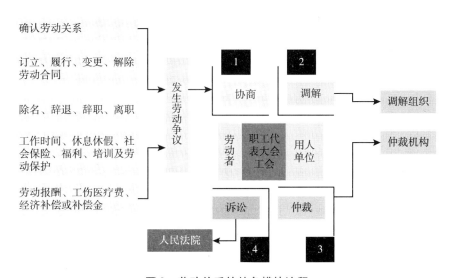

图3　劳动关系的特色模块流程

　　具体到课堂形式，劳动关系特色模块可以通过模拟仲裁庭和法庭审理劳动争议案件，训练学生熟练掌握劳动实体法和程序法，真实感较强；通过对原被告和审判员的模仿会形成极强的角色意识；也可以通过具体案件将各学科知识加以实践。培养学生服膺制度和规则的精神，提高熟练掌握劳动法律的能力及论辩能力。具体到劳动关系中的劳动争议处理，其流程设计可参照图4所示。

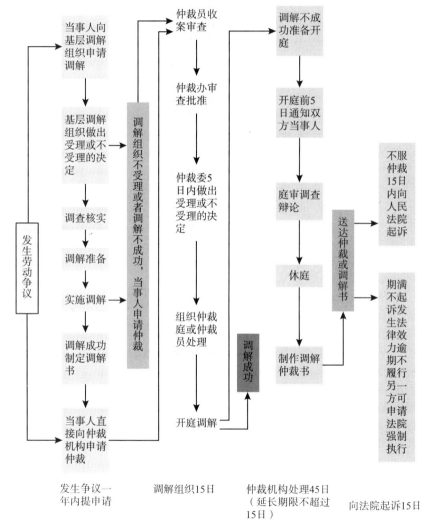

图4　劳动争议处理流程

四、劳动关系特色的跨专业综合实习的教学组织与管理

（一）实习教学安排

劳动关系特色的跨专业仿真综合实习在第 7 学期的 14～19 周开设，先修课程包括：经济管理类专业、劳动关系专业、社会工作专业、安全工程专业等全部学科基础课、专业课和专业拓展课。该课程主要包括：会计学、财务管理、工商管理、市场营销、人力资源管理、经济学、统计学、国际商务、信息管理与信息系统、金融学、劳动关系学、劳动争议处理制度、劳动法与社会保障法、劳动合同法、劳动争议处理法、工会法、工会劳动保护、社会保障与工伤保险、个体防护等经管类专业本科及特色专业的必修课。同时，也可以作为行政管理、汉语言文学、新闻学、公共事业管理等非经管类专业本科的选修课开出。

（二）实习教学环境

劳动关系特色的跨专业仿真综合实习所构建的教学环境包括仿真社会经济环境和市场环境，它具有科学、严密和贴近实际的特征。首先，建立以生产制造公司为核心的仿真市场，使仿真环境秩序化、具体化，从而搭建起实习的组织架构。学生根据职能、岗位的设置要求，通过角色扮演的方式组建仿真公司和仿真市场机构。其次，制定详细的业务规则，指导学生按企业运作的流程和规律去经营仿真企业，引导他们认识、理解企业与社会各个部门之间的经济关系。最后，设计大量的仿真经营数据，阐明仿真企业所处的经济环境和当前的经营状况，为学生做出科学的经营决策提供丰富的参考资料。

实习教学环境的主体是仿真市场，一个仿真市场包含多家生产制造公司、原材料设备供应商、客户公司、第三方物流公司和工商行政管理部门、税务部门、商业银行、投资银行、人才交流中心、综合信息中心、认证中心、新闻中心、广告中心、会计师事务所、税务师事务所、律师事务所等行政管理机构或中介机构，同时也包括劳动争议调解委员会、仲裁机构、人民法院、人力资源和社会保障局、职业卫生检测及评价机构。每两个仿真市场可以组建一个实习区，根据学生人数的多少，可以组建多个实习区。

（三）教师组织管理

为了满足跨专业仿真综合实习的要求，学院成立了仿真综合实习教研室，将来自不同院系、不同专业的教师组成实习项目工作室，以项目管理的形式开展教学活动。同时，实践教学中心组建了一支由专职教师、专业教师、特聘教师和学生助教组成的教师队伍。专职教师负责管理体系的研发、设计及相关条件的建设；专业教师负责实习项目的设计、策划和实习的指导任务；特聘教师负责开设专题讲座或报告会；学生助教负责配合教师对教学活动进行组织和辅导。实习指导教师由实验中心负责培训和考核，专业教师只有通过考核才能具备指导仿真综合实习的资格。教师一方面以企业运作顾问的身份进行业务指导和教学辅导，另一方面以实习仿真政府的身份对各个公司和机构开展业绩评估。在实习过程中，教师要控制实习进度，监管实习现场秩序，协调实习现场事务，评定学生的实习成绩，完成组织部署、协调处理和教学评估工作。

（四）学生组织管理

跨专业仿真综合实习按照实习业务量构建实习学生组织，组建跨专业学生实习团队。在构建生产制造公司管理团队时，将不同专业的学生进行交叉分组，每个团队都由 10 个以上专业的 14~16 名学生构成。在团队内部分工时要考虑多个专业之间的联系，体现公司经营管理对各岗位专业人才的要求。在构建市场管理服务机构团队时应选择相关专业的学生，各团队的人数根据业务量的不同也应有所区别。例如劳动仲裁等部门、模拟法庭需要 20~30 名成员，而人调解组织、工会、职代会等部门只需要 3~5 名成员。

（五）实习管理机构

实习管理机构可由实习领导小组、现场指导部、教务管理部、技术支持部和综合管理部构成，这样可以形成一个高效运作的管理体系。实习领导小组主要负责审定项目运行总体方案，配置资源，协调关系。现场指导部负责实习过程的总体控制，包括实习现场秩序控制、实习进度控制、实习时间控制、官方信息发布、实习过程的问题处理等工作。教务管理部负责安排实习场地、教师上课时间、学生分班分组，做好实习日常教务管理、实习成绩管理等工作。技术支持部负责维护电脑设备，提供网络技术支持，搭建师生交流网络平台、实习信息提交平台、信息发布平台等工作。综合管理部负责管理实习资料、实习票据、实习成果，搜集整理各项信息，撰写实习通讯报道等工作。

（六）实习管理制度

为了确保实习活动顺畅高效的运行，实验中心还应当相应的实习管理制度，如《实习指导教师职责与考核办法》、《实习学生考勤管理规定》、《实习学生考核标准》、《实习学生评优办法》、《实习安全管理制度》、《实习档案管理办法》等制度和办法。

参考文献

[1] 向晓书. 高校跨专业仿真综合实习教学组织与管理探析 [J]. 中国现代教育装备，2009（85）15：139－141.

[2] 郭嘉仪. 经管类跨专业综合实验教学管理机制的探索 [J]. 实验室研究与探索，2011（30）8：387－392.

[3] 王淑芬. 专业型院校人才培养模式的改革与创新 [C]. 北京市教育委员会高教处，专业型院校人才培养模式的改革与创新——特色行业院校改革与发展论坛文集. 北京：北京体育大学出版社，2009：247－250.

[4] 李静敏. 对经济与管理跨专业综合实验教学团队建设问题的思考 [J]. 大众科技，2011（139）3：100－101.

劳动关系专业创新发展的探索与实践

——以中国劳动关系学院劳动关系专业建设为例

叶 迎* 乔 健*

【摘 要】在经济体制改革、结构调整及全球化的进程中，劳动关系作为生产关系中最重要的社会关系，正逐渐成为社会关注的热点议题，加强劳动关系学科建设和人才培养力度，是确保我国构建和谐劳动关系和实现可持续发展的关键性要素。中国劳动关系学院的劳动关系专业作为教育部第一类第三批特色专业建设点，在其长期的专业发展历程中，确立了以学生为本的专业建设目标，并在实践中对目标基于六个维度进行了 KPI 指标分解，在结合劳动关系学科本质特征、学院特色和专业发展现状的基础上形成了其专业创新发展的整体思路。

【关键词】劳动关系；专业建设；学科发展

一、以学生为本的专业建设目标及其 KPI 指标分解

2005 年 3 月，经教育部新设专业专家委员会批准，中国劳动关系学院成为全国第一所举办劳动关系普通本科专业的学院，劳动关系系也成为我国第一个以劳动关系命名的学院和学系，并于 2005 年 9 月招收全国第一届劳动关系专业普通本科学生，恰逢教育部于 2005 年 9 月 1 日正式施行的《普通高等学校管理规定》进一步在高等教育领域明确了以人为本、以学生为中心的精神。于是，学院在劳动关系本科专业创新建设的进程之初即确认，劳动关系专业的建设应将促进学生全面发展、适应社会现实需求作为人才培养和专业建设的出发点和归宿点，以学生为本，适应当前国家构建和谐劳动关系的总体要求，制定及时反馈学科专业前沿动态、教学过程创新互动、增强学生社会实践能力的专业培养计划，培养劳动关系领域的专业人才。

---

* 中国劳动关系学院劳动关系系。

本文由中国劳动关系学院劳动关系系同事参与讨论，叶迎副教授执笔完成。

（一）以学生为本的专业建设目标

本院劳动关系专业的发展愿景，近期目标是 2013 年举办公共管理（劳动关系）专业硕士，将劳动关系专业从普通本科提升到研究生层次；中长期目标是将本院建设成一个出色的劳动关系专业教学和科研基地。结合本年度正在申报的专业综合试点改革项目，我们的劳动关系专业建设目标主要围绕"专业素养与职业道德建设、教学团队建设、课程与教学资源建设、教学方式方法改革、实践教学改革、教学管理改革与学生能力建设"这六个方面来设定：

1. 强化专业素养和职业道德。面向经济社会发展需求，从新生教育开始，通过贯穿大学四年的学涯职涯规划教育和领域内的系列讲座，渗透专业理念；通过面向劳工、服务社会的学生实践活动，加深学生的专业能力，增强其社会责任感；通过本专业特有的毕业教育重温专业理念。帮助劳动关系专业的学生树立社会公平、公正的理念和敦品励学、服务劳工的宗旨，坚定其专业理念和职业道德。

2. 加强师资队伍与学术梯队建设。健全中青年教师培训机制，培养现有师资与引进先进人才相结合，围绕专业核心课程群，以优秀教师为带头人，专任教师与校内外兼职教师相结合，国内师资与国际师资相结合，提升专业理论与加强实务能力相结合，建设一支整合不同学科、层次合理的劳动关系高水平教师团队。

3. 优化课程、教材体系与教学内容。形成具有鲜明特色的专业核心课程群，和与之配套的特色教材体系，既要帮助学生掌握扎实的基础理论知识和工具能力；又要帮助学生掌握扎实的、前沿性的专业理论知识和专业实务能力。同时要拓展国际视野：第一，更新教学内容，借鉴国内外课程改革的先进成果，实现教学内容的国际化；第二，通过国际劳动关系教育的合作项目，加强对外交流，实现教育活动与教学方法的国际化；第三，聘请国际上知名的劳动关系专家定期举行讲座，拓展本专业教师和学生的专业视野。

4. 改革教学方式与评价标准。以学生为本，注重知识传授与探索相结合，师生互动、教学相长，并以调动学生自主学习、激发学生求知欲和创造性为主要目标。调动教师积极参与教学改革，提倡采用讨论式、启发式、研究式、讲评式等多样化教学方法。并通过本科生"学用双导师制"，实现因材施教。重视评价标准改革，考试形式多样化，既可闭卷，也可开卷；既可笔试，也可口试；既可独立完成，也可小组集体完成；既可场内完成，也可场外完成；既要考核知识，又要考核能力，促进学生全面发展。

5. 强化实践教学，强化产学研结合。结合专业特点和人才培养要求，加强实践性教学环节，强化实验室、实习实训基地和实践教学共享平台建设，积极探索校、企、研、政四位一体联合培养人才的模式和机制，加强协同开发，促进开放共享，形成与人才培养目标、人才培养方案和创新人才培养模式相适应的优质教学资源。同时开展专业学科建设和劳动力市场双推广活动，使本专业更好服务于社会经济发展，促进工学结合，并提高毕业生就业质量。

6. 科学管理，注重学生能力建设，为创新人才培养模式建立保障机制。

实施学分制教学管理模式，制定相关管理制度和工作条例，明确职责，建立有效的教学过程控制体系，实施有利于学生全面发展和个性发展相辅相成的管理制度和评价办法。

通过本科生学用双导师制、学生科研制度体系建设、劳动关系专业班主任、辅导员工作规范探索，注重学生职涯学涯规划，加强学系文化建设，营造有利于学生成长的环境。

通过举办专业系列讲座、创设高校大学生劳动关系协会、举办大学生劳动关系论坛、举办专业考研、出国留学、就业经验交流会，资助学生到企业及其他劳动机构实习实践、劳动关系协调员培训等不同措施，强化学生就业能力建设，培养出一批在劳动关系专业上具有较高理论知识和实践能力并符合社会需要的合格毕业生。

强化资助学生科研项目、资助学生参与国际交流研讨活动，资助学生参加各种学科竞赛、创设国内本专业模拟集体谈判大赛，建立和完善学生科研管理体系，结合本专业学生电子期刊，积极探索培养创新型、研究型、应用型人才模式。

同时还要制定一系列激励政策，一方面激发教师积极参与教学改革，培养创新人才的积极性、主动性和责任心，积极开设新课，更新教学内容，主动承担实践教学，指导学生开展学、研、产和创新实践活动；另一方面激励学生勤奋学习，勇于创新，支持学生投身科研与社会实践工作，积极参加科学创造和发明活动。

（二）专业建设目标的 KPI 指标体系分解

为使上述专业建设目标在实践中更具可操作性，我们对这些目标从上述六个维度进行了 KPI 指标详细分解，如表 1 所示。

表1　　　　　　　　　　专业建设目标的 KPI 指标体系分解

一级指标	二级指标	三级指标
专业素养与职业道德建设	新生教育	开学典礼，专业教育
		贯穿大学第一年的"新生学年教育"
	学涯职涯规划教育	贯穿大学四年的职涯学涯规划课程与讲座
	毕业教育	"毕业典礼演讲会"、"毕业宣传季"等活动的开展，重温专业理念与信仰
	专业讲座与活动	专业领域内的各讲座
		专业领域内相关主题学术活动
	面向劳工、服务社会的学生专业实践	使学生的实践活动能够面向劳工、直接服务社会，提高学生的专业素养和社会责任感
教学团队建设	人才引进与师资培养	专业人才引进
		兼职教师与客座教授聘请
		中青年教师调研、基层挂职锻炼、参加各类专业学会活动、给国内和港澳工会主席班授课、国内外访学、参加学术会议，进修和业务培训等
		与世界知名学府共同开发国际合作师资培训项目
		聘请国际知名劳动关系专家定期为学生开设讲座
		完善老教师对新教师的"传、帮、带"制度
	实验教学团队建设	实验室管理人员配备
		实验课程教学师资配备
	教学团队激励机制	实验课程开发与实践教学的激励机制构建
课程与教学资源建设	核心课程群建设	核心精品课程建设
		核心双语课程建设
	支撑课程体系建设	经济学、法学、管理学、社会学、心理学等相关支撑体系课程体系建设
	教材建设	本专业精品课程教材建设
		实验教学教材建设
		"劳动关系协调员"教材、题库的编写

续表

一级指标	二级指标	三级指标
课程与教学资源建设	教学资源建设	订阅每年度国际劳动关系学刊、国内专业期刊订阅
		中英文专业图书购买
		专业数据库购买
		国际合作办学、远程网络合作课程
		《中国劳动关系评论》等专业学刊打造
		实习基地共享平台建设
		引进国内外优秀课程资源
教学方式方法改革	教学方法创新与改革	启发式、探究式、讨论式、参与式教学探索
		科研与教学之互动探索
	评价标准改革	课堂教学及考试方式的改革
	网络教学平台建设	精品课程的网络学习平台建设
		研究资料下载中心建设
		教学博客与师生互动学术交流讨论区开设
实践教学改革	人才培养方案修订	课程体系整体优化
		专业实践教学大纲修订与完善
		基于培养方案的教学实践周设计
	实验室建设	完善劳动关系实验室的软硬件建设
		申报国家级实验教学示范中心
		跨专业实验实训基地平台建设
		跨专业实验软件和教学组织流程的设计和引进
	实验教学课程开发	精品实验课程开发
		自选性、协作性实验课程开发
		跨专业实验实训课程开发
	实习实训基地建设	实习基地扩建
		实习基地维护
		规范的实习基地运行机制探索
	专业学科建设和劳动力市场双推广活动	

续表

一级指标	二级指标	三级指标
教学管理改革与学生能力建设	教学管理制度建设与完善	教学过程控制体系构建与完善
		班主任，辅导员工作方法探索
		本科生"学用双导制"的实施与完善
		学生科研管理制度建设
		"小学期制"的开放自主学习方式探索与实践
		日常教学管理信息信息化平台建设
	相关激励制度机制与考核机制的构建与实施	对学生的激励与考核制度建设
		对教师的激励与考核制度建设
	学生能力建设	开展和资助学科竞赛
		举办领域内各种大学生学术论坛
		学生心理健康教育
		举办出国、求职、考研经验交流会
		资助学生科研项目
		资助学生参与国际交流研讨活动
		职涯学涯全程指导
		"劳动关系协调员"的职业资格培训考试
		学生电子期刊
		劳动关系专业社团建设

二、基于学科特点和学院特色的专业建设思路与成果分享

（一）基于学科特点和学院特色的专业建设思路

学院劳动关系专业的建设发展思路，是在劳动关系学科本质特征、学院特色和专业发展现状的基础上结合上述专业建设目标而形成的：

1. 强化大劳动关系的专业属性与多元特质。劳动关系，既可以是作为生产关系中的最重要组成部分，也可以作为微观企业管理组成部分的劳动关系管理。在两者之间，我们强调前者，即劳动关系是人类生产关系中最重要的社会经济关系，只有这样，它才能成为一个独立的专业。劳动关系既然是劳动者在劳动过程中与用人单位结成的一种社会关系，就必然带

有多元特质，它既是经济的，也是社会的，还是法律的。作为专业，它是一门多学科整合而成的交叉性和多元性专业，学生应具备主导学科所要求的思维方式与相应的知识和能力。

2. 突出劳动关系专业的实践性。正是由于劳动关系人才培养的实践性特征，世界各国均将本专业设置在研究生层次上。因应中国目前急需调整劳动关系的人才，我们将专业主要设置在本科层次，但我们清醒地意识到对这类人才培养的实践经验的要求，故而我们需要设置并完善实践教学大纲，通过内部实验室模拟实战、外部开辟实践基地和考取劳动关系协调员的职业资格证书等举措，增强学生的实践能力。

3. 强化与工会干部岗位培训和人力资源管理专业密切配合，强调产学研结合。学院作为服务于全国总工会维护职工合法权益、构建和谐劳动关系中心工作的开展学历教育、工会干部培训和相关研究的院校，在劳动关系专业教学与研究方面有其独特的传统优势与鲜明特色。工会干部岗位培训是学院直接服务于全国总工会的一项中心工作，它可以使我们捕捉到现实劳动关系状况和治理策略的变化，并及时反映到专业建设中去。劳动关系系另设人力资源管理专业，两专业的密切交集，对丰富劳动关系专业的视角和课程，实现构建和谐劳动关系的培养目标，具有很大的促进作用。由于劳动关系涉及多学科、多专业，因此要求学生具有系统而宽广的知识领域。因此，在实践中，教学、咨询服务、科研、实习与实践等环节都应重视，应适应社会和市场需求，积极探索校、企、研、政四位一体联合培养人才的模式和机制。

（二）专业建设成果与实践经验分享

基于上述专业建设目标与思路，在长期的专业发展历程中，劳动关系专业在教学、师资队伍建设、科研、学生工作方面均取得了一些初步建设成果。

1. 教学与教学管理。构建了多元学科整合的劳动关系专业的培养方案和课程体系。本专业培养方案以经济学、法学、管理学和社会学作为四大学科支柱，主干课程均围绕这四个学科设置，专业方向课程以劳动关系学引领，以集体合同制度、职工民主管理和社会参与、劳动争议处理制度及实务作为本专业最重要的方法课程。专业培养方案根据培养目标的要求，在实践教学、实验教学、双语教学等方面做出规范，进一步突出了专业素养与实践技能在专业建设中的突出地位。

深入开展教学研究与改革。本专业通过教研室开展教学研讨、专题调查等多种形式的教研活动，为教学提供有效信息和依据；同时鼓励广大教师开展教学改革，近年本专业的院级教改项目有：劳动关系专业特色建设研究与实践、劳动关系专业的实践性教学研究等，以及集体协商和集体合同制度、劳动关系学、劳工政策等五门院级精品课程。

强化课堂教学水平质量的监控。学系成立了系教学督导委员会，定期召开课堂教学评估会。设立了老教师对新教师一对一的"传帮带"制度，重视学生评教工作，建立了学生课代表联系制度，反馈学生对课堂教学的建议。鼓励教师采用案例教学、讨论式教学、交互式教学等调动学生积极性。

构建实践教学体系。建立并实施了"夯实基础训练，突出专业技能，提高综合素质"的实践教学体系，按照从基础到综合的原则贯穿培养方案始终。目前拥有自主设计的全国第一座"劳动关系协调与发展实验教学中心"，设置了劳动关系、法学与社会工作、经济管理三个实验区，覆盖了劳动关系实验室、人力资源管理实验室等12个功能实验室，开设的实验课程包括集体协商谈判实验、劳动争议处理实务等53门实验课程，承担了97门课程的实验教学任务。已在校外建立劳动与工会领域的实习基地33个。学生按照专业和时间安排进入实习基地，参与实际工作。此外，学系每学年定期邀请劳动保障官员、企业人力资源经理和工会负责人来院为学生做专业实务报告，或主持开展专业拓展和技能竞赛活动。这种工学协同的方式已成为学生接触社会实际、提升实践能力的重要途径。

开展双语教学。本专业在学院率先开设专业双语课程《劳动争议处理制度和实务》，英语阅读课《劳动关系名著导读》，根据学生普遍的外语程度安排双语授课比例，以激发学生的专业和外语学习兴趣，收到了较好的教学效果。

加强网络教学平台建设。通过建立精品课程的网络学习平台、在劳动关系系网站上设立研究资料栏目、开设教学博客等形式，引导学生通过网络开展专业学习，鼓励学生与教师进行交流与讨论，提升了学生的学习兴趣与主动性。

2. 师资队伍建设。劳动关系系强化人才引进与人才培养，改善师资水平与结构。现有专任教师14人。其中，教授2人，副教授5人，高级职称占50%。具有博士（含在读博士）学历学位的教师10人，占71%。院级十佳教师4人。劳动关系专业在院内还有兼任教师7人。其中，教授

6 人，副教授 1 人。本专业要求师资队伍不仅具有深厚的理论功底，还应具有丰富的处理企业劳动关系的实践经验，近年来，教师中有多人赴美国、欧盟、日本、韩国及港台等国家和地区的同行进行多层次的学术交流，在国内外学术界享有一定的知名度。

本专业部分教师现为中国劳动学会、中国人力资源开发研究会劳动关系分会、中国劳动学会劳动科学教育分会、中国法学会社会法学研究会、北京市劳动和社会保障法学会、全国工会学研究会、中国工人历史与现状研究会的副秘书长、学术委员会委员、常务理事、理事或会员。部分资深专业教师现为学院工会干部岗培部的兼职教师，定期为地市和大型企业工会主席班提供适应性培训课程；部分教师参加对香港工联会和澳门工联总会工会干部的学历教育和短期培训授课。

3. 科学研究。科研与教学相结合，以科研促进教学，是专业发展的内涵和载体。自 2005 年举办专业以来，劳动关系专业教师共主编教材、著作 26 部，参编教材、著作 5 部，并在各类期刊发表学术论文 322 篇，其中核心期刊 135 篇，被人大报刊复印资料全文转载 18 篇，被 CSSCI 收录和检索 25 篇。主持和参与国家级课题 5 个，国际合作项目 5 个，省部级课题 24 个，院级课题 18 个。劳动关系专业教师发挥团队优势，围绕着工会问题的研究特色鲜明，在学院 2008～2010 年科研单元考核中，劳动关系系位列优秀科研团队第一名。

劳动关系专业教师的科研成果有三个特点：一是直接为劳动关系专业课程教学服务，在专业课程中，已有《中国劳动关系学》、《劳动法学》、《中国职工状况》、《新编工会学》、《工会组织建设概论》、《劳动争议处理教程》、《劳资谈判》、《新中国工运史》、《国际工会运动概况》、《国际劳工标准》、《职工民主管理理论与实践》、《劳动经济》、《马克思主义工会思想史》、《世界工会概况》等 15 部教材出版；二是围绕着工会和集体劳动关系的研究成果突出；三是发挥团队研究优势，本专业研究著作在数量上近年来获得了较快的增长。

本专业一直重视科研服务政府、企业、事业等机构与组织，与全国总工会、人社部及有关部门保持着密切的合作关系，承担了多项课题的研究工作，如《中国特色的三方协调机制》、《工会体制改革与发挥产业工会作用》、《构建社会主义和谐劳动关系研究——工会博弈行为与和谐劳动关系的建构》、《中国民营企业和谐劳动关系研究》、《国际劳工标准与中国劳动法比较研究》等，形成了一批高水平的研究成果与调查报告，取得了良好的社会效果。

本专业重视国际学术交流活动，以"亚洲社会论坛"、全球劳动大学和国际劳雇关系协会（ILERA）为依托，积极开展劳动关系的比较研究和国际合作，本专业教师每年参加各类国际学术会议的人次数均居全院之首。通过努力拓展专业的国际视野，借鉴国内外科研与教学的先进成果，努力实现教学内容的国际化；同时，在交流活动中，注重开发国际劳动关系科研与教育的合作项目。

本专业加大了教学及科研设施建设的力度，不断完善各项设施和条件。现有劳动关系资料室一个，每年购置最新的国际劳动关系学刊和著作，有中、英文专业藏书 5000 余册，中、英文专业期刊 60 多种；同时与全国总工会、北京市海淀区人力资源和社会保障局等机构保持着密切的合作关系。

4. 学生培养。注重专业素养与职业道德教育。劳动关系专业的学生应树立社会公正的理念和敦品励学、服务劳工的宗旨，有较高道德素质。充分发挥了德育课程的主渠道作用，同时组织学生开展社会实践，了解劳动关系领域，增强服务劳工的意识。注重学涯职涯规划，创新教育方式，通过入学教育、学年教育、专业教育、毕业教育、拓展训练等途径，培养学生的专业认知与合作精神。强化专业实践训练与科学方法训练，培养学生创新精神和研究素养。

建立学生科研管理体系。本专业注重学生的学生科研兴趣，提升学生的工作技能与方法。建立了学生科研实施管理办法、科研流程、指导大纲等规范性制度文件，为学生科研提供了有利的制度保障。2011 年建立本科生导师制，进一步实现因材施教。自 2006 年开展学生科研训练计划以来，本专业学生获得第三届中国劳动论坛易才杯优秀论文奖 1 项、在《中国人力资源开发》、《工运研究》、《中国工人》等刊物发表论文 9 篇，多个科研团队获得北京市大学生创业行动计划立项，并在"挑战杯"首都大学生课外学术科技作品竞赛、学院科研评比中获得一、二、三等奖。

建立了责任明确、分工协作、互为支撑的学生工作管理体系，从学涯规划、学生工作、社会实践、科研训练、考研就业等方面为学生提供支持与帮助。关注学生心理健康，积极协助开展学生心理咨询工作，在班级设立心理委员，及时了解学生思想与心理状态，强化心理预警机制建设。

鼓励考取职业资格证书。支持学生参加国家组织的与专业相关的各类职业资格证书的考试，获得相关行业职业资格证书（如"劳动关系协调员"等），以进一步提高学生实际运用知识的能力，提升就业竞争力。

组织参加多种多样的课外学习与交流活动。近年来，本系组织学生参加了北京市大学生职业规划大赛、北京市大学生英语演讲比赛、全国大学生数学建模竞赛、学院模拟招聘大赛。2010年举办首届大学生劳动关系论坛，2011年作为发起方，与中国人民大学、首都经济贸易大学联合举办首届北京市高校模拟集体谈判大赛，2008年、2010年、2012年派学生赴俄罗斯参加国际大学生社会经济论坛。这些活动开拓了学生的视野，提高学生的综合能力，取得了良好的效果。

劳动关系专业至今已招收七届学生，在校生总数为285人。2009年7月，2005级劳动关系专业43名学生毕业，一次就业率达95%，列全院第三。2011年8月，2007级100名毕业生的一次就业率为98.00%，列全院第一。每年还有15%左右的学生考取劳动关系专业及劳动科学领域的研究生或出国留学。

三、专业建设的未来创新方案探索

创新是学科与专业建设和发展的生命力。通过对国内兄弟院校开办劳动关系专业的经验调研和学习，围绕市场需求，结合目前国内外形势，结合劳动关系学科特点和学院特色，根据建设目标及其KPI指标体系设计，本专业的未来将围绕以下方面进行改革、完善与创新，以提升学生培养质量，服务于学生的全面发展。

（一）完善以学生为本的人才培养方案和专业教育体系

1. 修订完善培养方案，服务于学生的全面发展。本专业正在分析总结2009版专业培养方案存在的问题及实施经验，以突出提升专业素质与实践技能，促进学生全面发展为培养目标，修订完善培养方案。本方案的修订通过座谈会等形式征求企业、政府、工会、教师、学生等相关主体的意见建议，进一步优化课程体系和学分分配，完善实践实验教学、双语教学等规范，确保及时反馈学科专业前沿动态、教学过程创新互动、增强学生社会实践能力。

2. 强化实践实验教学体系建设，培养学生实操能力。坚持基础教育与专业教育相结合、课内教育与课外教育相结合、校内教育与校外教育相结合的原则。根据学科与专业特点，进一步深化专业基础课及专业课的理论教学内容改革，拓展实践教学内容，本专业80%的课程将采用案例教学、田野调查、多媒体教学、情景模拟教学等现代化教学方法，并将不断完善实践教学体系建设。根据新的培养方案的设想，本专业的实践教学总共安排32学分，每一学分16学时，实践教学的总学时数达到了512学时。在此基础上，本专业将进一步增加专业实验课时，包括跨专业、综合性实验。同时，在各门专业课程中均有6%的实践课时的要求，力争使本专业的实践课时总量达到总课时量的35%左右。

在即将推出的新培养方案中，将要求学生利用前三个学年的暑假，采取集中与分散结合的方式，结合专业课程学习的进程，开展不同形式的暑期专业调研实践，要求学生提交实践报告，并计入学分。

3. 实施"学用双导师制"，实现因材施教。第一，本专业将在大三和大四学年建立本科生导师制。导师制实行学生和教师双选，将学年论文与毕业论文进行整合与衔接，确保论文研究的延续性与研究内容的深化，并定期召开指导会议，提高指导质量。同时，对导师制实施的现状进行分析与研究，不断改进和完善导师制管理体系建设，明确导师标准、指导原则、指导方式等，通过学年论文与毕业论文衔接、定期会议交流等形式，提高指导的针对性和有效性。第二，推进学生实践双导师制。由学校教师与签约实习基地人员共同作为指导教师，分别从理论与实践层面对学生的实习实践活动进行督导，同时聘请实务工作者作为学系签约兼职教师参与专业课程实操部分授课，以此推进学生职业能力的提升。

4. 试行"小学期制"，探索学生开放自主的学习和培养方式。"小学期制"拟在第五学期执行，将授课、实验、考试等环节缩编为15个教学周。之后由学生自主组建团队，用1个月时间进行开放和自主式的学习。可围绕着学生科研课题、实务创新项目，由教师参与指导，采取小组学习、田野调查等形式进行。小学期结束后，将召开学生科研和创新实践项目研讨会进行讲评和交流，同时评估"小学期制"的培养质量和存在问题，以便改进。

5. 加强学涯职涯规划课程的专业化体系建设，坚定学生专业目标。学校学生前两个学年身处涿州校区，由于地域偏远，难免影响学习积极性，加之本学科的实践性强，也会使没有工作经验的学生对未来产生迷茫心态。因此，由专业教师参与设立和完善学涯职涯课程体系，充实专业内容，为学生铺设明确的职涯学涯路径与方法，对增强学生的专业学习动力和目标，至为必要。本专业将完善学涯指导实施方案，细化大学阶段任务与实施细则；根据学生意向进行分类指导，举办出国、求职、考研、村官等不同类型的交流会；加强学涯职涯规划课程师资队伍建设，提升指导教师作为"职业规划师"的理论水平与实践技能；同时，继续鼓励学生参加与专业相关的职业资格证书的培训工作。

6. 大力支持和开展富于专业特色的学生课余活动。继续联合相关院校举行北京市大学生劳动关系论坛、北京市高校模拟集体谈判大赛等专业活动，进一步完善相关活动的规则与形式，邀请京外相关院校专业加盟，使之成为全国性专业学科竞赛项目。

大力资助学生科研项目、国际交流研讨活动、创新实践活动，资助学生参加各种学科竞赛，建立独具特色的学生科研管理体系。

加强志愿者协会、劳动者权益关爱协会等专业学生社团的思想建设与组织建设，为每一社团配备专业指导教师，明确其岗位职责，以此强化学生的专业技能，提升学生社团的活动质量。创设高校大学生劳动关系协会，支持其举办专业系列讲座，举办专业考研、出国留学、就业经验交流会、开展劳动关系协调员培训等自主活动，强化学生专业意识和就业能力。继续出版劳动关系系学生电子期刊（季刊）。特别是使学生的实践活动能够面向劳工、直接服务社会，如在劳动争议处理、集体谈判等方面，提供对外咨询或劳动法律援助，服务于广大劳动者，在处理实际问题中进一步提高学生的专业素养和社会责任感。

仿习香港中文大学的书院制，探索专业班主任、辅导员工作规范，使之与学生四年培养目标相同步，提出不同的工作目标要求，成为专业学习的有力补充。同时，加强学系文化建设，营造有利于学生成长的环境。

（二）推进精品课程与教材建设

形成具有鲜明特色的专业核心课程群，和与之配套的特色教材体系，既要帮助学生掌握扎实的基础理论知识和工具能力，又要帮助学生掌握扎实的、前沿性的专业理论知识和专业实务能力，同时要拓展师生的国际视野。

1. 完善精品课程建设。建立融知识、能力与素质于一体的新型精品课程体系，努力形成"国家精品课程—省级精品课程—校级精品课程"的序列化精品课程体系。以精品课程建设为龙头，推进《和谐劳动关系论》、《劳争处理制度与实务》、《劳动关系管理》、《集体合同制度》、《企业民主管理》等课程建设，力争使《和谐劳动关系论》建设成为北京市精品课程,《劳动争议处理实务》等课程成为校级精品课程;继续推进精品课程的网络教育平台建设。

2. 加强精品教材建设。出版一批能反映学术水平、具有较强特色的劳动关系学科的精品教材;完成本专业限选课程教材的编写,初步完成本专业的教材体系建设。我们将根据当前劳动关系的客观变化和构建和谐劳动关系机制的要求,编写新体例的劳动关系教材,教材力求帮助学生掌握扎实的、前沿性的专业理论知识和专业实务能力。同时,将专业限选课的所有教材编写出版,初步完成本专业的教材体系建设。

3. 重视实验教材建设。在"强基础、重实践"理念指导下,加强人力与物力投入,推进实验教材建设,增强教学针对性。通过《集体合同制度》、《企业民主管理》和《劳动争议处理实务》等实验教材建设,进一步强化实验课程体系设计,明确实验目的、实验内容、实验环节、实验评估等项目,推进学生培养质量的提升,同时也为国内劳动关系专业实践教学提供有益的参考。

4. 建设网络教学平台。继续加强精品课程的网络学习平台建设,继续推动研究资料下载中心建设,在学系网站上,积极设置教学与科研博客与师生互动学术交流讨论区。

积极开发国际化的远程劳动关系网络系列课程,比如,本专业正在商讨与美国康乃尔大学等劳动关系领域的知名院校建立教学交流机制,建立远程合作系列课程,开拓国际视野,提升培养质量。

(三)强化师资队伍与学术梯队建设

健全中青年教师培训机制,培养现有师资与引进先进人才相结合,围绕专业核心课程群,以优秀教师为带头人,专任与校内外兼职教师相结合,国内师资与国际师资相结合,提升专业理论与加强实务能力相结合,建设一支整合不同学科投入劳动关系研究的高水平教师团队。

1. 积极引进和培养高层次人才,全面推动学科梯队的建设工作。充分发挥学科带头人的作用,采取超常措施和特殊政策,加大引进和培养学科建设需要的人才,力争引进1~2名具有一定影响力的学科带头人、积极引进国外留学人员,每年引进1~2名重点高校的博士毕业生,充实师资队伍,培养1~3名在本领域有一定影响的学科后备带头人以及一批学科学术骨干,形成结构合理的学科带头人、学科后备带头人、学科学术骨干的学科梯队。

聘请 5 ~ 10 名国内外本专业著名学者和实务工作者兼任客座教授，利用正常学期或暑假开设课程或讲座，或主持开展专业拓展和技能竞赛活动，并作为学生参加社会实践和毕业实习的指导教师。

到 2015 年前后，劳动关系专业应基本形成稳定的专业齐备、层次合理、整体性强、水平较高的学科梯队。

2. 加强本专业师资团队建设。加强科研创新团队建设。鼓励教师根据专业背景、学术兴趣确定自己的研究方向和课程重点，加强科研协作，形成一支有分有合、不同学科交叉融合的劳动关系师资队伍体系。加强科研协作，发挥学术团队的优势，继续保持本专业整体科研水平处于同类学校前列，力争建设 1 个北京市级科研创新团队。

继续开展"香港中文大学中国研究中心访学计划"，每年派 1 ~ 2 名本专业教师赴香港中文大学中国研究服务中心进行访学，选派 2 名教师参加中国人力资源开发研究会劳动关系分会举办的劳动关系师资培训班，开拓科学研究视野，提升教学水平。

作为中国人力资源开发研究会劳动关系分会的常务理事单位，积极参与学会教学、科研、学术交流的协调组织工作。继续与中国人力资源开发研究会劳动关系分会开展合作，通过学术交流、教学研讨、教材编写等形式，推进师资队伍能力建设。

3. 积极选派教师参与国际合作培训项目。积极推进与哈佛大学法学院工会培训项目、纽约城市大学墨菲研究所、加州大学洛杉矶分校（UCLA）劳工中心的项目合作，选派教师参加项目活动，共同组织劳动关系证书班；加强与环球劳动大学（GLU）的学术交流，开展师资、学生交换项目，开拓教师国际研究视野。

4. 充分利用工会系统资源提升教师的研究与实践能力。依托全国总工会与地方工会，积极参与各级工会活动与实践调研工作，申请全总委托课题与地方工会研究课题，推荐教师参加岗培部教学工作，选派教师在工会系统进行挂职锻炼，不断提高专业师资的实践能力。

5. 加强科学研究和学术交流。形成科研特色。加强产学研合作，形成自己鲜明的产学研合作特色：面向劳、资、政三方（工会、企业雇主和政府劳动保障部门）建立广泛的联系与合作，重点面向工会系统，开展培训、调研、咨询工作，推进劳、资、政三方的成长，同时与业界的密切联系也促进劳动关系本科专业的科研与教学。

积极申报国家级及省部级科研课题。到 2015 年，获得的国家自科、社科基金项目及省部级科研项目达到 5 项；各类横向课题 10 项（累计）；强化应用对策的研究，每年完成 1~2 篇有影响的调研报告，为政府与企业决策提供参考。

编辑出版以书代刊的学刊《中国劳动关系评论》，计划每年一刊，其结构为专业论文、专题论文、书评、域外来风等栏目，长期目标是以此为基础，打造劳动关系领域内的权威性、专业性学刊，提高本专业的学术影响力。

进一步加强与国内外知名院校、相关学术团体建立起密切联系，加强学术交流，每年举办 1 次高水平的学术论坛"中国工会·劳动关系论坛"，扩大和提升本专业教师在同行业中的学术地位与影响力。

继续聘请国际上知名的劳动关系专家定期为师生做系列学术讲座，每学期 4~5 次，拓展本系教师和学生的专业视野。

（四）重视教学方式方法的改革

1. 继续推进教学改革项目的申请与立项工作。在已有教改项目的基础上，重点研究学科特点与教学形式匹配选择、学生特点与教学方法的适应性、不同类型教学方式对比分析、学生自主学习能力构建等内容，并进一步将这些研究应用于教育教学实践，提高教学的针对性。

2. 积极推进双语教学课程建设。在保证基础课和专业课教学的同时，更加注意突出专业英语课的教学，根据学生的外语程度安排双语授课比例，以激发学生的专业和外语学习兴趣。在总结《劳动争议处理实务》授课经验的基础上继续推行 1~2 门双语课程。

3. 重视采用现代教学技术，提升教学效率。充分利用学校的网络设施与多媒体设备，把单一的文字教材扩充到声音、图像、网络等媒体中，扩大教学内容的传递方式，实现培训手段的信息化、多样化，进一步提升学生学习兴趣与独立性，培养他们独立获取信息资料的能力，推进教学从教师讲授为主转向辅导为主转变。

4. 改革教学方式与评价标准。选择专业限选课程 1~2 门进行课堂教学及考试方式的改革，如小组讨论式结合讲评式的教学方法，考试形式采取笔试加口试、小组集体完成等模式，以调动学生的自主学习和创造性，建立有利于学生全面发展和个性发展相辅相成的评价办法。

5. 推进学生科研活动。鼓励学生根据教学目标与课程要求，自行组织团队，自行选定相关主题开展研究与讨论学习内容，通过"小组学习"、

"社会实践"、"学生科研"等多种形式培养学生的问题意识、提高学生的科研意识及创新能力，每年支持 10 个左右的学生重点科研创新项目，鼓励教师吸收学生参与课题研究，鼓励学生发表学术论文。

（五）加大实验实践教学比重

本专业积极开展实验教学探索，强化实践教学的组织过程，拓宽实践教学途径与方式。建立了全国第一座劳动关系实验室"劳动关系协调与发展实验教学中心"，在 2009 年获得"北京市实验教学示范中心"称号的基础上，目前正在积极申报"国家级实验教学示范中心"。

1. 继续推进实验室软硬件建设。为更好地推进学生能力的提升，我们一方面加强硬件建设，在实验室计算机、投影仪等仪器设备品种、台套数等方面加大投入的力度；另一方面加强软件建设，积极购买、开发劳动关系专业的相关教学专业软件、视频资料，建立实验室信息资源数据库，同时注重跨专业实验软件和教学组织流程的设计和引进。

2. 加强实验课程建设。本专业鼓励自主开发实验课程。分阶段推进专业课程的实践教学建设，设置实践性教学大纲，对实验课的课程门数、实验实践方式和考核形式做出制度规范。改进每学期实践教学周的设计，使之服务于培养目标的阶段性要求。加大参与式、体验式、研究式等实践教学内容，提升学习兴趣，增强专业认知。在目前已经开设实验课程的基础上，本专业力争在三年内完成《集体合同制度》、《专业文献研究方法》、《企业民主管理》、《劳动争议处理实务》等 10 门左右的实践实验课程建设，充分发挥实验室的功能，提高其利用率。

同时，大幅度提升实践实验课程学分比重，力争达到总学分的 35%。要求专业课程都要有一定比例的实验实践环节，具体规定为：64 学时课程的实践学时为 12 学时，48 学时课程的实践学时为 8 学时，32 学时课程的实践学时为 4 学时。

强化跨专业实验实训课程建设。建立《人力资源管理实务》、《模拟招聘》、《模拟法庭》、《心理测评软件应用》、《社会科学研究方法（含 SPSS 软件）》等管理学、社会学、法学、心理学等多学科背景的支撑实验实践课程体系，全面提升学生的综合素质。

3. 加强实验室队伍建设。实验室队伍是提高实验教学的重要力量，对于提高实验教学效果具有重要的意义。实验室以专职实验师（员）为主，采取专兼职相结合的形式，制定多种政策与措施，将学历层次高、动手能力强的教师从理论教学一线充实到实验教学工作岗位，引进高学历人才不断加强实验室队伍建设工作，促进中心实验技术人员实验教学水平和科研水平的提高，培养一支热爱本职工作、业务素质好、技术水平高、结构合理的实验教师队伍。

4. 完善实验室管理的制度建设。建立专兼实验师的岗位职责制，明确职责分工与管理权限；完善实验室的申请、使用、运行、维护、安全、卫生等管理制度，规范实验室的运行与管理。

5. 完善劳动关系资料室建设。按照学科发展与专业培养要求，继续订阅、购买国内、国外重要的劳动关系学术刊物、书籍等资料，充实资料室文献资源。完善图书资料的入库、登记、借阅、使用、归还等管理制度，提高资料室的使用效率。

6. 继续推进实习基地的建设。在未来三年中，本专业力争再增加5~10个实习基地。在保持政府机构、工会组织等实习基地的基础上，将注重扩大实习基地的行业范围，力争企业实习基础和非政府组织实习基地数量有明显增加。到2015年，建立并维护好20个以上稳定的校外实习基地。

（六）完善教学管理，为全方位提升学生培养质量建立保障体系

1. 注重思想建设。全面贯彻新时期教育方针和教学理念，以全方位提升学生培养质量为宗旨，按照培养大纲要求，结合学生身心发展特点，积极改进教学方式和方法，提高教师"以学生为本"的职业使命感和责任感。

2. 加强教学管理队伍的组织建设。做好教学管理队伍的配备、选拔、培训工作，创造良好的办公环境和条件，定期召开教学管理会议，研究教学管理工作，提高教学管理队伍的工作水平。

3. 健全日常教学管理的制度体系建设。进一步完善教案管理制度，明确教案的形式与内容，加强对教案的监督与检查，提高教案质量；完善教学检查制度，积极深入教学课堂，了解教师授课情况，及时发现薄弱环节，总结有益经验，建立有效的教学过程控制体系；完善教学的评价与反馈制度，定期组织对聘用教师课堂教学质量和教学满意度测评，并及时反馈，及时改进；完善教学档案管理制度，注重教学档案的收集、分类、整理、存档工作，完善日常教学管理基础信息工作，并在此基础上完善本专业日常教学管理网络信息平台建设。

4. 完善激励与约束机制。制定一系列激励政策，一方面激发教师积极参与教学改革，培养创新人才的积极性、主动性和责任心，积极开设新课，更新教学内容，主动承担实践教学，指导学生开展学、研、产和创新实践活动；另一方面激励学生勤奋学习，勇于创新，支持学生投身科研与社会实践工作，积极参加科学创造和发明活动。

结　语

习近平同志在 2011 年 8 月召开的全国构建和谐劳动关系经验交流会上指出，要把构建和谐劳动关系作为一项重要而紧迫的政治任务抓实抓好，要加强劳动关系工作机构和工作队伍建设，注重从力量配置、经费投入上创造条件。张德江同志也提出，要着力解决好劳动关系基层基础工作薄弱、能力不足的问题，加强业务培训，提高队伍素质。劳动关系专业是适应时代需要和发展的特色专业，前景广阔。

学科建设是一项系统性、综合性、长期性的工作。在今后相当长一段时间，我们要加强校、企、研、政四位一体化，加强同国内外同行的联系与合作，加强学术交流，推动高层次人才的培养，为我国经济社会发展和构建和谐劳动关系培养出更多劳动关系领域高素质复合型人才。

经验学习视野下的社会工作专业实践教育构建

侯 欣*

【摘 要】近年来，我国高等教育的发展提出了对学生实践能力和创新能力的培养要求，而社会工作作为一个应用性科学，本身就要求其专业人才具有明显的实践性特质。实践教育在中国如何成为大学的一种制度化理念，需要各高校不断进行教育实践予以探索。本文尝试使用经验学习的视角，介绍我们对实践教育在内容、渠道和创新性方面的一些做法，希望能够对社会工作专业实践教育的构建有所贡献。

【关键词】实践教育；经验学习；社会工作

一、实践教育与经验学习

在国外，实践教育正成为大学的一种制度化理念，大学教育朝向知行结合、学思结合、课堂内外结合、理论与经验结合的发展方向，为大学提高人才的创新能力、实践能力、协作能力提供了思想上和制度上的保障。① 事实上，早在明代我国著名的思想家教育家王阳明就已经提出了"知行合一"的哲学观点，② 思考知行之间的关系。近现代，在我国现代实践教育发展过程中，又深受杜威实用主义教育思想的影响，开始主张教育要与社会和现实生活发生联系，强调"在做中学"。③ 2012 年 3 月发布的《教育部关于全面提高高等教育质量的若干意见》④ 基本描绘出我国高等教育应该发展的实践教育图景，即理论和实践相结合，注重"在做中学"和应用知识解决实际问题，强调能力教育和创新思维，推行自主学习。

库伯在经验学习中认为学习应该是由具体经验出发，经过反思观察、

---

* 中国青年政治学院社会工作学院。

① 陈超等. 国外大学实践教育的理念与实践［J］. 外国教育研究，2005（11）.

② 方旭东. 意向与行动——王阳明"知行合一"说的哲学阐释［J］. 社会科学，2012（5）.

③ 程斯辉. 杜威对中国近代高等教育影响评析［J］. 教育与现代化，2008，9（3）.

④ http://www.gov.cn/zwgk/2012-04/20/content_2118168.htm.

抽象概括和行动应用，再回到具体经验所组成的完整过程，同时，如果检验没有得到证实，将会导向新一轮的具体经验，一个新的学习循环又开始了，这个学习过程是一个不断螺旋上升的学习圈。① 受经验学习理论影响，我们认为实践教育应该探讨经验、感知、认知和行为之间的关联，并注重运用这些相互关联的因素之间的影响和作用促进新知识的生成。本文所讨论的实践教育并非简单指"实践教学"环节，而是指在大学人才培养的全部过程中贯穿实践教育的思想，通过课堂内外各个环节，全面构建完整的实践教育体系。② 目前，我国各高校都在积极探索发展实践教育，并通过实验、实习实训、实践和毕业设计（论文）、军事训练、社会调查、生产劳动、志愿服务、公益活动、科技发明、勤工助学和挂职锻炼等活动具体实施，但是，还没有基于经验学习理论发展出来的完整的实践教育体系。

二、当前社会工作实践教育所面临的挑战

社会工作作为一个助人专业，致力于服务人和社会环境。③ 社会工作专业虽然在我国的发展历史较短，但是随着国家经济和社会建设发展的需要，对其专业人才的需要日益上升。2010 年中央发布的《国家中长期人才发展规划纲要（2010～2020 年)》④ 进一步将社会工作专业人才提升为与党政人才、企业经营管理人才、专业技术人才、高技能人才和农村实用人才相并列的第六支主体人才地位，标志着职业化和专业化是今后社会工作人才队伍建设的根本方向，⑤ 2011 年中组部等十八部委提出的《关于加强社会工作专业人才队伍建设的意见》，⑥ 第一次将"社会工作专业人才"界定为"具有一定社会工作专业知识和技能，在社会福利、社会救助、慈善事业、社区建设、婚姻家庭、精神卫生、残障康复、教育辅导、就业援助、职工帮扶、犯罪预防、禁毒戒毒、矫治帮教、人口计生、纠纷调解、应急处置等领域直接提供社会服务的专门人员"，其作为实务人才的特征

　①　石雷山等. 大卫·库伯的体验学习 ［J］. 教育理论与实践，2009（10).

　②　陈超等. 国外大学实践教育的理念与实践 ［J］. 外国教育研究，2005（11).

　③　莫拉莱斯·谢弗. 社会工作：一体多面的专业 ［M］. 上海社会科学院出版社，2009 年 9 月第 1 版.

　④　http://www.gov.cn/jrzg/2010–06/06/content_1621777.htm.

　⑤　中央人才工作协调小组办公室编著. 国家中长期人才发展规划纲要（2010～2020 年）［M］. 党建读物出版社，2010 年 8 月第 1 版。

　⑥　http://www.gov.cn/gzdt/2011–11/08/content_1988417.htm.

非常明显。如何培养国家社会发展和社会建设需要的在专业人才，其实践教育如何能够训练学生完成帮助个人、群体和社区提高或恢复其社会功能的专业活动，就是当前社会工作教育单位亟须回答的问题。

起源于友善访问的社会工作专业，要求专业教育能够培养学生成为知、觉、行合一的专业人才。① 这样的教育目标要与我国目前的教育现实是有一定距离的，从现实看，我国的高等教育偏重于系统的书本知识传授，人才培养过分强调学术性、研究性和规范性，创新精神和实践能力相对不足，② 高校的教学主要以课堂知识传授为主，学生掌握的知识总量很多，但是应用这些知识解决实际问题的能力不强，理论与实务相结合的能力不强。我国高等教育这种整体上"重理论轻实践"的现实环境，对社会工作这样一门应用性科学的人才培养挑战无疑是巨大的。

三、基于经验学习，发展整合型实践教育

社会工作教育的目的在于训练合格的社会工作专业人员，而且主要是一个实际工作者（practitioner），或是一个干才（doer），③ 所以，在社会工作教育发展历史中，最初的学生就是以学徒的方式学习社会工作，将理论与实践相结合是社会工作专业教育的重要特色。

观察中国社会工作教育恢复重建近三十年走过的历史，可以发现，我国的社会工作有着"教育先行、专业滞后"的发展特点，社会工作教育整体处于高等教育"重理论、轻应用"和"重学术、轻实务"的导向环境中，致使实践教育始终没有得到足够的重视。④ 目前唯一一份权威的专业教育指导性教学文件——"社会工作专业主干课程教育基本要求"，⑤ 过分倾向于社会学专业，偏重于理论和基本知识的累积，缺少整合型实务课程，也没有将实习教育列入主干课程目录，更没有提出对专业实习和实务操作能力等方面的教学基本要求。在实际的教育教学环节中我们会发现，

---

① 曾华源. 社会工作实习教学：理论、实务与研究［M］. 台湾五南图书出版公司，1987，55。
② 《中国教育与人力资源问题报告》.
③ 廖荣利. 社会工作概论［M］. 台湾三民书局，1996 年 8 月第 1 版，129.
④ 史柏年. "中国社会工作专业实习教育与发展"笔谈［J］. 浙江工商大学学报，2011 年 04 期.
⑤ 教育部高等教育司. 社会工作专业主干课程教学基本要求［M］. 高等教育出版社，2004 年 6 月第 1 版.

目前社会工作专业教育课程中所传授的理论、知识和技巧，大部分集中在认知层次上的学习，较少会触及感受，对于如何发展学生具体的学习经验，并将这些经验有效地转化成服务能力、专业自主及专业自我，更是缺乏适合的教育渠道。

结合社会工作专业现状和专业教育发展通则的具体要求，学院目前正在探索以经验学习为基础，以核心能力培养为目标的整合型实践教育模式。其中，经验学习是学院实践教育的理论指导，核心能力是我们在人才培养上的主要目标，整合型则强调我们在实践教育形式上的多样性和有机性。我们在这一模式的建构中通过专业实习发展实践教育的核心内容，通过多类型合作项目拓宽实践教育的培养渠道，通过产学研相结合提高实践教育的创新能力。

（一）通过专业实习发展实践教育的核心内容

社会工作实习教育是在两个学校和机构两个组织背景下进行，联结着教育与实务"两个世界"[①]。斯坦（Stein）对实习教育的研究发现，专业人员自我觉知完全来自实习，实习也是专业关系的运用、社会资源的运用和心理问题的直接处置等能力的唯一来源，关于社会研究、诊断和处置等方面能明确陈述出来的技巧，主要来自实习或实习与课程的配合[②]。实习被视为有助于学生实现从一名被动的学习者向一名积极的专业人员转变的重要过程。[③]

在学校的大力支持下，学院迄今已经建立了较为完善的实习教学体系：成立了实习教学组织机构并配备专职工作人员；发展出以实习指导手册为指引的实习教学计划；形成相对稳定的实习教学流程；组建成校内外结合的实习督导队伍；建设了一个以签约基地为主的实习机构库；逐步实现实习经费的专项投入；初步形成以学生为主的评估体系。在这一相对完善的实习教学体系的保障下，学院可以有条件开展特色实习项目，构建有助于学生进入的"经验学习圈"。其中已经连续开展七年的"北斗之旅"学生赴港实习项目就是最为典型的代表。

该项目具体由学院每年选派20名学生和2名教师组成赴港实习团队，

① 玛丽昂·博戈等. 社会工作实习督导实务：理论与过程（第二版）［M］. 社会科学文献出版社，2011，21.

② 曾华源. 社会工作实习教学——原理与实务［M］. 师大书苑有限公司，1995，3.

③ 戴维·罗伊斯等：社会工作实习指导（第四版）［M］. 中国人民大学出版社，2005，2.

到香港圣公会福利协会（香港地区最大的社会服务机构之一）辖下的青少年、老年、特殊人士以及综合服务等不同的社会服务单位，进行为期四周的专业实习，圣公会负责组织整个实习，选派富有经验的实习督导全程指导学生（具体实习安排见附表）。该实习项目期望学生能够通过亲身参与香港的社会工作服务，在机构专业督导的带领下，不断提升自我在价值观、技巧、知识层面的认知和能力，在交流和学习中深化对自我的认识和对专业的认同，并勇于成为未来社会工作专业发展的开拓者。学生在香港实习中，其身处的机构服务，从院舍到社区，提供了几乎是全年龄段的覆盖型服务，学生浸泡在专业环境中，每天可以通过观察机构的日常活动、参与体验同事们的工作，对机构的服务增加认识和了解。在黄大仙长者综合服务中心实习的张同学（2003级社工学生，第一期北斗成员）这样介绍自己机构的服务："我们中心是一个服务和机构发展都比较健全和成熟的单位，中心的工作主要包括直接服务和行政管理工作，前者主要是提供外展工作（如家访等）、个案管理、义工发展、社交康乐和教育性活动等，后者主要是评估服务对象需要、策划合适服务、处理服务使用者意见、财务管理等。同时，每年中心还会有一些加强和创新的服务，比如今年加强的服务是地区联系、治疗性服务和开拓资源等，创新服务有生命教育、促进长者生产力的活动和长者增权等。"

有了这样丰富的各类型服务，实习学生就可以比较全面和深入地参与到实务中，获得不同的服务体验，在马鞍山青少年综合中心实习的何同学（2008级社工学生，第六期北斗成员）这样描述自己的实习内容："参与观察在中心开展的暑期托管班活动、夜青服务中的义工培训和青少年桌游小组；了解中心开展的针对吸毒青少年的'新念坊'服务的工作内容和方法；与外展青少年访谈、入户对长者做调查；设计并实施一个针对中一托管班学生的普通话学习小组；参加深宵外展服务；到湖景综合康复中心陪伴智障人士。"

这种"身临其境"式的亲身体验，有利于弥补课堂和教材与学生之间存在的距离，学生通过进入服务开始学习，学习就不再是一件困难的事情了。在护养院实习的桂同学（2004级社工学生，第二期北斗成员）的实习总结介绍了他如何学习和理解社会工作的价值观——"无条件接纳案主"："有一次，我和督导一起对一位即将入院的长者进行家访，当督导和护士共同了解长者身体的基本情况时，我看到那位长者的臀部长了一块很大的痔疮，我从来没有看到这样的情形，心里感觉非常不舒服。可是，我发现我的督导没有丝毫的厌恶和嫌弃，细心地观察护士如何给长者上药进行消炎，认真地了解日后对于长者护理需要注意的事项，整个过程她的表情始终真诚、认真，没有丝毫应付的意思。看到这一幕后，我的心久久不能平静，在这个过程中，我既感觉到了自己在对待这位长者时所产生的在接纳上的限制，也学习到了香港社会工作者是如何将无条件接纳案主的理念具体实践在工作中的。"

在学习进程中，对经验的获取与转化是最重要的。尊重、接纳、非批判等这些价值观，都是社工教育在价值观教育中重要的内容。以往书本和课堂讲授对这些价值理念的描述，无法让同学做到深入理解，更不能真正变成社工学生的专业特质。在北斗之旅的实习期间，同学有机会直接参与服务，观察这些专业特质如何在专业的社工身上表现，再进行反思和学习揣摩就容易了很多。好的实习不仅仅是一个单纯的认知过程，还是能够让学习者的思维、情感、行为和自我等全部参与其中，真正成为社会知识向个人知识转化的桥梁。学院正是通过不断发展这样优秀的实习项目来实现对实践教育核心内容的建构。

（二）通过多类型合作项目拓宽实践教育的培养渠道

社会工作本质上是实践的，[①] 其关注现实，积极参与社会改变。这样的专业特质也决定了社会工作教育与社会发展与改变的脉搏紧密相连，学生不能仅仅通过课堂接受教育和训练。因此，如何能够让学校这个有围墙的教育单位，与社会这个无围墙的大课堂接连，是非常值得我们探索的。

在学校的积极支持下，学院与政府、企事业单位、科研机构、非政府组织、社区等发展了以下各种类型的合作项目：（1）人才基地型：学院已与北京市社工委联合成立北京社会工作人才发展研究院，与西城区、海淀区、朝阳区、门头沟区、宣武区和东城区等多家区级社工委签订合作协议，合作共建人才培养的"双基地"；由学院与海淀区中关村街道合作运营的"华清社区服务中心"，被北京市教委批准为北京高等学校校外人才培养基地建设单位；学院与海淀区学院路街道等八家街镇签署了"大学生社工赴海淀青年汇见习实习工作协议书"，学生长期进驻社区青年汇进行

---

① 王思斌. 社会工作实践权的获得与发展——以地震救灾学校社会工作的展开为例 [J]. 学海，2012 (1).

实习。（2）服务项目型：学院还与北京市未成年人保护中心、中国社会工作教育协会、四川广元教育局、香港理工大学、香港青年发展基金、民政部、李嘉诚基金会、中国聋儿中心北京红丝带之家等多家单位在流浪儿童救助保护服务、学校社会工作、农民工子女成长向导服务、唇腭裂患儿和聋儿家长支持服务、艾滋病感染者援助服务等领域开展合作项目。（3）境外合作型：学院与香港圣公会福利协会合作组织"北斗之旅"实习项目，七年来已有140名学生参加；学院与台湾东海大学签订合作协议，两岸学生可以通过方案实习、参观考察、研讨会等方式进行交流和学习；学院与美国Fordham大学签订合作备忘录，第一年暑期课程学生就已经在纽约市探访了十多家服务机构和大学，对美国的社会福利服务和社工教育有了直观的了解。（4）调研项目型：每年的假期，学院都由专业老师带队，组织学生走出校门，到社会这个大课堂进行调研学习，"民族文化与社会发展"、"社会发展与灾后重建"等一个个考察团队，将视野投向边疆、灾区，关注农村发展和灾后重建，也从中学习多元文化，感受民族的抗逆力。（5）服务学习型：学院与社区合作，以项目为依托，提供志愿服务和课堂学习相结合的服务学习课程。在这样一种服务与学习并重的学习过程中，社区和服务对象也成为了学生的教育者，学生认识自我、服务社群的能力得到了提高，社会责任感不断增强。

这些项目在教育地点上突破了传统课堂和校园，在内容上扩充了大量的社会知识和生活知识，并以问题为导向，以社会责任感和专业使命感为培养方向，同时，在这样的教育过程中，学校老师和实践导师共同指导学生成长成才，服务对象和普通百姓也可以成为学生的实践教育者。具体学习项目分为有学分和无学分，课堂内和课堂外，校内和校外，国内和境外等多种类型，包括专业实习、服务学习、合作课程、交换生项目、调研项目、考察交流项目、志愿者项目等。这种实践教育方式为学院拓宽了教育培养渠道，让人才培养与政府政策、学术前沿、社会问题、一线服务、基层社区等紧密相连，为学生提供了课堂外丰富的学习田野，学生既有国际视野，也熟悉和理解国情、社情和民情，参加了服务学习课程的夏同学在课程总结中这样写道："以前我认为'社区'就是大家在一起住的地方或是有共同兴趣的人组成的一个集合体，但是，经过了这学期服务学习的课程，我发现对于居住在这里的打工者来说，'社区'是希望，是一群有着共同理想的人的希望家园，是打工子弟们的梦想，是这些孩子们学习和了解外面世界的渠道，是大家用爱心筑建的精神家园。"

（三）通过产学研相结合提高实践教育的创新能力

我国的社会工作才刚刚起步，其发展方向在最初阶段实际上处于相对模糊的状态①。随着社会管理和社会服务的不断创新，社会工作的发展也呈现出不断变化的特征，社会工作教育只有深入实务领域，才能够准确感知和捕捉这样的专业发展特征。多年来，学院社会工作专业一直强调实务取向，关注现实，关注社会热点，积极参与社会建设和社会管理的焦点和难点问题。通过产学研合作，学院的社会服务和教学科研增加了许多新课题和新领域：中关村街道华清园社区项目在北京市最早探索社工如何在社区和政府公共服务的平台提供专业服务，成为国家民政部社会工作人才队伍建设试点单位，获得"海淀区人才工作十大创新项目"称号；成长向导服务关注外来工的社会融合和城市农民工子女教育和发展，成功入选中国发展研究基金会"关爱流动儿童促进社会融合"公共服务竞赛名单，服务得到《北京日报》、《新京报》、《北京青年报》、《现代教育报》等多家媒体报道。与此同时，海淀社工项目让学院的社会工作服务进入了"三失"（失业、失学、失管）青少年群体；社区青年汇的驻站服务使我们能够直接参与共青团组织服务外来务工青年项目；地震援助项目开启了我们对灾害社会工作的探索；聋儿、唇腭裂儿童家长支持服务为学院开展医务社工实践提供了可能性。通过产学研相结合发展的实践教育，不仅仅是简单地扩充了学生的知识容量，而是激发了学生的社会责任感和专业使命感，也令师生都产生了进一步探究和钻研的兴趣和动力，学生以三失青少年、外来工子女等为研究对象，对社区青年汇、学校社工、医务社工、成长向导等服务场域和服务模式进行专门研究，这也正是学生创造性思维的源泉。

2010 年发布的《国家中长期教育改革和发展规划纲要（2010～2020年)》② 提出，我国当前的教育发展方向是在全面实施素质教育的同时，重视发展学生服务国家服务人民的社会责任感、勇于探索的创新精神和善于解决问题的实践能力。这样的教育发展目标需要各高校通过大力开展实践教育予以回应。③ 今后，学院将继续总结和完善整合型实践教育模式，

① 王思斌. 我国社会工作发展的新取向 [J]. 学习与实践，2007 (3).
② http://www.moe.edu.cn/publicfiles/business/htmlfiles/moe/moe_177/201008/93785.html.
③ 顾秉林. 秉承实践教育传统　加强创新能力培养　提高学生全面素质 [J]. 清华大学教育研究，2006 (1).

深入发展在"经验学习圈"下，有效地促进经验、感知、认知和行为相互转化的实践教育体系，使实践教育在人才培养过程中既能够培养学生的实践能力，也能够提高其创新能力，希望能够对我国社会工作专业实践教育的构建有所贡献。

论建设国际一流警察大学视域下的公安学科建设

王毅虹*

【摘　要】公安学科建设是公安院校的核心工作，公安院校学科建设的质量与水平是衡量公安院校办学质量的重要指标。本文以建设一流警察大学为视角，研究和分析了公安学科建设的必要性，并说明了公安学术生产，公安理论与技术创新及公安学科制度完善是当前公安学科建设的重中之重，提出公安院校应将培育公安学术队伍、提升国际化水平、推进校局合作等作为提高公安学科建设质量，加快国际一流警察大学构建的重要举措。

【关键词】公安学；学科建设；国际一流警察大学

学科是高等院校的立校之本，学科建设是高等院校的核心工作，学科建设水平则是衡量高等院校办学质量的重要指标。近年来，公安部党委对中国人民公安大学等部属公安高等院校提出了建设国际一流警察大学的明确要求，而要实现这一目标，公安院校必须将学科建设置于各项工作的重中之重，并积极研究学科建设之道。本文正是针对这一需求，从建设国际一流警察大学的视角，就如何加强公安学科建设进行分析与探讨。

一、加强公安学科建设是建设国际一流警察大学的客观要求

学科是一个内涵十分丰富的概念，它既指教学科目、学术组织，也指规训制度和人才培养单位等等。学科丰富的内涵决定了学科建设有着多方面的内容。作为有意识、有计划、有组织地推动学科发展与完善的实践活动，学科建设是由人、财、物、信息等基本要素组成的系统工程，其内容可以具体化为学科知识体系完善、学科组织建设、学科制度建设等，旨在提高特定学科的学术水平、促进学术组织的发展，完善学科规训制度，提

＊　中国人民公安大学公安管理系副主任。

升专业人才培养质量。加强学科建设并形成学科优势是世界一流大学的共同选择，加强公安学科建设也必然成为建设国际一流警察大学的客观要求。

（一）具备学科优势是世界一流大学的共同特质

什么是世界一流大学？对此仁者见仁，智者见智，人们提出了不同看法与认识，归结起来人们对世界一流大学本质的认识可分为三类：一是学校实力论，重点强调大学拥有优质教学研究资源和办学条件，如丁学良教授在《什么是世界一流大学？》一书中，将世界一流大学的衡量标准归结为教员素质、学生素质、常规课程的丰富程度、研究基金、师生比例、硬件设施、大学的财源、历届毕业生的成就与声誉以及学校的综合声誉等九个方面。二是社会贡献论，着力强调大学的办学质量及其学术生产与创造、人才培养和社会服务等方面所做出的重大贡献。如有学者指出："大学社会地位的高低与社会声誉的好坏关键在于大学'产品'的数量和质量，在于大学'产品'对社会贡献的大小。如果一所大学仅仅是办学条件一流而未能做出令人认可的社会贡献，那它只能是办学条件一流的大学，而不能算是真正意义上的一流大学"。三是实力贡献论。其不仅强调大学的办学条件，也强调大学对社会的贡献。但无论哪一类观点，都将拥有学科优势视为世界一流大学的共同特质，办学条件论所强调的世界一流大学拥有的常规课程的丰富程度及学校的声誉直接与拥有的学科优势相关，社会贡献论所强调的大学"产品"的质量正是世界一流大学拥有学科优势的结果。其实，许多人把学科优势直接理解为世界一流大学的特质。如美国大学联合会常务副主席约翰·冯在接受我国记者采访时说："我认为一所世界一流大学要有足够广泛的学科领域，基本应当涵盖所有主要的学术和人文领域。另外，我认为世界一流大学就意味着其教育质量应该是世界顶级水平的。我想，很多人对于世界一流大学都是这样理解的"。原清华大学校长王大中院士认为："世界一流大学的共同特征包括：要有一批一流学科；培养高层次创造性人才；出高水平原创性科研成果；以及充足的办学经费等"。实际上，被人们普遍认为进入世界一流大学行列的高等院校也确实在学科建设方面做出了积极努力，拥有优势学科。如斯坦福大学的数学、计算机科学优势显著；麻省理工大学的工程学、物理学实力超群；哈佛大学的政治学、生物学和管理学无人可比；剑桥大学的数学、物理学科雄冠天下。

（二）建设国际一流警察大学需要大力加强公安学科建设

何为国际一流警察大学？尽管近些年来人们越来越重视对这一问题的研究，但截至目前对其所做出的明确回答并不多见。不过，警察大学作为大学，与其他大学一样承担人才培养、科学研究与社会服务等重大责任，对于其质量评价，特别是判定其是否进入国际一流行列，也应同判定一所大学是否进入世界一流大学行列一样，重点考察其是否具有雄厚的办学实力，是否对社会特别是对警务工作发展做出突出贡献。由此，是否具有学科优势必然成为评价一所警察大学是否为国际一流警察大学的具体标准。

公安学科是建设国际一流警察大学必须着力重点建设的学科。在我国，警察高等院校称作公安高等院校，其坚持以公安工作与公安队伍建设的服务宗旨，将为公安机关培养后备人才、围绕公安工作与公安队伍建设开展学术研究并为公安工作提供理论与智力支持确定为最为重要的任务，有着突出的行为特点与公安特色。因此，公安学科及其建设是公安高等院校的立校之本，公安高等院校要进入国际一流警察大学的行列必须将公安学科作为主干学科并将之建设成为优势学科和品牌学科。

公安学科建设水平与建设国际一流警察大学要求存在着明显差距，公安高等院校必须强化公安学科建设的力度。公安学科也称警察学科，主要包括公安学与公安技术，公安学"是研究维护国家安全与社会公共安全的公安警务活动及其规律与对策的学科。公安学的研究对象是国家安全、社会公共安全及其维护，涉及国家政治稳定、社会稳定、社会治安秩序及其危害因素，以及公安警务工作的历史与现状，公安队伍建设及发展等"。公安技术是"综合运用生物、信息、工程、管理等科学与技术，维护社会公共安全（主要是指维护国家政治和社会稳定）的综合性应用学科"。在我国，公安学科早在清朝时期就以"警察学"为名从日本引进，并取得了一些建设性成果。特别是 20 世纪 80 年代，新中国公安高等教育自建立以来公安学科有了巨大的发展，形成了可观的学术研究成果，目前拥有中国人民公安大学、中国人民刑事警察学院、中国人民武装警察学院等数十所公安高等院校，成立了中国警察协会及公安学基础理论专业委员会、公安管理学专业委员会等多个公安学科组织，创办了《公安研究》、《中国人民公安大学学报》、《社会公共安全研究》、《公安学刊》等为代表的国内一流的公安学术刊物，出版了一大批标志性科研成果，并培养了数十万公安高级人才。正是因为公安学科建设所取得的巨大成绩，2011 年 3 月 8

日，国务院学位委员会和教育部批准在法学和工学门类下增列公安学（0306）和公安技术（0838）两个一级学科。公安学科地位得到了显著提升。但是，必须清醒地看到，较之于哲学、经济学、数学、物理学等诸多成熟学科，公安学是一个新兴的学科，知识生产、学术成果、学科制度、学科组织和人才培养等方面基础仍然薄弱，各公安高等院校公安学科建设水平依然有限，因此，要实现建设国际一流警察大学的奋斗目标，必须下大力气进一步加强公安学科建设，切实促其成长、发展与完善。

二、国际一流警察大学视域下公安学科建设的重中之重

国际一流警察大学必须有一流的学科建设水平。一流的学科建设水平既体现在公安高校拥有丰厚的优势学科资源和雄厚的办学条件，又体现在该所公安院校拥有突出的创新能力，为学科建设发展特别是公安学科建设发展做出了突出贡献而享有显赫声誉，且后者是公安院校是否步入国际一流警察大学更为重要的衡量标准。由此，公安院校应在公安学术创新、公安学科制度建设、公安学科组织健全、公安文化发展与传承等方面做出全面而积极的努力，而如下两点最为重要。

（一）加强公安学科理论与技术创新，形成大批标志性学术成果

知识与理论是组成学科的细胞，认识公安学知识是公安学科建设的起点，推进公安学科理论与技术的创新是公安学科建设的核心。"一部学科发展史就是一部知识的生产、保存和传播史"。加强公安学科建设，切实推进公安学科发展，就必须把公安学科知识的生产和公安学理论与技术的创新，作为最为重要的价值目标与实际追求。尽管经过多年的持续努力，形成了公安学与公安技术学科体系，产出了一大批学术研究成果，但是，公安学科理论基础不够雄厚，公安工作与公安队伍建设实践中的诸多经验尚未上升为理论的高度，社会公共安全特别是国家稳定与秩序维护领域中还存在着多处学术研究盲点与空白点。面对这样的现实情况，公安院校就必须把追求学术卓越作为基本理念，把自身真正当作公安学科基础研究和公安技术前沿领域原始创新的重要源头，把自己视为公安理论创新和技术创新的重要力量，在学术研究中坚持原始创新、协同创新，并以开放的心态，尽最大努力坚持引进消化吸收再创新，以研究的形式和开创性的工作，形成大量标志性学术成果，夯实公安学理论基础，完善公安学知识与

技术体系，在发展公安学科知识方面起到领导作用，从而以其对推进公安学科及公安工作发展的巨大贡献，赢得国际一流大学的声誉与地位。

（二）研究推进公安学科准入制度建设，构建学科优势

近年来，一些学者从学科的视角对世界一流大学进行研究，发现世界一流大学在学科方面有明显的综合性特征，但综合并不表示齐全，且学科水平与学科规模并没有必然的联系，世界一流大学均存在着主干学科，而这些主干学科由于建设水平高而成为了世界一流大学的品牌学科。这说明世界一流大学在学科建设方面坚持了两点论与重点论的统一，既注重学科的综合性，坚持多学科发展，又注重主干学科的选择，并着力提升主干学科的建设水平和质量。这为公安院校在迈向国际一流警察大学的征程中，在制定学科发展战略，推进学科建设方面提供了有益启示，特别是说明了公安院校积极参与推进公安学科准入制度建设，构建学科优势的必要性。

第一，积极参与公安学科准入制度的制定，切实发挥公安学科体系建设的影响力。公安学科准入制度在此是指，决定什么样的知识门类可以称得上是公安学科，及其是否具有进入大学的资格，及公安院校选择什么具体公安学科纳入学校研究与建设范围的标准体系。国际一流的警察院校不仅应在公安学科知识与技术方面有着突出的研发能力，而且应在公安学科制度建设方面有着重要的影响力。公安学科作为新兴学科，其学科体系及其内部结构正在进一步确立和完善过程中，公安学科准入制度也正在形成过程中。目前到底哪些知识门类能够列入公安学科体系，哪些具体知识体系应该进入公安学与公安技术两个一级公安学科体系，人们还有着不同的看法。换句话说，还有哪些公安知识门类应该被确认为独立的学科进入一级公安学科行列，已被确立为公安一级学科的公安学与公安技术应包含哪些二级学科还存在着争议。公安院校作为重要的公安学科组织机构在客观上应有较大的制定公安一、二级学科准入标准的话语权，也只有参与公安学科准入制度的制定并在其中发挥重大的作用，显示出特定公安院校对于公安教育的实际影响力和学科建设的权威性，才能说明其在警察大学行列中的一流位置。

第二，制定学科发展规划，调整学科结构，打造学科优势。公安院校同其他的大学一样，要进入一流大学的行列，在注重学科的综合性的同时，应结合学校自身的条件，瞄准公安工作与公安队伍建设实际需求，制定学科发展规划，确立主干学科并对其进行重点建设，打造出品牌学科，

凸显学科优势。以中国人民公安大学为例,公安管理学、治安学、侦查学、安全防范技术与工程、交通安全执法技术、信息安全等学科建设历史最久、建设成果较丰硕、学术梯队相对成熟、学科建设条件好,毕业生社会评价高、社会需求特别是公安机关需求明显,理应确定为中国人民公安大学的主干学科加以重点建设,公安法制、犯罪学基础性强、公安情报学社会需求突出且为中国人民公安大学最早发起建设,也应列入主干学科行列。公安院校应在注重平衡发展的基础上,采取重点突破的策略,在公安学科整体建设水平有待提高、公安院校学科建设资料相对有限的现实条件下,是一不错的学科建设模式选择。

三、加强公安学科建设不可忽视的重要举措

如何加强学科建设作为高校的重要课题,人们进行了多方探讨,并提出了多条具体途径与方法。笔者针对公安学科建设的实际状况,认为如下几点是公安学科建设不可忽视的重要举措:

(一) 凝聚学术力量,打造优秀学术团队

一流的大学,离不开一流的师资,一流的学科建设,离不开一流的学术力量。分析任何一所一流世界大学的成功经验,都与其拥有优质的人力资源,形成了优秀的学术团队密切相关,是否拥有一流的学术队伍是一所大学能否成为世界一流大学的重要评价指标,造就一流的学术团队是世界一流大学形成学科优势的关键所在。公安院校加强学科建设,建设国际一流警察大学,必须高度重视学术队伍的建设。

第一,凝聚学术人才。"学科的历史不仅是一部知识的生产和再生产史,也是学科主体的再生产史。"人才是各项事业发展的第一资源,对于一流公安学科建设来说,公安学术人才不仅是公安学科知识的生产者与创造者,而且是公安学科制度的制定者与执行者,是公安学术组织的构成要素,是掌握公安学科建设各种资源并发挥其实际作用的唯一力量。没有公安学术人才的汇聚就没有公安学科的发展。目前,由于公安学科发展较晚,专门的人才培养平台建设时间不长,公安院校办学整体质量较"211"、"985"等院校而言存在一定的差距,公安院校学术人才吸引力有待提高。因此,完善公安学术人才管理制度,提升公安院校学术汇聚优势,引进、培养高质量的学术人才是公安院校加强公安学科建设必须采取

的重要举措。

第二，培养公安学科带头人。学科精英即学科带头人在公安学科建设中发挥着引领与示范作用，他们决定着公安学科的学术地位、学术声誉及发展方向，构成公安学科建设的中坚力量。在公安学科建设的历程中，公安院校培养造就出了一批包括政府和部级津贴获得者，教学名师、优秀教师等在内的公安学科精英人才，但是，无论就其数量，还是就其学术影响力、国内国际知名度等均与国际一流警察大学和公安学科建设发展的客观要求存在较大差距。通过建立学术评价与学术奖励制度、改革和完善公安学术人才人事管理制机制，进一步加强公安学科带头人的发现与培育，选拔学科建设领军人物并且实发挥其作用，成为公安院校必须付出的努力。

第三，打造合理的公安学术梯队。学科梯队是指某一学科、专业或某一特定研究领域中按一定的结构形成的学术队伍。公安学科建设是一项复杂的工程，也是一项需长期坚持实施的工程，公安学科建设不仅需要优秀的学科带头人，而且需要年龄、知识、学历等结构合理的学术梯队。较之于成熟的学科，公安学科学术人才数量少，年龄结构特别是知识与能力结构不甚理想。适应公安学科的综合性特点、拥有公安实践与公安理论、兼具公安学基础知识与公安专业知识的复合人才相对短缺。由于公安院校学术人才规划意识不强，现有学术人才的年龄结构不甚合理。正视这一现实状况，公安院校必须把加强学术梯队建设作为推进公安学科建设，提升公安学科建设水平的重要路径，特别是应充分利用公安学与公安技术新晋为一级学科，并且公安学与公安技术被教育部列入公安大学重点建设学科的良好机遇，吸引更多青年学术人加入公安学科建设梯队中，鼓励他们在公安学知识的生产中提高素质与能力，在与不同流派、不同学术观点的交汇碰撞中，形成本学科的学术标准、思维方式和行为习惯，从而为公安学科建设提供长久不衰的持久动力。

（二）积极推进国际化，进一步加强校局合作

国际化是许多大学加快世界一流大学建设步伐所采取的重要举措，特别是不少大学都把吸引外国教授和研究人员加盟作为学科建设的决定性因素之一。因为以国际化战略推进学科建设，能够使学科知识在多元文化的交流与碰撞中产生新的火花并快速增长。如新兴的世界一流大学新加坡国立大学就是依靠与哈佛大学、麻省理工大学、约翰·霍普金斯大学、杜拉克大学、清华大学等世界一流大学所结成的战略联盟而实现了办学质量的

迅速提升。公安学科建设同样有必要走国际化的道路，其不仅有助于汇集公安学科人才，有助于借鉴国外警察学科建设的成功经验和吸纳国外警察学科建设的成果，有助于在多元化文化交流中促进公安学科知识的生产、学科制度的建立与完善，而且有利于公安学术成果在国际上的展示与交流，有助于提升公安学科的国际声誉。目前，公安院校在国际化方面已经开始了积极探索，有的采取了学生国际联合培养模式，有的正在筹建国际学院，但公安院校的国际化程度相对较低，公安学科建设国际合作建设机制不够完善，进一步发挥国际化的作用是公安学科提升建设水平的有效路径。

公安学科建设不仅应走国际化之路，也应走校局合作之路。公安院校作为最为重要的公安学科组织，拥有最多的公安学术人才，是公安学科建设的最为重要的力量，推进公安学科建设提升公安学科建设水平，必然坚持公安院校为主体。但是，公安学科建设无论从研究领域还是人才培养的服务方向，都具有鲜明的公安行业特点，而且公安院校可资公安学科建设利用的人、财、物、信息资源相对不足，需要全面借助与发挥社会特别是公安系统的力量，校局合作是公安学科建设的可取模式。目前，公安院校应以校内公安学科机构为主导，积极搭建公安院校与各级公安机关协同建设平台，成立公安院校与公安机关多方参与的学科建设管理机构，负责公安学科建设中重大事务协商与决策，制定公安学科建设和发展具体路线，整合公安院校与公安机关的人、财、物、信息资源，就公安学科建设具体项目进行联合攻关，实现公安学科建设成果的校局共享。

公安学科建设是一个系统工程，必须采用多种措施，通过多条路径实现，除上述所及，公安院校建立学院制，加强公安学科群建设等同样不失为公安学科建设的有效路径。总之，公安院校进一步明确学科定位，找出公安学科建设重点，借鉴世界一流大学学科经验，发挥自身优势，便能够将公安学科建设水平推向新的高度，从而增强学校的实力，拓展学校对社会的贡献，从而加快进入国际一流警察大学行列的步伐。

参考文献

[1] 教育部战略研究基地"世界一流大学研究中心"组. 世界一流大学：挑战与途径 [M]. 上海交通大学出版社，2009.

[2] 翟亚军. 大学学科建设模式研究 [M]. 科学出版社，2011.

[3] 王琪，程莹，刘念才. 世界一流大学：国家战略与大学实践 [M]. 上海交通大学. 2011.

［4］李枭鹰，陈武元．世界一流大学的本质特征与发展动力——复杂性科学的视角［J］．开放教育研究，2007（2）．

［5］王晓阳，刘宝存，李靖．世界一流大学的定义、评价与研究——美国大学联合会常务副主席约翰·冯（John Vaugh）访谈录［J］．比较教育研究，2010（1）．

［6］李仙飞．中国建设世界一流大学研究综述［J］．清华大学教育研究，2005（2）．

［7］程琳．创建国际一流警察大学培养造就合格优秀警官——关于公安大学办学思路和培养特色的几点思考［J］．公安教育，2010（1）．

［8］李健和．公安学一级学科建设若干思考［J］．中国人民公安大学学报（社会科学版），2010（1）．

［9］刘舒．公安技术一级学科建设的若干思考［J］．公安教育，2011（7）．

［10］任克勤．公安学一级学科建设与公安高等教育发展［J］．公安教育，2011（10）．

加强公安教师教学发展
促进公安高等教育质量不断提高

秦立强* 陈 浩* 李冬梅* 谭 胜*

【摘 要】文章首先简要介绍了我国高等教育开展教师教学发展的实践活动，接着探讨了教师教学发展的历史发展与理论内涵，然后讲述了中国人民公安大学在教师教学发展中心的成立与发展，及取得的成果，开展的业务培训、教改研究与交流、评估与咨询，提供的优质教学资源，最后为更好促进教师教学水平的提高，提高人才培养质量，指出学校教师教学发展需要在教学理念、教学文化、教师教学发展制度、教师教学发展资源平台、教师教学培训体系、教研教改机制、评估咨询、校局合作和辐射示范等方面进一步取得进步和突破。

【关键词】教师教学发展；高等教育质量；人才培养水平

《教育部 财政部关于"十二五"期间实施"高等学校本科教学质量与教学改革工程"的意见》在建设目标中提出："创新中青年教师培养培训新模式，形成有利于中青年教师学术发展与教学能力提升的新机制，实现中青年教师培养培训常态化、制度化"。在建设内容上提出："引导高等学校建立适合本校特色的教师教学发展中心，积极开展教师培训、教学改革、研究交流、质量评估、咨询服务等各项工作，提高本校中青年教师教学能力，满足教师个性化专业化发展和人才培养特色的需要。"2012年7月教育部正式启动了国家教师教学发展示范中心的申报工作。至此，教师教学发展中心的相关工作从学者研究、高校准备筹划阶段正式进入政府管理引导和建设阶段，使教师教学发展的相关理论与实践更好地结合起来。教师教学发展作为提高高等教育质量、提高人才培养水平的先导和前提，受到越来越多的学者、高校和政府的关注。

---

* 中国人民公安大学发展规划办公室。

一、教师教学发展的理论内涵

大学教师发展是指教师从事教学、研究及服务工作时，经由独立与合作、正式及非正式等进修、研讨活动，引导自我反省，增进教学、研究及服务等专业知识与职业精神的活动过程。大学教师发展与大学教师教学发展是从属的关系，大学教师发展包括大学教师教学发展，大学教师教学发展是大学教师发展的一部分，是相对于教师的学术发展、教师的社会发展等概念而存在的。教学发展是教师发展的基本条件之一，两者是相辅相成的关系。

20 世纪 60 年代末，美国大学教师发展从少数高校自发行为开始，采用了一些零星的项目，最初只是提供一些技术服务，后来扩大为包括课程设计、教学方法和教学评价方面的咨询。到 20 世纪 70 年代，项目制逐渐确立起来，高校对教学空前重视，并得到外部基金会的资助，美国大学教师发展进入快速成长期，其中 1976 年丹佛斯基金会给了哈佛、斯坦福、西北大学等五所大学启动资金，开启了美国大学教师发展专业化的新时代，经过 30 多年的发展，哈佛大学的博克教学与发展中心已经成为全美大学教师发展机构的领头羊，成为世界高等教育教学理论和实践首屈一指的研究中心。到 20 世纪 80 年代，教学发展促进中心大量出现，这些中心拥有稳定的经费支持。人们对在职培训的关注大大增加，进一步肯定了大学教师需要通过一些培训项目提高其教学能力，而管理者需要通过一些发展项目提高其领导和协调能力。20 世纪 90 年代，大学教师发展中心普遍设立，兼职教师和终身教职教师的发展问题被提上日程，教学发展、学术发展、职业发展和生涯发展普遍得到重视。

我国对于教师教学发展进行专门研究相对较晚，原来仅有少数几所师范大学建立了专门的教师教学发展研究机构。在《教育部　财政部关于"十二五"期间实施"高等学校本科教学质量与教学改革工程"的意见》颁布之后，许多高校陆续设立了专门机构开展教师教学发展的研究和工作，推动了教师教学发展的快速发展。2012 年 7 月，教育部在开展评选国家教师教学发展示范中心的活动中，有 30 所高校的相应机构被评选为国家教师教学发展示范中心，展示了我国教师教学发展的水平。

对于教师教学发展的内涵，学者有着不同的见解。如学者认为，教师教学发展内涵是指：学术水平的提高——学科基础理论、学科专业理论以及跨学科知识的拓展；职业知识与技能的提高——将所拥有的知识转化为学生所能掌握的知识，并借以发展学生的智能；情感与师德的提升——服务精神、自律精神、创新精神、人文情操等。[①] 有的学者则认为，教师教学发展可以理解为了达到教师的全面发展，实现教师的人生价值，通过内部与外部的行动，消除教学障碍，进行教学反思，丰富教学策略，进而提升教学能力与水平的过程。[②] 前者较多强调教师整体素质的发展对教学的推动，而后者较多强调教师教学技能的不断提高和改进对教师的整体素质发展的影响，从不同侧面反映了教师发展与教学发展的关系。笔者倾向于认为，教师教学发展是教师通过教学设计、教学技能、教学评价和教学咨询等因素提高教学水平和教学质量的过程，达到教学与教师共同发展的目标。

二、中国人民公安大学教师教学发展的实践

中国人民公安大学作为"共和国警官的摇篮"，60 多年来共培养了 20 多万高层次公安专门人才，形成了"高教与培训相结合、教书与育人相结合、理论与实战相结合、教学与科研相结合、调研与智库相结合"的办学思路，突出了"忠诚可靠、业务扎实、敢于创新、精于实战、一专多能、作风优良、身心健康"的人才培养特色。为落实《国家中长期教育改革与发展规划纲要》的有关精神，全面提高教学质量，大力提升教师教学能力，经 2010 年 5 月 7 日校党委常委会讨论，决定成立"中国人民公安大学教师教学发展中心"，以更好满足教师个性化、专业化发展和人才培养特色的需要。

中心采取教师志愿者工作模式，成立教师发展规划部、教师交流培训部、教学评估咨询部、教学资源建设部和教师心理辅导工作站等 5 个部门。中心主要职责是开展教师职业道德教育，组织教师教学技能培训，规划教师职业发展愿景，促进教师沟通互助合作，实施教学质量检查评估，提供教师教学咨询服务，提高教学改革研究水平，实现教师教学资源共享，引领公安院校师资队伍建设。中心宗旨是全面提高教育教学质量，大力提升教师教学能力，积极促进教师个性化、多样化和专业化发展。工作

---

① 郑家茂，李爱国，潘晓卉. 注重教师教学发展提高大学教学品质 [J]. 中国大学教学，2010（05）.

② 陈德良，周萍. 教师教学发展的路径探讨 [J]. 教育理论与实践，2011（09）.

理念是"学校和教师共同发展，工作与生活互助和谐"。发展目标是建设学校与教师联系沟通的信息桥梁，教师学习交流的互助平台，联系实战单位的便捷通道，教学科研创新成果的推介平台、学术名家和教学名师的培育摇篮。

1. 取得成果。推出了教师咖啡屋、公大讲堂、名师工作坊、课件设计室、心理辅导站等多个服务项目，加强校内教师之间的相互学习和交流，满足教师个性化、多样化的发展需求，特别是利用心理辅导站开展了教师心理卫生健康讲座和心理辅导活动，缓解教师工作压力，促进教师身心健康；实施了师德好、教学好、科研好、实践好、育人好的"五好计划"，突出师德培育和师能提升促进良好师德、师风的形成；建立了教师互助模式，动员骨干教师以志愿者身份参与教师发展工作，发挥他们的"传、帮、带"作用，指导青年教师健康成长。目前，已开展各种活动30余次，取得良好效果，受到教师特别是中青年教师欢迎，中心的影响力不断扩大。

2. 开展的业务培训。中心成立两年来，已集中开展校内教师专题培训7次，人数达500多人次；资助教师外出培训70多人次，选拔10名教师分别到美国、澳大利亚和中国香港等出国（境）培训；每学期接受各地公安院校教师进修30多人，两年共计150多人次，成为全国公安院校教师提升专业能力的加油站。

3. 开展的教改研究与交流。中心成立两年来，积极开展教学改革研究工作，有国家级教改项目1项，北京市教委教改项目9项，学校教改项目立项100多项，资助经费200万元。目前，已经结题近40项，项目成果在人才培养方案修订、教学练战一体化教学模式、案例式等教学、实训科目研发及技能训练、警务化管理创新等教改方面得到运用和推广。

开展了两次全员参加的教师课堂讲课比赛，在系部比赛评选交流基础上，举行学校决赛。一等奖获得者推荐参加北京市高校教师课堂讲课比赛，均获得名次和奖励。特别是2011年北京市高校专业教师讲课比赛中，学校教师囊括了全部单项比赛第一名的奖项，并以总分第一名的好成绩夺冠。2012年公安部组织的"全国公安院校教学技能大赛"，2名教师获得一等奖，2名教师获得二等奖。

资助了教师参加国内外相关学术研讨会和考察交流活动，两年共计资助近100多名教师参加各种活动。同时，中心还组织学校教师及教管人员撰写论文，参加了最早由公安大学发起的两年一次公安院校教师教学管理研讨会，一年一次北京地区行业高等院校教师教学改革交流会等，加强同类院校或相近院校教师之间的交流联系。

4. 开展的评估与咨询。中心成立两年来，积极推进教学理念转变和人才培养模式创新，提出警务化管理与思想政治教育有机融合，"课堂教学"与"实战训练"紧密结合，校内教师与兼职教官无缝衔接，"教、学、练、战一体化"的教学改革思路，提倡教师主讲细讲向教师精讲学生自学多练转变，实现寓教于学，寓教于练，寓教于研。

调整组建了教师教学督导团，完善了教师新开课、开新课试讲制度，督导团课堂听课评估制度，学生考核试卷批阅抽查评估制度等。目前，中心与教务处一起已集中组织开展教师教学评估检查活动 6 次，有效地促进了教学质量的改进和提高。特别是在评估检查中，中心主动帮助希望改进教学工作的教师开展评估诊断工作，通过观察课堂教学，了解学生意见，与教师共同讨论改进方法，发挥教学评估的效能。

加强教学评估工作和专业预警退出机制研究，为开展学校、公安机关、专门机构和社会多元评价相结合的学科专业自我评估工作做准备，为迎接新一轮的本科教学评估和博士、硕士学位授权点评估奠定基础。

开展教学咨询服务，先后设立了试题库系统、排课系统等运用咨询热线，为学校出台的教改措施、创新教法运用、招生咨询会以及青年教师出国进修等开展咨询。特别是国家新设公安学和公安技术两个一级学科后，学校利用各种平台宣传研讨公安学科建设的重大意义，采取何种方式引导教师关注、参与公安学科建设，为学校相关学科向公安学科调整做好理论技术咨询服务工作。

5. 提供优质教学资源。优质教师资源——有享受政府及公安部级津贴教师，入选新世纪百千万人才工程和新世纪优秀人才支持计划教师，北京市教学名师，国家级和省部级优秀教学团队，北京市优秀教师，全国公安系统优秀教师等，优秀教师人数达 120 多人；优质学科资源——公安学和公安技术两个一级是国家重点学科和国家特色重点建设项目，诉讼法学、公安学和公安技术是北京市重点学科，学科建设人才实力雄厚；优质专业资源——有 5 个国家特色专业点，6 个国家独有的、急需的公安专业，公安专业建设水平处于国内领先；优质课程资源：有 12 门国家级精品课程，35 门省部级精品课程和 60 多门校级精品课程和 50 门网络课程。有适应公安信息化、专业化、规范化和社会化最新发展需要的培训课程和讲座达 70 多个；优质教材资源——有国家级规划教材 6 种，北京市高等教育精品教材 10 种，公安部规划教材 120 多种，其中，30 多种教材获得省部级以上奖励；优质实验实训资源——有北京市和公安部两个重点实验室，国家级和北京市级两个教学实验示范中心；建有目前世界最大、最先进的警务实战训练场馆和设施设备；设计了 100 多项实训教学示范项目，研发了规范的情景模拟、还原实战、综合演练等实训教学方法；优质实践教学资源——有 36 个集教师锻炼调研、教研科研和学生见习实习于一体的公安机关实践教学基地，其中，深圳市公安局实践教学基地被评为"北京市市级校外人才培养基地"；优质国际交流资源——学校与 30 多个国家和地区的警察院校和司法、警察教育培训机构建立了长期交流合作关系，每年聘请 30 多名外国学者和高级警官等来校任教讲学，是对外警务交流的重要窗口；优质培训资源——学校是全国高级警官培训基地，承担省、市、县公安厅（局）长等高级警官培训，中央和公安部领导经常到校授课，为及时了解国家社会安全形势，准确把握公安科技需求，开展科研创新活动，促进科研成果转化提供了丰富资源。

三、未来发展方向

为更好促进教师教学水平的提高，更好地开展教学评估与咨询，提升教学水平，提高人才培养质量，本中心确定了未来发展方向：

1. 更新教学理念。牢固确立"面向公安，为公安工作和公安队伍建设服务"的办学宗旨，积极推进教学型向教学研究型大学的转型发展，高等学历教育与高级警官培训的并重发展，以培养高素质应用型公安专业人才为目标，突出和强化"忠诚可靠、业务扎实、敢于创新、精于实战、一专多能、作风优良、身心健康"的人才培养特色和优势，实施"教、学、练、战一体化"教学模式，形成先进特色的教学理念。

2. 建设教学文化。紧紧抓住"忠诚、敬业、创新、表率、奉献"的公安大学核心价值观这一主线，充分发挥教学激励政策与制度、校园环境和特色标识，组织宣传舆论等功能，让学校主要领导和教授用实际行动支持教学活动，在教师聘任、晋升和日常考核中维护教学地位，建设教风严、学风浓、作风硬、警风正的教学文化。

3. 加强教师教学发展的各项制度建设。制度建设是教师教学发展工作得到有效落实的保证，为此，需要进一步围绕教师教学发展逐步完善各项保障制度。一是要明确责任，教师教学发展的各项制度、开展的活动，涉及学校教务部门、研究生管理部门和人事部门等多个部门，需要这些部门密切协作，才能保证各项活动的顺利开展，达到各项活动的最大效益。二是要优化制度环境，优化教师的工作环境，改善工作和生活质量，提高教师的满意度，充分调动教师的积极性，使教师愿意参与到各项活动中来。政策方面应多一些鼓励，少一些约束，多设计出路，少设置障碍，这样可以让教师感受到集体的温暖、良好的人际关系和和谐的工作氛围，有利于教师的健康成长。三是建立良性竞争激励机制，打破平均主义，拉大差距，把更多精力放在提高教师综合素质和鼓励参与竞争上，激发教师钻研教学的积极性，创造一个有利于教学优秀教师脱颖而出的环境。

4. 构筑教师教学发展资源平台。汇聚集成校内优质教师资源、优质教学资源、优质学习资源等，形成共享机制，依托信息网络技术，建设"有需就有应"的教师综合服务平台。不断开发形式手段多样的服务项目，不断优化教师咨询服务水平。

5. 完善培训体系。面向学校全体教师，重点是中青年教师、基础课教师和研究生助教等开展教学技能培训工作，建立包括教师资格认证培训、岗前培训、技能提升培训、素质拓展培训、国内外派进修、出国考察研修、攻读学历学位以及教学管理干部培训、外聘公安机关实战教官教学技能培训、研究生助教适应培训项目等各种形式的教师培训体系，促进教师、教官、教管和研究生助教掌握必要的教育技术和教学技能，改进教学策略与技巧，提高教学管理能力。

6. 优化教研和教改机制。营造重视教学研究的氛围，借鉴国内外先进理念、成功经验和有效做法，着重研究公安基础课和核心专业课的教学内容更新、教学方法改革、教学模式创新，推动教学研究和教学改革，推广教学改革实践经验和成果，进一步完善"以教研促进教改，以教改深化教研"的良性发展机制，促进教学质量持续提高，确保学校教学研究和教学改革始终处于公安教育的先导地位。

7. 提高评估咨询水平。通过课堂观摩、录像分析、微格教学、教学咨询、教学督导等为教师、学生的教与学提供咨询服务；开展学习测评、教学测评、教材测评、课程测评、专业测评、院系测评、学校教学工作年度测评等，建立健全教学基本状态数据库和教学质量年度分析制度，做好教学质量常态监测和年度报告发布工作；会同校内有关部门，加强对教师特别是中青年教师的业务水平、教学能力、教学效果等考核、检查、评估和交流，确保教学改革卓有成效、教学质量不断提升。

8. 促进校局合作。以借势、借力、借资源，共享共建共发展为出发点和落脚点，积极探索开放办学，学校与公安机关合作，共育人才的新路子、新举措和新方法。把开发和落实合作项目作为推动工作的突破口，通过具体项目的联手共建，服务公安机关实战工作，牵引学校教师队伍建设工作改革创新。

9. 发挥辐射示范作用。开展行业大学教师教学发展中心建设的理论与实践研究，以带动公安院校教学质量总体提高为己任，充分发挥中心的示范作用，向全国公安院校和其他行业高校推介教师发展中心建设模式、培训管理人员，向其他高校推广优质教学理念、教学手段和方法，推广最新教学技术成果。

推进教学练战一体化
创新公安人才培养模式

路峰* 王龙* 高航*

【摘　要】中国人民公安大学作为国家教育体制改革的试点高校，以公安工作和公安队伍建设需求为导向，积极适应新形势下公安工作面临的新情况、新任务和新挑战，以深入推进教学练战一体化国家级教育体制改革试点项目为契机，大力加强人才培养模式的改革和探索工作。本文以教学练战一体化项目为主要对象，重点梳理了项目实施情况，并从多个角度进行了实施情况的总结和分析。文章认为，项目的实施取得了积极效果，深化了对公安特色人才培养工作规律的认识，有力推动了学校的警务实践教学工作并朝着实战化、现场化、综合化、素质化方向稳步发展，发挥了项目在全国公安院校中的示范作用，也可以为相关的行业性院校的人才培养工作提供一定的借鉴和启示。

【关键词】国家教育体制改革试点；教学练战一体化；公安；人才培养模式

一、项目概述

为进一步深化教育体制改革，根据《国家中长期教育改革和发展规划纲要（2010～2020年）》的部署，国家决定在部分地区和学校开展国家教育体制改革试点。2010年10月24日，国务院办公厅发布《关于开展国家教育体制改革试点的通知》，正式启动了425个国家教育体制改革试点项目。中国人民公安大学被确立为国家教育体制改革试点高校，"构建教、学、练、战一体化应用型人才培养模式"项目（以下简称"教学练战一体化教改项目"）被确立为国家教育体制改革项目。

项目的建设目标是，立足公安工作战略需求，发挥行业办学优势，突

*　中国人民公安大学教务处。

　路峰，教授，中国人民公安大学教务处副处长。

　王龙，讲师，中国人民公安大学教务处副处长。

　高航，助理研究员，中国人民公安大学实践教学科科长。

出公安教育特色，完善公安本科人才入警体制机制，通过实践和构建
"教、学、练、战一体化"的人才培养模式，力争将公安大学建设成为深
化公安教育改革的先导区，推进公安人才培养的示范区。①

项目的建设思路是，以公安工作和公安队伍建设需求为导向，积极适
应新形势下公安工作面临的新情况、新任务和新挑战，紧紧围绕高素质应
用型公安专门人才培养目标，以警察的职业精神、基本技能和职业核心能
力培养为核心，充分发挥行业优势，依托学校与公安实战部门合作培养的
平台，促进"课堂、实验室、实训模拟场所、实战现场"的紧密结合，按
照"理论知识—实验实训—实践锻炼—创新发展"的研究与教学路径，构
建教、学、练、战一体化的公安应用型人才培养模式，努力造就"忠诚可
靠、业务扎实、敢于创新、精于实战、一专多能、作风优良、身心健康"
的应用型、复合型人才，切实为公安工作和公安队伍的正规化、职业化建
设提供人才保障和智力支持。②

二、扎实推进项目实施

学校高度重视项目的建设和实施，将其作为全面加强和改进人才培养
工作、提高人才培养质量的一次难得的历史机遇。一年多来，学校举全校
之力，采取有力措施，改革探索，梳理总结，扎实推进，使项目改革取得
了初步成效。③

1. 加强项目组织领导。学校成立了以校党委书记、校长程琳为组长，
教务处、研究生部、学生工作处及相关教学单位负责人为组员的领导小
组，全面加强项目的组织领导。学校将教学练战一体化教改项目纳入"十
二五"发展规划，并作为学校年度的工作要点进行部署和落实。

2. 制定系列保障文件。教学练战一体化教改项目启动适逢《2010 本
科培养方案》全面启动实施，学校根据项目实施要求和人才培养方案实施
特点，制定《中国人民公安大学本科构建"教、学、练、战一体化"应
用型人才培养模式改革实施方案》，明确了项目的指导思想与工作原则，
提出了一系列改革措施。为强化实践教学工作，学校连续四个学期发布本

---

①② 中国人民公安大学本科构建"教、学、练、战一体化"应用型人才培养模式改革实施
方案，内部资料.

③ 中国人民公安大学探索构建"教学练战一体化"应用型人才培养模式，教育部简报 2012
年 49 期.

科实践教学指导意见，提出实践教学工作部署，保障项目实施。

3. 完善人才培养方案。学校 2010 年制定的本科人才培养方案基本上体现了"教学练战一体化"的人才培养指导思想。2011 年对此培养方案又进行了修订，进一步加大实训课程所占比例。尤其是对招录培养体制改革试点班人才培养方案的修订，明确提出突出职前教育，强化岗位职业核心能力培养，全面推行"教、学、练、战一体化"教学模式，实践教学至少占必修课总学时的 50% 以上。

4. 完善实践教学体系。鼓励并推动各门课程开展好本门课程实训教学，推动各系部建设本专业综合实训课程组，并打破教学单位和专业界限组建了公安刑事执法、公安行政执法、公安信息系统应用等 3 个校级警察职业核心能力实战训练课程组，初步构建了课程实训、专业综合实训、警察职业核心能力实战训练的三级校内实践教学体系，促进了"条"与"块"的结合。以落实人才培养方案的实践教学环节为载体，建立了校外见习、专业实习、毕业实习的校外实践教学体系，全程化开展实践教学活动。期间，学校在团河校区战训馆和模拟街区组织 2010 级招录培养体制改革试点班二学位学生开展执法办案综合实训，组织在北京市公安局的东城分局、西城分局、朝阳分局、海淀分局、公交分局和交通管理局等 6 个实习单位开展现场教学活动，落实项目实施和学校实践教学等有关工作安排。

5. 建立警务实战训练部。为推动项目整合实施，学校跨系部整合师资力量，新成立了警务实战训练部，同时对全校的实训教学资源进行了整合，为项目实施提供了教学组织保障。

6. 加强项目调查研究。为了推动项目深入实施、满足教学与实战结合的改革需要，学校推动了教学调研工作。近年来，针对项目实施所涉及的专业建设、人才培养、教学工作、科研合作和基地建设，学校坚持利用假期组织各系部、各专业教师赴公安实战部门进行深入调研，有力地促进了理论与实战的结合。学校近两年来大力支持开展教学练战一体化相关的教学研究项目和科研项目工作，在年度研究立项工作中给予优先支持，立项项目数量占立项总数量的 20%。

7. 加强教材建设。学校结合项目深入实施的需要，发布并实施校"十二五"本科教材建设规划，立项建设教材 86 本，重点加强案例教材、实训教材建设。

8. 加强师资队伍建设。进一步完善了教师教官双向交流机制，加大了教师到公安实战单位锻炼的力度，出台了选聘公安实战单位业务骨干到校担任教官的实施办法，采取多种措施促进教师教官的相互转化，打造既具理论水平又有警务实战能力，既有校内专任教师又有警务教官的"双师型"教学队伍。

9. 建立项目实施监督机制。作为学校人才培养改革的重要载体，学校建立了全程式监督机制。校教学指导委员会认真审议了项目实施方案，并在项目实施的每个学期末均召开专题会议，听取项目实施情况的阶段性汇报，对项目进行阶段性评估，研究下一学期的项目实施意见和方案，对试点项目进行全过程的监督、检查。2011年6月国家教育体制改革领导小组办公室建立了项目信息报送制度，为此学校也相应地组织做好每个月的项目活动信息报送和交流等工作。

三、项目实施的初步结果

一年多来，伴随着项目的扎实推进和深入实施，贯彻以教师为指导、以学生为中心的教育训练理念，推动教学改革朝着实战化、现场化、综合化、素质化方面迈出了坚实的步伐，取得了初步成效。

1. 项目实施情况获得上级部门肯定。2012年3月5日，教育部高等教育司领导来校检查项目实施情况，听取项目实施汇报，考查警务实训教学场地，观摩警务实战训练教学，对项目整体实施情况给予了充分肯定。教育部2012年第49期简报以《中国人民公安大学探索构建"教学练战"一体化应用型人才培养模式》为题对学校的项目开展情况进行了专题报道。7月4日，国家教育体制改革领导小组办公室在清华大学召开座谈会，国家教育咨询委员会委员顾明远、韦钰等委员调研清华大学、北京航空航天大学、哈尔滨工业大学和中国人民公安大学的试点项目进展情况，学校的项目汇报受到与会专家的积极评价。

2. 深化了对四个环节和要素的理解。"教、学、练、战"是紧密联系的四个环节，也是公安行业人才培养的四个要素。"教"，包括理论教学和实战教学，也包括教什么和怎么教，重点研究如何提高学生的全面素质和能力。"学"，主要包括学什么和怎么学，研究如何调动学生学习的积极性、自主性，发挥学生的主体作用，培养发现问题、分析问题和解决问题的能力，提高学生理论联系实际的能力。"练"，主要包括练什么和怎么练，要积极引导学生参与校内实践教学体系和校外实践教学体系，通过案例教学、模拟教学、现场教学，让学生熟悉和掌握本专业实际业务工作的流程，提高模拟实战能力。"战"，是教、学和练的集成和综合体系，主要解决学生能干什么，要紧密结合公安实战需要开展学生培养，确保学生来之能战，战之能胜。项目的实施推动全校师生以新的角度认识和实践这四个要素，深化了对这四个要素的理解，促进了人才培养要素围绕创新精神和实战能力培养的整合。

3. 促进了理论与实战的结合。理论与实践相结合，是提高学生综合素质和能的重要途径，也是高校人才培养模式改革和教学改革的重要目标之一。公安院校的人才培养尤其需要理论联系实际，让公安理论在公安实务中得到检验，让学生的能力和素质在公安实战中得到锤炼。通过开展课程教学的课内实训、专业综合实训和校级综合实训，通过到公安实战部门进行社会见习、专业实习和毕业实习，通过学生参加公安实战和现场教学，既让学生掌握了扎实的公安业务和法律知识，又培养了学生较强的实战能力，提升了学生的综合实践能力。通过组织持续开展赴实战部门的教学调研活动，收集了第一手的教学素材，倾听了用人部门的反馈意见，接触了公安一线的热点和难点问题，有利于促进校内教学和公安实践的结合。这也是项目实施的应有之义。

4. 初步建立了"条块结合"的实践教学体系并初步发挥了国家级教改项目的示范辐射作用。按照程琳校长提出的"条块结合"的思路，初步构建了课程实训、专业综合实训、警察职业核心能力实战训练三级校内实践教学体系和校外见习、专业实习、毕业实习三级校外实践教学体系，加强了警务实战教学基础。学校组织开展的综合实训教学改革和演练活动先后被北京青年报等新闻媒体关注和报道，取得了积极的社会影响。教学练战一体化的人才培养模式已经成为政法院校招录培养体制改革试点的重要人才培养特色，获得了不同层次院校的应用和实践。全国公安院校也高度关注该项目的实施（这是全国公安院校仅有的两个国家级教育体制改革试点项目之一），纷纷来校参观考察与交流合作，有效发挥了公安大学在全国公安教育系统的示范作用。[①]

同时，在项目的实施和深入实践中，也面临着实践教学经费财政拨款不足、"双师型"师资队伍建设需要进一步加强、校外实践教学基地建设亟待加强等一系列的困难和挑战，这有待于在后期的项目实施工作中不断

---

① 2012 年 3 月 5 日教育部高教司来校检查项目实施情况的书面汇报，内部资料.

加强和改进，并积极发挥学校在"本科教学工程"中关于卓越法律人才培养基地、实验教学示范中心等项目载体的作用，推动教学练战一体化项目实施并取得更为积极的建设成果，总结符合公安创新人才培养的规律，为其他相关的行业性院校发展提供可资借鉴的经验，从而使公安教育走出一条特色办学的道路。

刑事科学技术人才培养及专业综合改革研究

蒋占卿*

【摘　要】随着公安工作现代化步伐的加快和刑侦工作科技战、信息战的迫切需要，特别是"清网"行动中所展示的公安信息化建设的深度应用、公安技术一级学科的确立等，为刑事科学技术专业人才培养带来了前所未有的机遇和挑战。本文紧密结合建设国际一流警察大学的办学目标，对公安大学刑事科学技术专业的办学定位、培养特色、学科专业建设等进行粗浅研讨，供同行们参考。

【关键词】办学定位；专业改革；协同创新

一、"一流的刑事科学技术人才培养体系"的办学定位

营销战略家、定位之父杰克·特劳特说：所谓定位，就是令你的企业和产品与众不同，形成核心竞争力；对受众而言，即鲜明地建立品牌。公安大学刑事科学技术专业必须建立自己的品牌和特色，才能形成核心竞争力，才能有所发展和创新。

"一流的刑事科学技术人才培养体系"就是公安大学刑事科学技术专业的办学定位。其主要内涵包括以构建一流刑事科学技术人才培养体系为目标；以掌握本专业基础理论、基本知识与基本技能，具备开展刑事科学技术工作的核心能力和创新精神，能够从事现场勘查、分析、重建，物证检验、鉴定以及刑事情报信息分析应用为目的；着力培养"忠诚可靠、业务扎实、敢于创新、精于实战、一专多能"的卓越刑事科学技术人才。

（一）扎实优良的专业基础

公安大学刑事科学技术专业 2000 年开始招生，目前已培养本专业本科生 1268 人，本专业二学位学生 290 人，硕士生 385 人，博士生 15 人。

＊　中国人民公安大学刑事科学技术系。

公安大学现设有公安技术等3个一级学科博士学位授权点。

刑事科学技术专业现有教授7人，副教授、高级实验师9人，讲师、实验师11人；具有博士学位12人，硕士学位11人，在读博士2人。公安部物证鉴定中心的20多名刑事技术专家均为刑事科学技术专业研究生导师。还聘请了北京市公安局刑事侦查总队等10余个一线技术人员为客座教授和兼职教官。

刑事科学技术实验室1998年通过北京市教育委员会的合格评估。2001年6月4日，被北京市教育委员会、北京市科学技术委员会批准认定为普通高等学校"北京市重点实验室"。2012年8月，被教育部批准为国家级实验教学示范中心。

近年来，刑事科学技术系教师共承担国家级科研课题3项，省部级科研课题20余项，获得经费资助600余万元。其中，科研课题获国家进步二等奖1项，公安部科技进步三等奖2项，获国家专利3项；发表论文300余篇，其中核心论文100余篇，SCI论文10余篇；出版编著、专著及教材近20部；有2门课程立项为国家级精品课程，2门课立项为省部级精品课程；2006年被授予国家级教学团队。

（二） 无与伦比的地域和资源优势

目前，高等教育发展与区域经济、区域人才战略、区域文化建设发展相结合的越来越紧密。公安大学地处北京，刑事科学技术人才和资源优势除公安部物证鉴定中心、北京市公安局等外，最高人民法院、最高人民检察院、北京大学、人民大学、政法大学等也拥有专门的机构和人员从事刑事科学技术专业研究和教学科研工作。

公安大学的刑事科学技术专业建设可以进一步统筹校内外教学科研资源，促进科研支持教学、服务人才培养，把科研成果转化为教学内容，将科研方法融入教学活动；形成优质资源融合、教学科研协同、学校企业联合培养人才的实验教学新模式；建立专业教学、实验与专业训练、专业技能培养与实践体验相结合的实验教学体系；探索满足新时期刑事科学技术人才培养需要的实验室建设和教学改革方向，建立创新人才成长环境，支撑高质量应用型公安科技人才培养，服务科教强警战略和人才强国战略。

特别是公安大学紧靠公安部相关业务局，结合当前刑侦工作中科技战、证据战、信息战、合成战的"四战"要求，探讨信息化条件下刑事科学技术的技、战法以及工作机制的变革，以高素质的刑事科学技术人才培养为目标，建设一流的刑事科学技术人才培养体系有着得天独厚的条件和无与伦比的优势。

二、"综合＋专长"的培养特色和
"教、学、练、战"一体化的培养模式

（一）"综合＋专长"是人才需求特色

刑事科学技术研究内容的复杂性和极强的专业技术手段使得专业体系、专业方向的庞杂和深厚。传统的痕迹检验、文件检验、刑事图像技术以及法医学、法化学、犯罪心理测试、情报信息管理等学科体系及专业建设仍沿用至今。随着信息化条件下刑事科学技术的技、战法带来工作机制、体制的变革，特别是新刑事诉讼法实施后带来的侦查结构的调整、侦查模式的转型以及侦查手段的变化。刑事科学技术面临着多学科、多种技术手段的综合应用，以及如何以信息技术为代表的新技术、新方法引领领导方式的变革，建立科学化、高效化的决策指挥机制；引领实战方式变革，建立精确化、一体化的打击防控体系；引领执法办案方式变革，建立规范化的执法办案机制；引领服务方式变革，建立网络化、社会化的公共服务机制。成为摆在各级公安机关和公安科技人员面前的重大课题。

从刑事科学技术人员案件现场勘查、刑事信息应用和物证检验鉴定"三大核心能力"建设来看。"宽口径、厚基础"的培养原则，"综合＋专长"的培养特色是刑事科学技术专业人才培养的必然选择。事实上，尽管刑事科学技术各专业方向性很强，但其研究对象、基本理论和目的是一致的，都是以刑事案件内在联系及与案件相关的痕迹、物质等为研究对象，以物质交换、同一认定和种属鉴别为基本理论，以发现、预防、揭露和证实违法犯罪为目的的应用性学科。所以"殊途同归"，"综合＋专长"的培养特色符合"宽口径、厚基础"的培养原则。

（二）"教、学、练、战"一体化是高质量人才培养的途径

刑事科学技术是公安专业最有特色，不可替代、也最有发展潜力的技术手段。刑事科学技术专业教学、科研必须和一线密切接触和交流，才能更有发展。刑事科学技术专业改革最终要落实在如何有效解决教学内容与公安实战脱节；教学模式、教学方法的创新上。要转变传统的办学理念和

管理理念，必须坚持服务大局，始终把服务公安工作和公安队伍建设作为公安教育工作的中心任务，必须坚持实战牵引，始终把提高公安机关实战水平作为检验教育工作成效的基本标准，必须坚持与时俱进，始终把改革创新作为提高教育工作质量效益的不竭动力。努力满足广大刑事科学技术人员对接受教育训练的新期待，积极推进刑事科学技术专业教学体制机制改革和内容方式创新。

要不断改革教学管理，探索在教师指导下，学生自主选择专业、自主选择课程等自主学习模式。创新教育教学方法，倡导启发式、探究式、讨论式、参与式教学。促进科研与教学互动，及时把科研成果转化为教学内容，重点实验室、研究基地等向学生开放。支持本科生参与科研活动，早进课题、早进实验室、早进团队。改革考试方法，注重学习过程考查和学生能力评价。

三、刑事科学技术专业综合改革思路与方法

（一）专业综合改革思路

根据《教育部关于全面提高高等教育质量的三十条意见》中牢固确立人才培养的中心地位，树立科学的高等教育发展观，坚持稳定规模、优化结构、强化特色、注重创新，走以质量提升为核心的内涵式发展道路的总体要求，刑事科学技术专业综合改革的思路为：以构建一流刑事科学技术人才培养体系，培养卓越刑事科学技术人才为目标；采用系统设计和精细化管理的理念，通过不断加强组织、师资队伍、制度、质量管理和资金等五项保障；构建校内刑事科学技术信息化科教平台和校外实践教学平台；形成自主学习、协同创新和定向培养三种培养模式；建设学生自主选课、专业课程教授负责制、教师团队竞争和实验室开放创新四套管理机制，以形成具有鲜明刑事科学技术专业优势和特色的综合教学体系。归纳为"一个目标，两个平台，三种模式，四套机制和五项保障"。以下主要从目标、平台、模式和机制四个方面简要论述。

1. 一个目标。以培养卓越刑事科学技术人才为目标，重新修订完善《中国人民公安大学刑事科学技术专业本科培养方案》、《中国人民公安大学刑事科学技术专业硕士研究生培养方案》等。不断推出一批有较高社会效益和经济效益的教学科研成果，进一步提升公安大学刑事科学技术专业

的影响力和竞争力，构建一流刑事科学技术人才培养体系。

2. 两个平台。

（1）构建校内面向广大师生，集教学、科研和各项管理于一体，刑事科学技术专业"教、学、练、战"一体化的，满足学生自主学习、自主择课、协同创新功能的综合信息化平台。

一是按照国家级精品课程的标准，建立一套能够体现刑事科学技术理论发展并与公安实际应用紧密结合的"刑事科学技术"网络教学课程。每门课程充分吸收国内外刑事科学技术专业课程优秀教学成果，建立覆盖"刑事科学技术"课程群的多媒体、虚拟化和数字化教学资源。满足学生自主学习、自主择课及网上训练、考核的需要。

二是建立一套较为完善的刑事科学技术专业交流、协同创新平台，加强刑事科学技术的交流宣传，促进刑事科学技术专业人才协同创新和科研成果转化。

三是开发一套服务于刑事科学技术专业"教、学、练、战"一体化的模拟训练、考试系统，可同时支持1000名左右学生在线访问。建立并完善刑事科学技术专业教学案例库。

（2）建立并完善校外实践教学平台。以公安部物证鉴定中心、北京市公安局和校外实习基地为基础建立完善的实践教学体系。

3. 三种教学模式。一是构建学生自主学习、自主择课的"教、学、练、战"一体化的网络教学、网上考核模式。二是建立教师与教师、教师与学生、学生与学生，学校与各类创新力量的深度合作协同创新模式。促进优质资源的充分共享，形成有利于协同创新的文化氛围。三是面向公安机关和刑事科学技术队伍需求，不断完善定向培养模式，提升人才质量和水平。

4. 四套管理机制。一是学生自主选课机制。建立并实施《刑事科学技术专业学生自主选课管理暂行办法》。二是专业课程教授负责机制。实施《刑事科学技术系课程建设暂行办法》。从名称开始研究、梳理每门课程，按照精品课程标准，紧密结合师资队伍建设，充分利用现代信息技术，更新完善教学内容，优化课程设置，形成具有鲜明特色的专业核心课程群。形成与人才培养目标、人才培养方案和创新人才培养模式相适应的优质教学资源。三是教师团队竞争机制。实施《刑事科学技术系教师团队建设暂行办法》。要进一步优化师资结构，建立中青年教师培养方案并纳入教学、科研业务档案管理，以课程组建团队加快中青年教师成长步伐，按照学科方向建立学术带头人制度加大专家、名师培养力度。要以先进的教学理念、明确的教学改革目标、切实可行的实施方案、健全的团队运行机制和激励机制，不断提高队伍的整体素质，保障队伍的可持续发展。四是实验室开放创新机制。实施《刑事科学技术系实验室开放管理暂行办法》。以综合性实训项目作牵引，打破原专业方向划分过细的问题，以增强设计性、综合性实验项目，以规划效益，最大限度地提高实验室和仪器设备利用率。

（二）专业综合改革方法

1. 以学科建设为导向。紧密结合培养方案的修改和完善，围绕刑事科学技术专业规划、专业方向、基地、专业项目、制度和氛围等，强化教师队伍建设，不断完善人才培养方案和培养模式。学科兴系，学科强系。要进一步明确和提升公安大学刑事科学技术专业的特色和定位，充分发挥北京的地理优势和资源优势，以使学科专业有一个大的发展。

巩固本科教学基础地位，整合第6～8学期的选修课模块和实训内容，学生自主选择专业方向进行强化训练并与毕业论文（设计）相结合，真正达到"综合＋专长"一专多能的人才培养目标。倡导知名教授开设新生研讨课，激发学生专业兴趣和学习动力。

研究生培养以提高质量为核心，主动满足社会发展需要；以强化创新实践能力培养为重点，创新人才培养模式；以培养单位内部保证为基础，健全质量保证与监督体系。

进一步加强和公安部物证鉴定中心、北京市公安局等的合作，坚持优势互补，合作共赢的原则，在兼职教授、教官，实验室等方面选择优质资源为我所用。

确实从提高学生实践能力培养入手，制定《刑事科学技术系学生参加教学实践活动管理办法（草案）》，从入学开始，参与专业助学、助管活动。

2. 以贴近实践为目的。结合当前刑侦工作"四战"中科技战、证据战、信息战和合成战，深入调研，探讨信息化条件下刑事科学技术技、战法以及工作机制的变革，着力教师和学生实践能力的培养，以更好地服务公安，服务实践。

以国家级实验教学示范中心建设为契机，结合专业特点和人才培养要求，增加实践教学比重，确保专业实践教学必要的学分（学时）。改革实践教学内容，改善实践教学条件，创新实践教学模式，增加综合性、设计性实验，倡导自选性、协作性实验。配齐配强实验室人员，鼓励高水平教师承担实践教学。加强实验室、实习实训基地和实践教学共享平台建设。

3. 以信息化为抓手。无论是深化教学研究、更新教学观念，还是注重因材施教、改进教学方式，都必须依托现代信息技术和完善的教学手段，才能形成具有鲜明专业特色的教学改革成果。目前，我们正在规划建设基于学校教学、科研等信息系统基础上，集协同工作、教务教学管理、学术交流、科研、实验室管理等一体化综合网络信息服务平台，把每一门课程按精品课程标准，包括网上训练考核系统在内构建在网络平台上。通过不断积累、完善，形成我系的教学和科研业务档案和教研资料中心，并在此基础上发展成为全国刑事科学技术资源中心。以不断转变职能，不断积累、完善和提升刑事科学技术教学、科研等质量和水平，提高专业的核心竞争力。并力争在年底前构建完成。

4. 以科研成果转化为重点。充分了解公安机关业务需求和存在的问题，围绕刑事科学技术热点和难点，以及教学科研和管理工作中的问题确定科研项目，开展科研创新工作。加强科研团队建设，提高科研成果的实用性，进一步提升刑事科学技术专业在全国刑事科学技术领域的地位和影响力。尝试走"产、学、研"相结合的道路，与专业公司、实战部门建立科研合作机制。重视学术团队建设，鼓励教师带研究生、本科生搞科研。以不断凝练刑事科学技术专业特色，提升专业水平，充分发挥示范和辐射作用，更好地服务于本行业及北京的经济和社会发展。

试论人文导向的社会学教育教学模式改革

曹文明* 谭 胜*

【摘　要】社会学兼具科学与人文双重属性，但国内社会学理论研究相当程度地存在着重视科学功能而忽视人文功能的倾向。基于社会化理论与传统修身理论的融合性，中国传统社会理论的借鉴与导入可以有力地促进中国社会学理论的发展：既能够开拓人文教育的资源、视野与途径，强化社会学理论的育人功能，也可以促进中华文化的传承与更新，强化学科自身的思想内涵。肇基于此，有可能构建融合"知识之学"与"智慧之学"，协调"生态之学"与"心态之学"的社会学理论体系。

【关键词】社会学；人文；人文教育；修身

　　社会学是一门兼具科学属性与人文属性的社会学科，具有科学认识和意识形态的双重功能，这也意味着不同流派的社会学理论在其坚持科学性的前提之下，仍在自觉或不自觉地维护着一定的价值观念和社会利益，正是基于此等原因，中国学者近百年来一直在推动着社会学理论的中国化。与此同时，国内的社会学理论研究仍相当程度地存在着重视科学属性而忽视人文属性的倾向，对于社会学理论的人文属性和人文功能迄今少有专文述及。深入学习费孝通先生的《试谈扩展社会学的传统界限》，并借助自身的教育实践，笔者日渐认识到深入研究社会学的人文属性不仅有助于挖掘社会学理论的育人功能，提升学生的思想境界和道德素养，也有助于全面把握和发展社会学的理论体系及其思想内涵。由此以社会学人文教育功能的开发为重点，借鉴修身等中国传统社会理论，初步形成了以融会式教育理念为指导，以修身向善为导向、以"知行合一"学习方式为特征的社会学教学体系的综合性改革，受到广大学生的欢迎。

---

* 中国人民公安大学教务处。
　曹文明，中国人民公安大学副教授。

一、拓宽高校思想政治教育的途径，
探索课程改革的新理念与新思路

　　2004年中共中央、国务院《关于进一步加强和改进大学生思想政治教育的意见》指出，国内外形势的深刻变化使大学生思想政治教育既面临有利条件，也面临严峻挑战，"一些大学生不同程度地存在政治信仰迷茫、理想信念模糊、价值取向扭曲、诚信意识淡薄、社会责任感缺乏、艰苦奋斗精神淡化、团结协作观念较差、心理素质欠佳等问题"，"加强和改进大学生思想政治教育是一项极为紧迫的重要任务"。并特别强调"哲学社会科学中的绝大部分学科都具有鲜明的意识形态属性，对于帮助大学生坚定正确的政治方向，正确认识和分析复杂的社会现象，提高思想道德修养和精神境界具有十分重要作用"，明确提出："高等学校各门课程都具有育人功能"，"要深入发掘各类课程的思想政治教育资源，在传授专业知识过程中加强思想政治教育"。如何在教学实践中挖掘课程自身的思想资源并对学生进行人生观、价值观的引导，就对高校课程建设提出了新的要求。

　　公安院校是国家高等教育的重要组成部分，承担着培养未来执法者的重任，重视思想政治教育是其一贯的优良传统。随着社会的急剧转型，公安院校的思想政治工作面临着新的挑战：警察的社会角色及其执法方式的变革迫切要求相应的观念更新；社会上多元并存的利益追求和价值观念要求强化价值观教育，增强拒腐防变的能力；社会的急剧变革导致公安工作面临的新事物、新情况层出不穷，迫切需要民警以新的观念、新的思维来应对挑战，创造性地开展工作；现代警察是具有高度挑战性和复杂性的职业，长期处于工作压力大、心理负担重的状态，需要具备良好的心理疏泄能力和自我调适能力。在这些方面，人文教育正可以发挥积极的作用。面对复杂多变的社会形势，公安工作"要更好地服务于和谐社会的建设，不仅需要先进的技术，还要借助于人文精神和人文素养的支撑。公安院校加强人文教育，应该是公安事业适应和谐社会建设的重要环节"。① 人文教育所尊崇的气节操守，所讲究的规矩品位，所培育的责任感和价值体系，对于引导公安民警乐观积极的生活，对于引领公安工作的改革创新，都有不可估量的价值。

---

　　① 曹文明. 论和谐社会构建中的公安院校人文教育［J］. 公安教育，2006（7）.

　　社会学是通过人们的社会关系和社会行为来研究社会的结构、功能、发生、发展规律的一门综合性的社会科学，它既有助于人们来认识复杂的社会现象和深层的社会趋势，也帮助人们理解社会历史对个人内部生活和外部生涯所起的作用，从而通过宏观社会环境的观照来把握自己的生活机遇。由此社会学不仅提供关于社会的科学知识，也能促使学习者认识自我，认识自我与社会的互动，促进大学生的个体社会化。而对自我的认识不仅成为社会学实施思想政治教育的恰当切入点，也成为思想政治教育的有力支点。由此传统的修身理论就成为社会学教学改革的重要突破口，进而逐渐形成了知识传授、能力培养和品行修养并重的课程教学目标，确立了科学教育与人文教育相融合的课程改革理念，形成了借鉴中国传统社会理论、推进社会学教学改革的基本思路。

二、结合公安院校教学特征，深入挖掘社会学教学的人文教育内涵

（一）借鉴中国传统的社会理论，建构学生人文素质"知行"层递结构

　　儒家为代表的中国传统社会理论注重"修身为本"，追求个体的"自觉"、"自德"，强调"修己"以"正人"、以"安人"，讲求"力行近于仁"，将修身与齐家、治国、平天下联为一体，是一个兼具知识性、伦理性、实践性的思想体系，对中国历史文化的发展产生了难以估量的作用，至今仍是中国社会发展和文化建设的思想资源与精神力量。以此为导向，社会学教学主要从以下方面引导学生提升品行修养，不断拓宽课程教学的思想教育途径：

　　首先在人际交往层面，使学生深刻理解人类生活的群体属性与社会关系形成的互动性质，引导学生在群体生活中"以人为镜"，加深对人的尊严、人的价值的理解。针对西方文化中关于个人独立而孤独的个体（individual）状态的论点，教学内容突出个体存在的社会性状态，强调个体存在与其所在社会文化的相互联系及融通，从而激发学生在社会化过程中的个体自觉和文化自觉，引导学生体认日常生活中的社会角色及其在待人接物、为人处世、谈吐举止等方面的道德礼仪，促其为人以善、待人以诚、言行合礼、举止得体，从而提高社会交往能力与水平。

　　其次是知识能力层次，引导学生正确认识社会现象，准确把握社会情

势。社会学教学不仅强调知识的传授和理论的训练，更注重培养"社会学的想象力"。根据美国学者米尔斯的观点，"社会学的想象力"实为一种心智的品质，可以帮助人们利用信息增进理性，从而使他们能看清世事，"个人只有通过置身于所处的时代之中，才能理解他自己的经历并把握自身的命运，他只有变得知晓他所身处的环境中所有个人的生活机遇，才能明了他自己的生活机遇"。[①] 因此，社会学教学既要引导学生观察社会生活，更注重培养学生的联想能力与思考能力，通过"社会学的想象力"看清更广阔的历史舞台，发现现代社会的构架，进而清醒地认识自己在社会中的经历和机遇，增强自己的判断能力、应对能力和组织协调能力。以此为基础，积极鼓励大学生从时代和社会的发展进步中汲取营养，从身边的事情做起，从具体的事情做起，牢牢把握个人发展的机遇。

再次在价值观层次，启发学生的思考与探索，引导学生在社会变革中积极主动地关怀社会，关注民生，关心国家与人类的前途，从不同的角度来认识前贤志士的崇高追求和当代中国的社会转型，增强民族自信心、历史使命感和社会责任感，激发他们追求理想人格、理想社会的精神动力。尤其注重通过社会转型的理论视角，引导学生关照时代发展，做时代的思考者，并在时代的变革中追求社会的理想、担承历史的责任。当代中国正处于千年未有的大变革进程，面对前所未有的机遇挑战，中国大学生最高的价值就是历史担当。面对思想政治领域风云激荡，没有自觉的政治担当，如何能将中国特色社会主义的坚定信念、改革开放的坚定信心和民族复兴的孜孜追求，熔铸到富民兴邦的政治实践中？面对转型期问题矛盾不断积累叠加，没有自觉的社会担当，如何能自觉投身于攻坚克难化解社会问题、激流勇进突破发展瓶颈、不畏艰险推动改革大业的时代伟业？精神文化领域多重思潮交汇交锋，没有自觉的文化担当，如何能明辨是非、传承中华文化、建设文化强国？

最后，从文化传承和文化强国的角度，引导学生深刻认识中华文化的伟大价值，增强自己的文化自信、文化自觉和文化自强。我国作为一个发展中大国，文化落后的状况尚未根本改变，文化建设的任务迫切而繁重，"厚重的历史文化传统、最大的社会主义国家、后发国家的国情等，使中国在全球化时代维护文化安全的过程中居于一个独特位置。它在文化继承

---

① ［美］C. 赖特·米尔斯. 社会学的想象力［M］. 陈强等. 北京：三联书店，2001：4.

与革新、引进与改造等方面的任务十分艰巨"。① 由此我们在教学中不仅教育学生深刻领会文化建设的战略意义，将文化建设置于经济社会发展大局和世界历史发展脉络下来审视，将当代文化发展置于世界发展局势和中华民族伟大复兴的时代背景下来思考，而且引导学生清醒把握中国文化建设面临的历史性课题，包括民族文化的自信问题、传统文化的传承与更新问题、全球化背景下的文化安全与中华文化的国际影响力问题，进而培养学生"为往圣继绝学"的历史使命感，努力在历史文化的传承中挖掘对中华文化的创新性认识和创新性的成果，为当代中国发展贡献更加丰富的智慧源泉。

（二）结合社会学理论的中国化趋势，糅合中国社会的历史和现实，探索有特色的社会学教学内容体系结构

社会学是诞生于近代西方的社会科学学科，着眼的是西方走向现代化的社会问题、解决方案及其历史经验，具有典型的西方文化背景。20 世纪初以来，诸多前辈学者都致力于社会学理论的中国化，我们在课程教学中尽力承继这个传统，并体现在教学内容的设计中：

首先，对社会学基本概念的解读，既注重阐释其原初的含义，也尽力引进中国贤哲对这些现象的经典解释及其格言，更注重结合中国变革的社会实际。这种做法使这些概念不仅通俗易懂，具有生活意趣，也使社会学的课堂教学具有了丰富的中国文化底蕴，推动了学生对中华经典的认识理解及其与先贤的神交对话。此外，往往以精选的中国经典名言来展开相关内容的教学，努力使学生在理论知识的掌握过程中，逐步理解中国圣贤为人处世的思想智慧和理想追求，洞悉历史与现实的互通，提高把握人生、时势的能力、视野与境界。

其次，注重通过中西文化对比来深化课程内涵，激发学生对中国发展道路的思考与自觉。从历史角度看，西方的社会文化是在与中国大异其趣的环境条件下演进的，"关于巨大的中国是如何演进的这一问题，我们首先能够断言的是，它是通过内聚而发展的，而西方国家则是外向的产物"。② 这种不同的发展取向在宏观上和微观上都影响了各自社会文化的风貌与历史发展，尤其在社会的构成要素、组织结构与文化观念方面，中

---

① 倪世雄、李世默. 全球化时代的文化安全 [N]. 文汇报，2012 - 1 - 9：10.
② 费正清等. 中华人民共和国史（1949 - 1965）[M]. 王建郎等. 上海：上海人民出版社，1990：15。

西社会之间不仅有显著的共性，更有各自的个性。置身于全球化的社会文化背景，适当分析社会学相关理论赖以形成的文化背景和历史过程，使学生理解中西社会理论的共通之处及其文化差异，不仅有助于祛除现代化等同于西方化的迷思，也有助于开阔学生的文化视野，促使学生深入思考中国社会变革的文化环境和发展道路。

再次，注重通过历史对比来反映中国社会转型的艰辛历程和剧烈变革。在课堂教学和案例讨论中，我们注意从多个角度、多个方面展示近代以来中国社会转型的曲折过程，努力反映出中国社会转型的难度深度广度，探讨曲折过程背后的矛盾困局和各方角力，引导学生科学、全面地认识社会转型及其生发的各种矛盾问题，促使学生自觉维护国家改革发展的大局并积极探求这些社会问题的机制性的解决方案。在家庭、社会分层等具体社会生活的讲授中，我们也尽力引入历史状况与现代风貌的鲜明对比，不仅为学生提供了社会变革的鲜活生动的案例，也使学生对社会变革的深度广度及其带来的各种热点难点问题有了清醒的把握，进而根据社会学理论不断思考解决这些新老问题的思路和方法。

最后，依据"修身、齐家、治国、平天下"的理论思路，改革社会学教学的内容结构。在社会学概论教学中，我们为改变原有宏观知识与微观内容混杂、学生不易接受的状况，首先以社会个体入手，以我观人，由人及群，由情及理，从静到动，围绕个体与社会的互动来设计教学内容的体系。这个结构框架，不仅思路清晰，有助于学生渐次认识个人与社会的复杂关系，不断扩充其理论视野，也有利于引入费孝通先生提倡的"心态研究"，促进了"生态教育"与"心态教育"的有机结合，有助于塑造学生对社会变革的能动适应的良好心态。

（三）紧密结合公安教育与公安管理创新的实际，引导学生从总体上把握社会转型为公安工作带来的矛盾与挑战，树立强烈的事业心与责任感

当前，中国正处于改革发展的重要战略机遇期和社会矛盾多发并发的凸显期，高度浓缩的发展历程、急剧变迁的社会环境、深刻变动的利益格局、叠加并发的问题矛盾，导致公安管理及其创新的任务极为繁重和艰巨，对公安民警提出了新的更高的要求。对此在社会学教学中注重针对性的思想引导和能力培养。

首先，结合目前公安管理创新所处历史条件的总体背景特点，引导学生正视公安工作面临的现实矛盾和问题，自觉探求公安工作的客观规律。随着工业化、城镇化、信息化、全球化进程加快，一些在发达国家现代化进程中渐次出现的社会矛盾和社会问题在我国短时期内同时显现，呈现出发展进程缩短、矛盾问题叠加放大的态势，原有的理念思路、体制机制、法律政策、方法手段的许多方面已难以适应快速变化的形势，公安机关维护国家安全的工作任务变得严峻且紧迫、长期而艰巨，公安管理的领域扩大、难度加深，大量的问题矛盾需要去破题、破解。这就对公安工作不断提出一系列新的、更高的要求。如果不将公安工作置于它所赖以存在的社会领域中加以研究，弄清公安改革发展的总体趋势要求，正确把握社会管理创新的方向，就不能站在社会发展的高度做好公安工作，也无法面对新情况、新问题、新变化，掌握公安工作的主动权。

其次，结合公安管理创新的时代使命，引导学生树立强烈的事业心与责任感。中国社会转型的深度和广度前所未有，能有机会见证、观察和研究中国这样的巨变时代，并就其中涉及自己职业或感兴趣的社会问题进行深入研究，进而形成公安工作的经验、理论，这样的职业机会难得难求，既是挑战，更是公安民警为国为民建功立业的良机。社会变革的广阔天地既为公安民警的实践创造和理论研究提供了前所未有的良好发展机遇，也对他们提出了更高的要求：不仅要具有严谨的学术态度和拥有开阔的理论视野，站在学术研究的前沿，更要有捍卫人民利益的执着信仰和追求真理的牺牲精神，如此才能明晓公安的力量植根于基层和群众，才能自觉把触角伸到时代和社会深处，努力寻找、触摸、探究，吃透民情，汲取营养，淬炼作风，从细微处发现可能损害群众利益、影响社会稳定的苗头性、倾向性问题，积极排查、掌握、疏导、化解社会管理的苗头隐患，及时努力把矛盾问题解决在萌芽状态。

最后，结合公安工作的特点，注重警察文化的塑造和职业道德的培养，培养学生良好的职业操守。公安工作具有很强的社会性和复杂性，一个内心缺乏道德精神或道德意志不坚定的公安民警，很容易在物欲洪流中随波逐流、腐化堕落。由此公安民警必须具备坚强的道德品质和心理素养，还要具备做群众工作的能力，要有善于与各行各业的人员进行沟通的水平。唯有在公安教育中深植人文的关怀，公安民警才能从面对面、心贴心的沟通中得到群众的理解、拥护和支持，才能发现真实客观的社会面貌，才能汲取无穷的群众智慧和力量。在教学中我们注重警察精神和价值观的渗透和培育，不仅努力激发警察职业的自豪感，更注重培养学生献身公安事业的热情，以及忠诚奉献、热诚为民的精神，使学生在今后各种艰难复杂的情况下都能够经受血与火、生与死的考验，从而以满腔热血铸就金色盾牌的无限忠诚。

三、突出"生态之学"与"心态之学"的教学主旨，搭建学思结合、知行合一的学生学习体系

科学精神和人文精神兼备的学科属性决定了社会学的教学过程既是严谨的知识传授与能力训练过程，也应是一个以理服人、以情感人的心灵熏陶过程，不能缺少"人文关怀"与"心理疏导"。因此，在这个过程中我们努力感受受教育者的情感需要和个人经验，不断调整教学方式，初步形成了教之以知、育之于心、启之以智、导之于行的教学风格。

人文教化从根本上讲是一个知识、价值、规范逐渐内化为自身精神力量、日常生活的过程，需要化育双方之间心与心的融会交流。会意于此，我们特别强调教育的本质就是爱心的碰撞与传递，努力在教育过程中融入人文的关怀，在理解关爱的教学氛围中传承中外思想家创造的思想智慧和理论成果。在教育教学中我们坚持人文关怀和心理疏导原则，注重通过理论的引导来解决学生的思想认识问题，化解他们在社会化过程中的心理冲突和人生疑惑，提升其思想认知水平和道德觉悟能力。这不仅激发了学生对前贤思想的同情与理解，更通过感悟和体验塑造了学生的历史感、责任感以及对社会基本问题的深切关怀。

同时，我们不断探讨符合人文教育规律的教学方法手段，积极发挥教师与学生双方的积极性，努力营造和谐民主的师生关系，在平等讨论、合作共享的沟通交流中促进学生个体发展。在教学中摒弃了单向的"灌输式"、"填鸭式"的教学方法，在教师讲授和师生一问一答教学方式基础上，增加了课堂专题讨论、案例教学、角色扮演、论文写作等多种教学方法，并且运用小组学习、对组学习等多种教学形式，让学生共享学习心得、交流学习经验、增强学习兴趣，努力塑造和优化学生的理论思维方式，激发学生的理论思辨能力和创造性，培养了学生学以致用的意识以及分析问题、解决问题的能力，明显提高了教学的实际效果。尤其是论文写作、自主学习等研究性学习方式，引导学生走向社会，关心民生，既强化了能力培养与训练，激发了学生的潜能，也强化了学生学以致用、知行合一的观念和实践。

　　课堂学习之外，我们注重引导课外学习活动，让学生养成主动学习的习惯、兴趣和能力。除了上文提到的论文写作、课后作业、课后讨论以外，我们尤其注意倡导学生研读中华文化原典，培养浓厚的阅读兴趣和良好的阅读习惯，努力使经典阅读融入自己的生活方式，让文化传承成为自觉的精神追求。在阅读方法上，特别强调体验、感悟与对话，要求学生捕捉作品中所蕴含的前贤的人生态度、审美角度，领略伟人广博智慧的胸襟、执著的理想追求，使学生感悟古人的智慧和境界，对传统文化产生由衷的崇敬之情，从而汇入自己的人生实践，使之发扬光大。

　　我们提倡对前贤道德文章的理解和崇敬，也坚决排斥将历史文化凝固化的盲从与迷信，反对迷信书本、迷信权威、迷信圣贤，为此多方鼓励学生的质疑、批评，培养学生的思考习惯和求真精神。在课程讲授中，一直强调发现问题、提出问题既是科学研究的开始，也是社会管理及其创新得以成功的基础和前提，积极引导学生形成深入思考、积极发问的思想习惯：一方面通过平等和谐的课堂气氛鼓励学生勤于思考、敢于提问，敢于提出自己的看法认识，敢于提出异见，敢于坚持自己认为有理有据的观点，另一方面通过启发式、探究式、讨论式、参与式教学，注重思维习惯的培养和思维方式的训练，帮助学生善于思考、精于探析，形成独立思考、辨析判断和探索创新的能力，努力从根基上培养现代社会所需的独立精神与创新意识。

　　在社会学教学实践中，我们深刻体会到，人文社会科学课程的教学与建设、传统文化的承继与更新，两者实为中国当代文化建设不可或缺的两项内容，在适应并引领剧烈社会转型的进程中完全可以互促并进、相得益彰。通过修身理论在内的传统社会理论的导入，社会学教学既开拓了思想政治教育的资源、视野与途径，强化了课程教学的育人功能，也提升了课程自身的思想内涵，丰富完善了课程的理论体系，初步构建起了融合"知识之学"与"智慧之学"，协调"生态之学"与"心态之学"的教学体系，有效改变了以往课程教学重知识传授、轻人文传承，重科学教育、轻心智培养的局面。多年的实践证明，这一改革不仅有助于学生深刻体认中国经典的思想智慧，推动中华文化的传承与更新，也有助于提高学生学习的积极性、主动性，使其积极掌握认识社会的方法、手段，增强科学理性，还有助于学生明悉为人的事理，促进为人为学的统一，尤其是推动学生从宽广的视野领略与把握当代中国深刻的社会转型，树立崇高的责任感和使命感。

参考文献

［1］费孝通.试谈扩展社会学的传统界限［J］.北京大学学报（哲学社会科学版），2003（3）.

［2］赵旭东.超越社会学既有传统——对费孝通晚年社会学方法论思考的再思考［J］.中国社会科学，2010（6）.

［3］李小豹.从社会学角度看大学生社会化问题［J］.思想教育研究，2009（7）.

［4］秦宗仓，张磊，詹峥.人的教化、发展与和谐社会的构建［J］.社科纵横，2011（9）.

完善警务实训教学体系 培养学生创新精神和实践能力

李春华*

【摘　要】学校警务实训教学体系逐步完善，体现公安专业系部与实训专门机构相结合、专业教师与专职实训教师相结合、教师与教官相结合、专业课程实训与实训课程体系相结合的特点。本科生（研究生）实训课程的设置以本科生已经学习有关执法办案的基本知识、基本理论为基础，其执法办案实训课程设置注重程序和环节，目的是巩固其理论知识，检验课堂学习成果；改革试点班学生重在其执法职业能力教育，围绕着"公安执法办案"，其执法办案实训课程设置注重内容与程序相结合且自成体系。优化实训课程的组织，将提升学生创新精神和实践能力。

【关键词】警务实训教学；实训课程体系；创新；实践；能力培养

中国人民公安大学是公安部直属的普通高等院校暨公安部高级警官学院，学校的宗旨是"为公安工作服务、为公安队伍建设服务"，是具有鲜明公安特色的院校，"公安特色"要求培养"忠诚可靠、业务扎实、敢于创新、精于实战、一专多能、作风优良、身心健康"的高素质公安专门人才。

一、警务实训教学体系完善的背景与意义

中国人民公安大学学科专业建设紧贴公安实践需求，形成了公安学科专业齐全、主干学科特色鲜明、多种学科协调发展的学科专业体系，尤其是公安学、公安技术两个国家一级学科建立，对整个公安院校的发展都具有里程碑的意义。同时，学校根据《教育部等部门关于进一步加强高校实践育人工作的若干意见》、《教育部关于全面提高高等教育质量的若干意见》等指示精神，结合公安院校特色，为了造就"忠诚可靠、业务扎实、

---

* 教授，中国人民公安大学警务实战训练部副主任。

敢于创新、精于实战、一专多能、作风优良、身心健康"公安应用型人才，构建教、学、练、战一体化新型人才培养模式，学校提出"以培养学生警务实践能力和创新意识为核心，紧紧围绕高素质应用型公安专门人才培养目标，坚持实践教学改革、实践教学建设、实践教学管理三者并重，开创我校实践教学新局面。"

为积极顺应全国高等教育和公安高等教育的发展形势，进一步深化公安教育教学改革，主动适应公安工作和队伍建设对公安院校培养人才的要求，不断提升人才培养质量，学校于2011年6月成立了警务实战训练部。警务实战训练部的成立，是学校贯彻落实新世纪首次全国公安教育训练工作会议精神，贯彻落实公安部党委关于加强和改进公安教育训练工作的意见，积极深化公安教育训练改革的重要举措，对于深入推进"教、学、练、战"一体化人才培养模式改革、加强警务实践教学、提高学生的警务实战能力、实现人才输出与公安基层单位岗位需求"无缝对接"等方面具有重要意义和作用。

警务实战训练部的成立，推动学校警务实训教学体系的完善，能够全面、切实地改变重理论轻实践、重知识传授轻能力培养的观念，注重学思结合，注重知行统一，注重因材施教，强化、带动实训教学，创新实践育人方法和途径。

二、警务实训教学体系及其特点

警务实训教学体系的建立与完善，以警务实战训练部承担的实训教学任务为龙头，带动全校实训教学发展。警务实战训练部主要承担普招本科生和研究生的行政执法能力训练的课程开发并实施教学；普招本科生和研究生的刑事执法能力训练的课程开发并实施教学；承担招录培养体制改革试点二学位班第一任职能力需要的实战模块的执法能力课程的开发并实施教学。

实训教学的实施，以先进的实训教学理念为指导，以学生第一任职需要为基本，选定公安行政执法和公安刑事执法两大序列为主线，打破其所属专业、课程间的界限，跨系部整合师资力量，引进公安实战单位教官，进行公安执法办案实训项目开发、实训教学实施、教学资源建设，与公安实战部门合作等，发挥了实训教学在理论教学联系实际工作方面的纽带作用。

目前学校实训教学体系逐步完善，体现公安专业系部与实训专门机构相结合、专业教师与专职实训教师相结合、教师与教官相结合、专业课程实训与实训课程体系相结合的特点。

（一）公安专业系部与实训专门机构相结合

学校各系部结合自身专业的公安特色，在专业课程中逐步加大实训项目，警务实战训练部在实训教学中居于核心地位，公安专业系部的实训教学是"点"——各专业课程实训教学独立，警务实战训练部的实训教学是"线"——将若干点连接起来，提高学生综合实践能力。

（二）实训教师队伍的全方位建设

教师队伍永远是人才培养的关键，围绕实训课程，学校教师队伍也进行了全方位建设，即专业教师与专职实训教师相结合、教师与教官相结合、助训教官积极参与等建设。

1. 专业教师的实训理念培养。各专业课程中实践教学的加强，为专业课教师增加了压力和挑战，学校采取多种措施，尤其注重对专业教师的实训理念的培养，提高对实训教学认识高度，提升实训教学质量。

2. 专职实训教师的实训理念、实训方法的培养。警务实战训练部成立后，跨系部整合师资力量，遴选教学业务精、实战技能强的骨干教师，成为专职实训教师，"走出去、请进来"，对专职实训教师多方面进行实训理念、实训方法的培训，以尽快适应系统性的实训教学。

3. 教官队伍的选拔、培养、使用与管理。为强调实战性，学校建立"教官管理机制"，从公安实战部门选择具有丰富实践经验，又善于培训教学的干警，作为实训教学的专职或者兼职教官，既弥补实训教师人员不足，又促进实训教学的实践性。

4. 助训教官的选拔、培养、使用与管理。实训课程重"练"而杜绝"演"，其中实训中的"情况显示员"（助训教官）起着关键、核心作用，目前学校实训课程系统性强，覆盖面大，需要大量助训教官，学校及时建立"助训教官的选拔、培训、使用与管理"制度，增强了实训效果，使学生的（模拟）实训更加真实而贴近公安实战。

（三）实训课程体系的构建

课程始终处在人才培养的核心地位。在专业课程加强实践教学的基础上，警务实战训练部利用部门优势，进行实训课程体系的构建。

公安执法办案实训课程体系构建，以"工作过程系统化"为导向，工作过程系统化课程设计是在借鉴德国工作过程导向课程的基础上，吸收我国职业教育课程改革的丰硕成果，遵循教学系统设计的基本规律，由国内职业教育专家姜大源教授提出的工作过程系统化课程设计的一种理念，所谓工作过程的概念，是指个体"为完成一件工作任务并获得工作成果而进行的一个完整的工作程序"，"是一个综合的、时刻处于运动状态但结构相对固定的系统"。以就业为导向的职业教育课程内容的系统化，则强调有个体对知识的构建过程，应与个体在工作过程中的行动实现融合，即以工作过程为参照系整合陈述性知识与过程性知识，课程不再片面强调建立在静态学科体系之上的显性理论知识的复制与再现，而是着眼于隐含在动态行动体系之中的、整合了实践知识与理论知识的工作过程知识的生成与构建，以工作过程作为课程设计的参照系，更符合职业教育的特点，"其普适性在于，每一职业或职业群，都具有其相对稳定的工作过程；其特殊性在于，每一职业或职业群，又都有区别于其他职业或职业群的特殊的工作过程。"

公安机关执法办案实训课程的目的，是为了解决公安院校学生的第一任职需要，从这个角度说，与职业教育不谋而合，因而执法办案实训课程设计以工作过程系统化为导向，从而区别于公安专业学科知识系统化的陈述性知识为主的普通高等教育课程的设计，更能提高学生创新精神和实践能力。

公安机关执法办案实训课程体系具有最大的特点是系统化和过程化。执法办案实训课程体系具有系统化，而不仅只是孤立的两条办案线，将围绕执法办案的知识、能力和态度（意识）的培养，通过系统化、过程化的课程设计体现出来。

（四）实训教学资源的整合

依托学校原有的战训馆、模拟训练街区，设置、改造执法办案场景。实训课程中的执法办案场景起到事半功倍的效果，强调实训资源的整合不是可有可无的。

1. 仿真场景的设计。仿真场景的设计是以原有模拟场景为基础，根据案情情节设计发案现场，如在战训馆的（模拟）居民住所中，设计发生在家庭的案件处置，在（模拟）酒吧中设计发生在娱乐场所的案件的处置。

2. 仿真场景与真实场景的结合。仿真场景与真实场景的结合主要是指以学校训练街区真实的场景为基础，将发案现场设计在包含真实场景的周围，如将一个发生在公共场所的案件设计在超市门口，超市的收银员和顾客均是真实证人，情境虚实结合，自然真实，更加逼真地训练学生（警察）的办案能力和水平，同时更能真实地反映学生（警察）在执法办案中的客观表现。

三、警务实训教学课程（体系）的设置与学生创新精神、实践能力的培养

警务实训教学的对象有两类，其实训课程内容也有两种。

（一）两类实训对象及其参训目的

1. 本科生（研究生）。本科教学是高校最基础、最根本的工作，学生创新精神、实践能力的培养首先以本科学生为主。本科生实战训练目的首先体现学科专业与职业教育相结合的特点，本科生在系统学习其学科专业的基本理论和基本知识后，通过实训巩固其理论知识，并能够将理论运用于实践中，实现理论与实践结合。公安院校研究生的实训可参考本科生的实训。

2. 二学位改革试点班。改革试点班学生重在其职业教育方面，因而其实战训练课程必须有其特殊的课程体系。围绕着"公安执法办案"实战训练课程的设置自成体系，根据执法办案工作过程可设置不同于现行的若干课程，并以"执法办案"为核心构建一个实训课程体系。

（二）两种实训课程设置与学生创新精神、实践能力的培养

实训课程的设置，以主动适应公安工作和公安队伍建设需要，紧紧围绕学生毕业后"干什么"和"能干什么"为指导，满足学生第一任职需要。

本科生（研究生）、试点二学位的实训课程，专业教学系部和警务实战训练部均有承担。警务实战训练部与教学系部在实训教学的关系上，是"条块关系"，警务实战训练部是"条"，教学系部是"块"，做到"条块结合，以条为主"，教学系在专业实验、实践课方面为主，培养学生专业

实践能力，警务实战训练部在行政执法办案、刑事执法办案的主要环节方面以"条"和"系统化"训练为主，培养学生第一任职需要中的执法办案实践能力。

1. 本科生（研究生）实训课程设置。本科生（研究生）实训课程的设置以本科生已经学习有关执法办案的基本知识、基本理论为基础，其执法办案实训课程设置注重程序和环节，目的是巩固其理论知识，检验课堂学习成果。

以公安行政执法办案实训课程为例，具体包括以下内容：

（1）受案——培养学生接受报警、及时出警、处警的能力。

（2）现场处置——培养学生对案件现场当事人的控制能力、对现场及其物品的检查能力、维护现场秩序的能力。

（3）调查取证（传唤、询问，检查、扣押，收缴、追缴等）——培养学生的证据意识，培养学生依法、正确适用相关法律措施能力。

（4）案件定性——培养学生正确认定案件性质的能力。

（5）治安调解——培养学生群众工作的沟通能力，平衡法律效果与社会效果的能力，积极化解社会矛盾的能力。

（6）行政处罚——培养学生正确行使处罚自由裁量权，坚持法定、相当原则，坚持公正原则，坚持教育与处罚相结合原则等。

（7）行政复议——培养学生依法正确审核执法办案能力。

（8）行政诉讼——培养学生在行政法庭上的举证能力，法庭辩论技巧，综合运用执法办案能力。

（9）网上办案——培养学生网上办案操作能力。

2. 二学位改革试点班实训课程设置。改革试点班学生重在其执法职业能力教育，围绕着"公安执法办案"，其执法办案实训课程设置注重内容与程序相结合且自成体系。

以公安行政执法办案实训课程为例，具体包括以下内容：

（1）公安行政执法概述——培养学生对公安行政执法办案基本知识、基本原则的理解、掌握能力。

（2）行政案件的认定——培养学生正确认定案件性质的能力。

（3）证据的调查与运用——培养学生的证据意识，培养学生收集证据、正确审查判断证据的能力。

（4）.受案与处置——培养学生接受报警、及时出警、处警的能力；培养学生对案件现场当事人的控制能力、对现场及其物品的检查能力、维护现场秩序的能力；培养学生依法、正确适用相关法律措施能力。

（5）治安调解——培养学生群众工作的沟通能力，平衡法律效果与社会效果的能力，积极化解社会矛盾的能力。

（6）行政处罚——培养学生正确行使处罚自由裁量权，坚持法定、相当原则，坚持公正原则，坚持教育与处罚相结合原则等。

（7）行政复议——培养学生依法正确审核执法办案能力。

（8）行政诉讼——培养学生在行政法庭上的举证能力，法庭辩论技巧，综合运用执法办案能力。

（9）网上办案——培养学生网上办案操作能力。

二学位改革试点班实训课程体系依然在逐步完善中，最终以"公安执法办案"为核心构建课程体系，而不能将行政执法办案与刑事执法办案简单的分离。

实训课程在组织的过程中要求"练"，而不是"演"，哪怕只是模拟实训，也要"练"。"演"就是老师把每个角色都编排好，让学生充当其中一个角色，把这个角色扮演好，学生在这个过程中一般按照老师提前部署好的过程、结果演下去就行了，而没有自己过多地思考；"练"，则是案件发生后，如何调查、处理，由学生根据自己所学基本知识、基本理论进行下去，其过程和结果可能是正确的，可能是错误的，无论正确与否，是学生独立思考后的结果，即使错误的，学生反思后也能获取应有能力。

从加强实战角度，以后应当对不同专业（或者说不同警种）职业能力进行梳理，除了公安执法办案最基本职业能力外，对不同专业进行更有针对性的职业能力实训。

四、实训课程的优化组织——学生创新精神、实践能力的提升

实训课程对学生能力的培养是从学生的动手能力开始，以分析、反思为过程，以总结、提炼为结果，从而实现对学生的知识、能力和态度（意识）的培养，增强其实践能力，提升其创新精神。

（一）从公安执法办案程序过程，到公安执法办案工作系统化过程的升华——警察意识的养成

学生的警察意识的养成不是一朝一夕的，需要在日常的学习过程中时时体会的，警察意识的养成在公安执法办案实训课程中尤为重要。试举一

实训例子说明：某人报警称其邻居家有打牌争执的声音，怀疑是赌博。警察（学生）到其邻居家敲门，发现门没有上锁，便推开家门进去，看到有三个年轻人在打牌，桌子上有零散几元钱，三名警察（学生）分别扑向三个年轻人，将他们控制住、搜身，检查牌、钱、桌等物品。三个年轻人一直在分辩：为什么闯进我家？我们下班没事打牌有什么错？警察（学生）均置之不理。

警察意识在此案中体现为：（1）有人报警怀疑赌博，是否真的赌博——不能主观臆断；（2）警察在执法办案中，没有涉及公共安全、人身安全的紧急情形时——不能擅自闯入公民住所，侵犯公民住宅权；（3）注意听取当事人的申辩。

（二）挫折性实训教育，使得学生将能犯的错误全部犯在学习中

将警察现实执法中的失误、错误加入实训课程中，大大增强实训效果。挫折性实训教育比常规的实训教育更能引起学生反思，但挫折性实训教育在实训教学中不能过多，过多了容易打击学生学习的积极性，设置适当的挫折性实训教育的比例。

比如"治安调解"的实训设置，目的锻炼警察（学生）的群众工作的沟通能力，平衡法律效果与社会效果的能力，积极化解社会矛盾的能力，最终如何积极维护社会稳定的能力。警察（学生）还应当注意自己的一言一行，必须使自己的言行举止都要符合人民警察的言行标准和道德规范，无论面对的是受害人、违法嫌疑人，抑或是证人，都应当言行得体，切不可粗言俗语，要树立好公安机关的威信，在执法办案实践中真正做到和谐警民关系。所以在设置障碍时就要把握时机，根据警察（学生）的执法状况，刺激警察（学生）反思，但若障碍过多，警察（学生）就会感到当警察太难了而悲观失望。

（三）从共性到个性，创新精神的培养

同样是检查公民住所的实训课程的设置：警察（学生）到一个住户家敲门，当住户问明是警察后，便不再作声。门外的警察（学生）一时不知如何处置。根据相关法律规定，警察对于没有发生涉及公共安全、人身安全的紧急情形时不能强行闯入公民住所中，但同样没有规定"警察依法实施检查，当事人不配合时，警察能否强行闯入"。

此案中学生创新精神的培养主要体现在：（1）警察依法实施检查，当

事人不配合时，警察能否强行闯入？（2）目前法律为什么没有规定"警察依法实施检查，当事人不配合时，警察能否强行闯入"？（3）警察合法强制权（检查权）如何保障？（4）法律是否不完善？（5）应当如何修改法律？理论依据是什么？

这里引述姜大源教授在其文章《论高等职业教育课程的系统化设计》的总结："个体在实施共性的具体的工作过程时，由于个人直觉、个人感知、个人灵感或个人顿悟的差异，导致实际的工作过程是自我的，高度个性化的，由此所产生的属于个体的经验和策略却是无法推论的，具有偶然性，是'写'不出来的。……课程设计必须留给学生一个属于其自身并能发展自身的时空，使其能从可以推论、可以掌握的工作过程当中，获得课程设计中无法显性陈述的个性化的经验和策略，这是个体最宝贵的原创性的财富。……不是拷贝技能，也不是拷贝知识，而是在技能与知识的整合、行动与思维的跃迁和潜在与实在的转化中学会应用，学会创新，获得可持续发展。"

艺术设计专业应用型人才职业素养的培养与实践性教学体系的构建

范晓虹[*]

【摘　要】培养具有良好职业素养的艺术设计应用型高级专业人才，是艺术学院艺术设计人才培养的一个重要目标。在遵循艺术设计教育规律的前提下，构建一套合理完善的实践性教学体系是艺术设计专业教学改革的具体体现。明确培养人才方案和途径，重视学生的创新能力，增强综合性院校艺术设计教学与学生就业的竞争力，更好地与人才培养目标相协调，提高艺术设计高等教育教学质量，更好地适应社会的需要，对于培养学生职业素质和综合能力能收到事半功倍的教学效果。

【关键词】艺术设计；应用型人才；实践性；专业课程群；教学质量

一、当前艺术设计教育教学现状

随着我国市场经济的快速发展及对高素质艺术设计人才的旺盛需求，为艺术设计教育创造了有利的运行和发展环境。我国现代艺术设计教育虽起步较晚，在20年来迅猛发展的艺术教育大潮中，艺术设计已成为发展较快的专业学科之一，并在2012年被教育部从美术学一级学科中分离出来，独立成为与之并列的一级学科。同时高等教育院校的发展不断扩大，不同层次的综合院校都增设艺术设计专业，近一两年出现了大学生生源逐年减少的现象，也使综合的高等院校之间发生了更多的竞争。在这样的现实面前，高等艺术设计教育教学改革在引进和总结国内外先进教育理念与艺术教学形式的同时，切合实际地对市场、学院、学生三者关系进行分析思考是必要的。不断关注社会需求及对艺术设计专业应用型人才职业素养的培养，提高教育教学质量，增加综合类高等院校及其女性学生在招生与就业中竞争力。提高艺术设计应用型专业人才职业素养，既是现代经济和社会发展对高等教育提出的要求，也是高等教育培养具有创造精神和实践

＊　中华女子学院。

能力的高级专业人才的要求。

与国外发达国家的艺术设计教育相比，我国艺术设计教育侧重知识的传授、技能培养的特点。随着经济的发展，社会要求高等教育能培养更多的应用型人才，艺术设计人才职场竞争更加激烈，学生对于专业知识与技能的学习更加功利，因此国内艺术设计人才培养在职业素质方面的缺失也日益凸显出来。只具备了高等的学历和丰富的专业知识是不行的，还缺失了走入社会所应具备的心理素质、道德规范、礼仪修养、沟通与团队协作、有计划高效工作能力、交际能力等职业素质。许多有知识、有能力的大学生，往往因为一些细小的问题而与工作失之交臂。因此，从一定意义上说，职业素质的培养比专业知识更重要，要贯穿在专业课程中。应在学生教学中结合课程要求，结合女子学院女大学生的特色，摸索出培养女性艺术设计人才职业素质模式，通过构建合理完整的实践教学体系，在实践中层现出当代女大学生的知性高雅的良好素质，才能使学生在激烈竞争的市场中找到自己的位置。

二、构建特色艺术设计专业实践性教学体系的具体设想

在艺术学院近十年不断的实践教学改革中，通过对国外先进的艺术设计教育的方法的研究，并结合艺术学院的具体情况，在教学实践中对包括课程体系、教学内容、教学方法、考核形式等方面在内的教学模式进行了改革的尝试。在前期探索实践改革基础上，总结以往的经验与成果，在不断整合与优化实践教学课程的探索中，构建一套相对成熟与完善的，服务于应用型人才培养的，具有女子学院特色的艺术专业人才教学培养模式。即以专业基础及理论课程群、专业核心项目设计课程群、专业选修课程群构建一个培养目标清晰、突出宽基础，高素质的艺术人才特点，发挥学科交叉优势、将职业素养的培养与专业教师的专长相融合的实践性课程教学体系（见图1）。

（一）重视专业基础及理论课程群的教育是培养学生具有创新思维及原创能力的基础

艺术设计需要的是具备综合素质的创造型人才。从目前向学院输送的生源状况来看，普遍存在应试教育的不足，知识面不广、视野不宽、能力局限、发展后劲不足的情况。作为要从事艺术设计专业的人才，经过高考

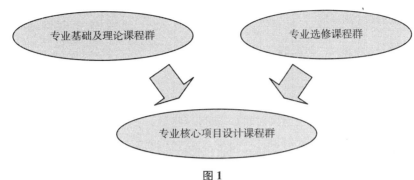

图1

前过多地被动输入，会让她们丧失对事物主动探寻的兴致与好奇，最终导致创造力的匮乏。在学院体现"高素质、宽基础、重实践、多样化"的人才培养思路指导下，艺术设计专业基础及理论课程群的目的在于打破传统艺术教育形式，力求所设置基础课程准确、实在。并将理论课程的教学转化为实践，应用到实践中去。艺术设计各专业方向将打破传统专业基础教学，打通专业基础课程，对进入艺术学院学习的学生进行全面"洗脑"。主要途径有两条即：平面——立体——空间；造型——色彩——材料，课程群设置在大学第一学年与第二学年部分教学任务中，学生根据专业需求保证学分进行必修与选修，完成课程的学习，改变学生对于传统艺术设计教学内容与形式的认识。实践教学灵活轻松、丰富多样，以适应女大学生的心理需求。课程设置的目标不是教授某项具体的技能、技巧，而是通过对艺术范畴较为广泛的接触，与学院通识教育课程模块配合，培养她们心灵内在的欣赏感悟力、审美能力，培养抽象思维表达的能力，拓宽学生对设计认知理解的角度，全方位调动她们潜在的创造表现力，并将专业方向基础课向专业核心项目设计课程群主动拓展与衔接。

图2 艺术设计专业方向学生课交叉选修

（二）整合与优化的专业核心项目设计课程群是培养应用型人才的职业素养的前提

要突出艺术设计专业方向性课程的实践性，提高学生的综合实践能力，就要打破原有的课程体系。总结以往教学改革的经验与成果，重新优化课程结构，根据行业或岗位群对技能的要求，构建层次鲜明的不断深入的立体化的专业核心项目设计课程群。课程群主要分布在大学第三、四学年，重点突出由浅入深的专业能力的培养，关注学生知识的掌握和实践能力的养成。如服装设计专业：女装成衣项目设计群（第五学期）；定制服装（礼服）项目设计群（第六学期）；功能性服装项目设计群（第七学期）。具体措施是压缩分散的基础设计单元课程的数量和课时，以模拟设计项目的形式将其整合。

专业核心项目设计课程群实行专业教师团队项目课程（课题）负责制，由学院专业教师集体参与，专业骨干教师带头组织项目设计教师团队，同时聘请行业一线教师及企业工作人员，建立一支具有丰富实践经验和教学能力的社会人员兼职教师队伍，弥补学校教师实践性的不足。同时也提高现有教师的专业实践技能，使教师能够把社会实践的最新成果不断引入课堂，加快教学内容的更新。

根据每个学期配合的相关课程，以及所有团队专业教师相互配合，要求学生以小组形式，独立完成一个研究项目课程作业，以集体观摩、展示、表演等多样形式汇报教学成果。专业核心项目设计课程群将课程实践、实验课程、课程实习、社会实践等实践性教学环节进行整体的设计，并随学年的增加，呈现由浅入深学习任务的渐进过程，逐步培养学生综合的专业能力和职业素养。配合专业核心课程群设置了不同的理论和专业选修课程进行教学的补充，注重产学研合作，力图使课程结构更加合理、课程之间有更紧密地衔接，取得承上启下、融会贯通的教学效果（见图3）。

（三）构建专业选修课程群是促进教师个人专业发展与培养学生综合素质的保障

艺术设计的实践性教学体系是通过专业基础与理论课程群培养人的创新意识、创新思维，使学生在学习过程中所表现出来的探索精神，发现新事物、掌握新方法的强烈愿望，通过专业核心项目设计课程群运用已有知识，创造性地解决专业方向性问题的综合能力，这也是社会的需求和专业

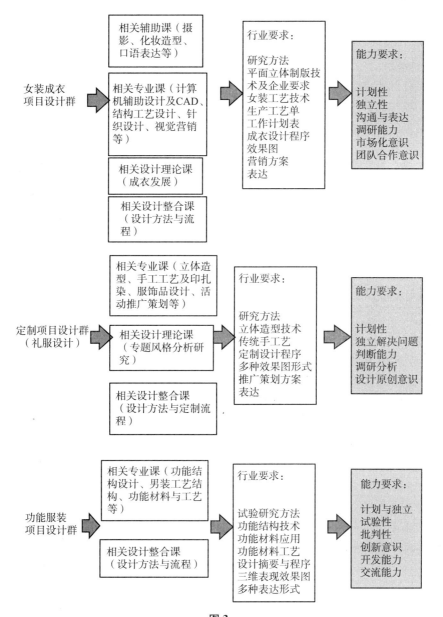

图3

人才职业素养培养的需要。在艺术设计专业高年级设置专业选修平台，多样化、跨学科的实践教学可以成为创新的不竭源泉。构建专业选修课程群，打通专业界线，根据学生的需求和能力，充分发挥已有的知识结构。

并结合教师个人发展方向以及最新的研究成果，多样化的自选学习模式，培养学生综合素质及学习研究能力。同时配合学校对通识课程的改革，将专业理论选修课程与博雅课程融合，借助专业与学科特点在充分发挥通识课程对专业教学的辅助作用的同时承担对全校的艺术通识课的教学任务。

时代的发展决定了未来的艺术设计领域里的教师将不再是单一功能的职业角色，而必将是一个内涵丰富的社会角色复合体。它将集设计家、学者、教育家和活动家等角色于一身，属于复合型的社会力量。在教育教学不断发展变革的过程中，作为专业教师，改革不应是被视为一种威胁，而是一个令人振奋的、是我们能够参与到各种形式的学习与创新中去的机会，并不断完善教学师资队伍建设。专业选修课程群不仅促进教师关注专业发展与科研水平，也满足不同学生个人多层次、全方位的需求。在毕业实际工作中，培养学生作为有社会公德和职业道德的艺术设计人才，将致力于与自然环境、与人类文明、与社会生活相互协调发展，引导她们更重视新技术给人的生活、思想、行为等方式带来的影响，以及生态环境与未来发展等社会问题。

三、以人才培养模式的创新构建艺术设计专业实践性教学特色的思考

（一）明确适应女性发展的特色人才培养目标是艺术设计专业建设的核心

艺术设计专业本科应用型人才培养模式是根据社会、经济、科技以及总结相关行业发展的需要，在立足于建设教学型的高校，培养德育为先、能力为重、全面发展的知性高雅的应用型女性人才的教育思想指导下，充分发挥女性在职业发展中特点，明确清晰的人才培养目标：第一，培养艺术设计专业方向的应用型女性人才。第二，遵循艺术设计发展规律，通过女子学院特色课程结构和教学模式，开发学生的创造潜能，培养具备宽厚与扎实的艺术修养。第三，以相关艺术设计专业方向和企业与市场的密切联系为辅助，强化学生的设计实践能力。培养适应艺术设计专业方向需求的具备综合素养和能力的专业高级人才。在强手如林的艺术教育领域中，找到明确针对市场的发展和艺术设计教育生存的交叉点，即"上手快、后劲足"的人才培养目标，艺术修养基础比高职高专学生深厚，职业素养比

传统艺术专业院校本科生强，有长远发展的行业高端人才。

（二）建立有别于传统艺术专业院校，重视职业素质培养的特色培养教学模式

通过对国外先进的艺术设计教育的方法的研究，并结合艺术学院的具体情况，逐步形成中华女子学院特有的艺术人才培养教学模式。在教学改革中打破传统艺术设计院校的独立设课模式，以项目设计为主线，将分散的设计课程与工艺实践单元组合起来，使学生能够从理论的学习到动手实践完成设计构思，以及相关辅助开发设计课程的全部流程连成一体，有助于学生在实践中锻炼解决问题和独立、有计划完成工作的能力。专业核心项目设计课程群随学年的增加，特别是针对女性学生在学习过程中的特点进行合理的调整，优化女性在艺术设计方面的形象思维和视觉美感的优势，加强女性学生在学习过程中的学习方法的合理性。呈现由浅入深的渐进过程，逐步培养学生综合的专业能力，同时对包括课程体系、教学内容、教学方法、考核形式等方面在内的教学模式进行了改革的尝试。

（三）打造多学科的专业教师项目教学团队，建立教师教学指导手册和学生学习任务书保证教学质量

充分发挥艺术学院专业教师队伍年轻并富有创新理念的优势，根据专业基础及理论课程群、专业核心项目设计课程群的建设要求，建立多学科专业教师教学团队，配合课程体系的重新整合，教学内容进行及时的调整和明确。打破既有教材进行授课的形式，对教学内容进行有效的指导，注重培养学生自主学习的能力。借助常规的教学大纲及编写教学任务指导手册和学习任务书，对教学内容、范围进行指导。教学任务指导手册主要包括根据教学大纲的要求确定课程群或一门课程的教学目标；教学内容的重点与分布；课程群之间的联系；上下课程教学的衔接；教学时间的详细分配；阶段教学能力要求与考核内容与形式；教学媒介与形式；辅助技术与学习手段以及指定阅读书目。学习任务书确定课程教学内容与教学时间、地点的详细安排；考核内容与要求；辅助学习手段以及指定阅读书目。根据学生不同的项目选题，教师还应提供特殊的指导与参考资料。明确的教学任务指导手册和学习任务书从教和学的两个方面加强了教学的任务性、计划性和可控性，适用在教师团队建设的磨合期，特别是教师的更换与调整，可以切实保证教学质量，实现培养学生综合能力的目标。

（四）通过多样化的考核形式，将实践性教学体系落到实处

　　注重实践性教学的过程，着重对学生学习进行"全过程考核"。由于培养学生的综合实践能力是贯穿在教学的全过程中的，所以教师要对教学的过程进行有效的调整和监控。学生在开课前拿到的学习任务书中，包括具体的考核形式和评分标准的内容，使学生在刚开始学习本课程时就明确学习任务、了解考核和评价方式、很快有针对性地投入到专业学习中来。特别是在专业核心项目设计课程群的"全过程考核"强调的是与教学进程的密切配合，不同阶段的作业内容其实是环环相扣、逐步深入的，学生只要根据设计好的教学步骤进行，都能够在理论学习和动手实践的过程中完成好自己的设计想法，最终完成一个综合项目设计作业。"全过程考核"即包括对学生学习过程中不同阶段的出勤表现、作业完成态度与最终学习完成效果的考查，还包括对学生调研能力、分析能力、书面、口头表达能力等综合能力的考查。这种方式将对学生的学习能力和学习效果做出更加客观全面的评估。

高等院校本科人才培养特色的探索与凝练[*]

——以中华女子学院金融系为例[①]

刘学华[*]　国晓丽[*]

【摘　要】随着我国高等教育向质量发展阶段的转变，提升人才培养质量成为每所高校的当务之急，而提高人才培养质量的关键在于形成自己的人才培养特色。中华女子学院金融系2004年成立，在办学实践中，以目标定位明确特色，以课堂教学孕育特色，以实践教学突出特色，以教育管理保障特色，逐渐探索培育出自己的人才培养特色。

【关键词】中华女子学院；金融系；培养特色

随着高校十余年的扩招，我国的高等教育逐渐从精英教育转向大众教育，现进入到质量发展阶段。在人们接受高等教育机会增加的同时，也带来了就业问题、素质教育和提升教育质量等相关问题，特别是教育教学质量问题被提上了重要日程。中华女子学院金融系正是在此背景下于2004年经教育部批准设立，下设唯一的一个金融学专业。目前成功培养三届毕业生，毕业生的培养质量和就业率在学校均占有很高的比重。即使2008年受全球金融危机的影响，第二届毕业生就业情况较上一年度有所下降，但就业率仍达90%以上。根据对毕业生的跟踪了解，应届未就业的毕业生后续分别找到了就业岗位或考取硕士研究生。而2010年第三届毕业生的输出质量创了新的水平。除大多数直接就业外，考取研究生或出国人数较往届增多。作为一个年轻的力量，中华女子学院金融系，不仅面临着与北京其他高校的激烈竞争，更在为培养出真正为社会所需要的金融学应用型

　＊　中华女子学院。

　①　此文为中华女子学院教育教学改革立项项目"金融学专业培养方案改革及优化研究——兼论中华女子学院金融学专业培养方案的经验、困境与对策"及"中华女子学院金融系专业人才培养模式研究"的研究成果。

人才，接受着社会需求的严峻考验。为此，如何形成自己的特色，如何切实提升教育质量，培养出符合规格和适应能力强的毕业生，将具有更为重要的现实意义。中华女子学院金融系在实践中，通过深化教育教学改革，正在探索和凝练着自己的人才培养特色。

一、目标定位明确特色

立足于中华女子学院，金融系将人才培养目标确定为培养德智体美劳全面发展、具有比较扎实的经济金融理论基础和从事具体金融业务工作能力，熟悉相关专业原理性知识，有较高的外语水平和计算机应用水平，具有较强的市场经济意识和社会适应能力，能够在银行、证券、保险、投资及其他经济部门和企业从事相关工作的应用型女性人才。金融系在人才培养上明确自己的特色，重点考虑以下几个问题：一是人才培养目标要与学院的总体发展相适应，与学院的发展规划相辅相成。二是人才培养目标必须与社会经济形势发展相适应，适应北京及地方经济发展的需要，同时实施差异化战略，开辟适合自己的市场空间。三是人才培养目标要符合女校发展的独特性，必须根据女生的特点及金融系学生的生源基础因材施教。

中华女子学院金融系正处于发展的关键时期，从就业市场的需求、自身拥有的教学资源和女生的性别特色、生源特点等方面出发，准确定位人才培养目标，正逐步形成了自身的定位特色。

（一）准确把握市场定位

中华女子学院地处北京这样一个政治经济文化中心，金融系毕业生首先面临着同北京其他高校的激烈竞争，区位并没有成为自己的独特优势。而且与中国人民大学、中央财经大学、对外经贸大学等知名大学的金融学专业毕业生相比，也不具备其多年形成的人脉优势，因此，中华女子学院在金融人才输出的区位上不能仅限于北京，而是鼓励毕业生立足北京、依托生源地、放眼全国及国外。在多层次、多类型的人才供求结构中，不去追求计划指标小、竞争激烈的国家事业编制部分，而是追求需求量大且竞争机会相对较多的市场份额，更多地寻求有发展潜力的地方就业或大中城市中小企业就业。

（二）准确把握专业定位

金融系于2004年成立至今，在中华女子学院仍属于较为年轻的系，办学经验还有待进一步总结和积累，要继承与发扬学校的办学理念，抓住机遇进入质量提高与特色培育阶段，培养出具有"自尊、自信、自立、自强"这"四自"精神的女性应用型金融人才。同时，由于金融学专业的学科特点决定了其专业内容要不断更新，在专业内容和课程设置上要确保与金融学理论知识及金融市场的发展相适应，保持知识的前沿性和实务的操作性、实用性。加强学生对专业实务和操作能力的掌握与运用。确保金融学知识的与时俱进，增强学生的实践能力，让她们学有所长，学有所用。

（三）准确把握学生定位

在现行高考招生体制下，中华女子学院属于本科第二批录取，历年来金融系新生的入学成绩均在学院处于前三位（2008 年受金融危机的影响新生入学成绩未排前三）。① 她们中的大部分学生高中阶段学习基础较好，学习动力和自觉性较高。从生源地看，外地生源人数居多，且农村孩子较多。作为女生，通常较为刻苦、有耐性，她们学习目标明确、态度端正。同时，她们作为 80 后、90 后，自我意识强、思维活跃，社会活动与动手能力强，发展潜力较大。无论是京内、京外，无论是城市或农村，作为女生的她们都迫切希望在中华女子学院的大学学习，能够使她们成长为具有知性、独立的新时代女性人才，通过四年的金融学专业学习能提升她们的科学文化素质，提高她们的社会实践能力。在学院的指导和支持下，金融系准确把握学生的以上特点与需要，以学生的成长与成才作为通识教育和专业教育的目标，渐渐形成学生培养目标上的特色。

二、课堂教学孕育特色

（一）课堂教学主抓质量

质量是教学之本，金融系在学校教务处的领导下，严把教师的教学质量关，通过制度加以规范化。为了克服以往仅靠学生期末为教师教学打分进行测评的方式可能带有一定程度片面性的问题，逐渐在考核方式上形成多方参与、确保质量的模式，更加科学化、合理化，即教务处、金融系领

---

① 数据来源：中华女子学院招生与就业处。

导和教研室主任不定期听课及学生打分相结合的考评方式，既能有效地激励教师开展教学方法和教学手段的改革与创新、提高教学质量，又能做到公平、公正，真正实现教学相长。

同时金融系在新教师上岗时，为使新教师尽快胜任教学工作，特别在教学经验和方法较欠缺的初始阶段，实行为期一年新进教师导师制，由一名具有丰富教学经验的教师任导师，互相听课，给新任教师教学上进行指导及观摩教学的机会。

与此同时，每一学期开学时只要是新开课或开新课的老师在正式上课之前都要在系里进行一次试讲，听取全系教师的指导意见或建议，以进一步改进教学方法、更好地完善教学内容。

（二）课堂内容与时俱进

1. 金融学专业内容要符合金融学科发展的趋势——从宏观金融向微观金融转变。金融学科的发展方向有二：一是关注理论问题或宏观问题的"经济学院模式"；二是关注金融市场和公司金融的"商学院模式"（王广谦，2001）。而随着经济的全球化、全球金融市场的发展和网络革命的爆发，我国金融专业的金融教学应偏向"商学院模式"，学校金融系的金融学教学更应该注重以金融市场和公司金融为核心的微观金融教学，正确地认识各种金融工具，观察金融市场的变化，分析经济、金融政策对资产价格的影响。为此，配合适宜的教学方法和教学手段，要对教学内容进行重构，以有利于学生把握金融学科发展的总体方向，凸显金融学专业的实用性。

2. 为学生提供模块化的教学方案供选择。从学生的专业素质培养方面，要打破以往将学生专业方向分为货币银行方向和证券投资方向的划分。这种划分会使培养出来的学生很难在理论上把握专业的总体脉络，在实践上往往又难以符合社会的需要，一方面货币银行方向的学生本科四年主要偏重宏观金融运行机制，重视货币与货币制度、货币供求和均衡等内容，但从银行等传统金融机构的需求看基本处于饱和状态，人才供需很难匹配。而证券投资方向又主攻微观金融，对传统的金融知识掌握不够扎实，也常常不能有效地满足证券投资行业迅速发展的需要，因而这样的人才培养方案注定与社会需求是脱节的。为此，金融系从金融业务的发展顺序出发，将金融学专业内容整合成五个教学模块，既包括宏观金融和微观金融的内容，又体现了金融学科发展的方向和深度，即金融系统概述（包括基本概念）、货币运动、信用创造、交易形成和金融监管。其中货币部分主要包括货币制度、货币供给和需求、货币均衡；信用部分主要包括金融机构、商业银行和中央银行；交易部分主要包括交易场所、交易工具、交易价格、交易风险（金融市场、金融工具、资产定价和投资风险）。通过培养方案规定出符合社会需求的不同的专业人才，可在不同的模块下面设置相应的专业基础课程和专业课程，根据学生的年级和兴趣设置出必修和选修的课程。

3. 根据金融市场的发展变化，及时引入最新教材教案，充实最新内容。金融是市场经济中最活跃的组成部分，日新月异的金融发展和金融创新，需要金融学教学能够与时俱进，把握金融快速跳动的脉搏并及时在授课内容中予以反映。当然这种反映并不是在授课中教授最新的金融业务，而是通过关注金融业务的最新发展实践，教会或促使学生了解真实的金融市场，培养学生对现实经济的敏感性。

（三）考查学生方式多样化

考查学生对学科专业的理解与把握程度，通常以期末成绩和平时成绩相结合的方式。根据专业课程的不同特点，在期末考试方式中有闭卷考试、开卷考试、撰写课程论文等多种不同的形式可供选择。平时成绩包括学生平时的出勤率、平时的小组讨论或回答问题的积极性等表现综合来测定学生的最后成绩。这些方式有助于学生在学习和掌握基本理论知识的同时，能够主动参与到学科的学习中来，同时力求做到引起学生对问题的思考及提高她们运用专业知识联系实际运用的能力。

三、实践教学突出特色

（一）教学方法探索改革

1. 开创专业技能训练与创新实践能力培养相结合的实验教学方法。金融学专业是一门实践性和应用性较强的课程，金融系加大了实验教学的改革力度。以往在课堂教学中仅有 4 课时的实验教学课程对学生的实践能力和创新能力培养仅起到较小的辅助作用。将"国际结算"、"证券投资"、"金融市场"等课程由原来 4 课时的实验教学部分独立出来，形成一门较为系统、学生为主体、教师主导的实验教学活动。

这样的尝试能够充分让学生参与到金融专业实务中来，充分培养学生独立分析问题、解决问题的能力和创新意识。

2. 试行自主学习与共同探讨相结合的研讨式教学方法。针对部分课程可采取自主学习与共同探讨相结合的研讨式教学方法，即以培养获取知识能力为目标，以课程教学资源整合、方法设计为切入点，教师导学、学生自主学习与共同研讨相结合为主要教学组织形式，改变理论教学的单向传授方式。这种方法主要适用于高年级专业选修课程，教师主要讲授课程知识的基本框架、重要理论、研究方法和主要学术观点等主要内容，同时介绍课程的学习方法，让学生获得必备的理论知识和获取学科知识的能力。同时，提倡学生在教师的指导下的自主学习。教师可根据课程内容或专题范围指定学习资料，还可以提供相关学习材料，布置自学与讨论任务，在下一次课进行小组讨论与汇报，同学之间互评与教师点评相结合。

（二）培育学生实践和创新能力

1. 强化常规的实践教学环节。金融系为加强学生的专业能力，开设了专业综合性训练项目。如金融学科入门指导、经济论文写作方法、社会实践报告、学年论文、毕业论文。教师在每个环节的指导工作中严格把关。同时鼓励学生在大二、大三阶段走出校园参加社会实践、进行实习。

2. 实施以理论知识与专业技能综合应用的专业实践训练。金融系重视理论知识与专业技能的综合运用，开设了自主参与式的综合性训练项目。有与专业密切相关的金融证券、金融英语、剑桥英语或会计学等科目职业资格证书培训、学科竞赛训练、点钞大赛、模拟炒股等在内的专业素质培养训练宣讲与培训项目。有与个人兴趣密切相关的素质训练和拓展项目，如金融系举办的诗歌朗诵比赛、学生自发参与的创业大赛等课外活动。

3. 探索以提高素质、拓展知识为主旨的综合素质能力培养。

（1）金融系鼓励学生多读书、读好书，培养学生的自主学习能力和综合素养。包括专业经典原著，历史人文读物，励志畅销书等，读后提交读后感，并在班会上进行交流，形成良好的读书氛围。

（2）努力实施学术讲座学分制度，10 次讲座一个学分，培养学生的专业、人文素质，开拓学生的视野。金融系一方面邀请名人名家进校园开展讲座，曾邀请李翀教授、谢百三教授、易宪容研究员等名家；另一方面组织本系副教授以上职称教师为学生开展系列学术讲座。同时鼓励学生参加学校组织的讲座或报告，如北京师范大学的于丹教授、西蔓色彩的培训师冯瑶都曾来学校作报告，从不同角度开拓了学生的视野。

（3）鼓励学生参与社团、竞赛活动。为了培养学生的创新能力、鼓励她们多参加自己感兴趣的课外活动，金融系及老师给予支持或指导。

4. 开展合作办学。金融系为了使自己培养的学生更好地走向社会、适应社会，开始着手加强与企业合作办学、合作建设实习基地的工作。并且金融系走出国门进行合作办学，在为教师提供出国学习机会的同时，为学生提供相应的学习机会。与瑞典的耶夫勒大学进行合作办学，互派教师进行访学和交流授课，并且在 2009 年选派了 2 名优秀毕业生赴该校攻读硕士学位，组织 1 名优秀学生赴该校进行为期半年的交流学习。积极参与中华女子学院与日本九州女子大学的交流项目，金融系学生已有多名学生赴该校交流学习。

四、教育管理保障特色

（一）金融系加强"输入""输出"阶段的管理

中华女子学院在 60 余年的教育教学过程中，总结了自己女校所独有的教育理念，即"大一牵手、大二松手、大三放手、大四拍手"。金融系在坚持并实践这一理念的同时，特别强调大一和大四两个年级"输入"和"输出"阶段的教育管理，同时强化大二和大三学生的专业素质提升与实践能力的提高。第一个阶段即学生从高中进入大学的阶段。中华女子学院大学一年级新生在偏离市区的郊区学习和生活，在管理上基本上实行的是"半封闭化"管理，并配以较为严格的规章制度。这样的客观情况有利于学生形成良好的学习和行为习惯，养成良好的学习作风，有利于女生进入大学开始就打好学习基础，做好从高中阶段到大学的过渡，培养 80 后、90 后女生的自立自强、努力奋斗的品质。在大一阶段要牵手新生顺利地从高中阶段过渡到大学生活中来，养成良好的学习习惯和风气。第二个关键阶段即从大四到毕业走向社会这个"拍手"环节，金融系在管理上仍不懈怠，对学生的管理以她们顺利、如愿地进入社会工作为准。

（二）贯彻"大"学生培养理念、教学管理协同服务

金融系在教育教学实践过程中，逐渐提出"大"学生培养理念，即大学生的培养和教育是教学型教师、行政管理人员每一个人的责任，培养出

合格的、社会需要的大学生是教学和行政工作共同的目标，需要每一位教师的努力付出、齐心协力。为此，金融系在日常教学、教育管理中团结合作，教学管理协同服务，促进了学生的自主学习，提高了学生的自我管理和办事效率。

参考文献

［1］李树杰，刘学华．高等院校金融专业本科人才培养模式研究——兼论中华女子学院金融人才培养工作［J］．中华女子学院学报，2007（5）．

［2］杨其滨，焦方义．金融学专业实践教学体系构建的思路与对策［J］．黑龙江教育，2008（10）．

［3］马钦玉，郭志忠．现代金融学专业教育教学改革与发展的策略研究［J］．江西理工大学学报，2009（4）．

［4］李国臣，耿彦峰，杨纪红．立足实践教学环节加强本科生创新能力培养［J］．中国大学教育，2009（6）．

艺术设计人才培养模式思考

——以包豪斯与中央圣马丁课程体系为例

王 露* 李 镇*

【摘 要】21世纪的第一个十年是从"中国制造"到"中国创造"的中国产业转型开始的十年。在这一进程中创新设计人才的培养至关重要。本文立足中华女子学院"知性高雅的应用型女性人才"培养目标的定位，结合包豪斯以素质能力的构建为主要目标的设计基础课程和中央圣马丁以创新思维的培养为核心的设计专业课程的成功经验，讨论如何建立一种兼具国际性和独特性的创新设计人才培养体系。

【关键词】创意产业；包豪斯；中央圣马丁；创新设计人才培养

一、从中国制造到中国创造，创新设计人才的培养是关键

1997年英国成立"创意产业特别工作小组"并提出把文化创意产业作为英国振兴经济的聚焦点，1998年出台的《英国创意工业路径文件》更明确地提出"创意工业"（creative industries）的概念。时至今日，欧美乃至全球范围内文化创意产业已经显示出其勃勃生机，其中艺术设计在整个文化创意产业中的地位举足轻重。21世纪的第一个十年以来从"中国制造"到"中国创造"的产业转型表明中国已经开始重视文化创意产业并积极回应这一国际潮流的意愿。

从中国艺术教育尤其是艺术设计教育来看，2011年国务院学位委员会和教育部最新颁布的《学位授予和人才培养学科目录》中艺术学不再隶属于文学而升级为与文学并列的第十三个学科门类，同时设计学也不再隶属于美术学而升级为与美术学并列的一级学科，并且可以兼授艺术学和工学学位。其实早在2011年之前，中国艺术设计教育发展的脚步已经开始加速，如果说新世纪的第一个十年中全国综合院校纷纷开设艺术设计专业是中国艺术设计教育发展的第一波，那么第二个十年之初学科门类和一级学

---

* 中华女子学院。

科的调整则预示着中国艺术设计教育发展第二波的即将到来。然而长期以来中国艺术设计教育数量的增长并没有直接导致质量的提高。究其原因，关键在于设计人才培养模式的创新没有受到应有的重视。

二、创新设计人才培养旨向

（一）素质能力的建构是设计基础课程的主要目标

中华女子学院"知性高雅的应用型女性人才"培养目标的定位充分体现了对学生素质、能力、方法培养的重视。而艺术学院的艺术设计专业培养"应用型女性艺术设计人才"的目标一方面对应了与行业对专业技能的需求，而从更深层看，更是指向艺术创新的观念、综合能力、素质、情怀、心境的培养，使有限的教学条件同样可以激发学生和教师无限的创造力。

1919年由著名建筑家、设计理论家沃尔特·格罗佩斯在德国创建的魏玛国立包豪斯（Bauhuas）是世界第一所真正意义的设计学院。这所学院综合了20世纪初欧洲各国在设计领域新探索的成果并以此为基础迅速发展成为欧洲现代主义设计运动的中心。包豪斯历经魏玛、迪索、柏林三个时期，前后短短14年，然而就在14年间这所学院确立了现代设计教育体系并对今天世界各国的设计教育体系产生深远的影响。

包豪斯迪索时期的课程开始比较明确地分成几个大类，即：（1）必修基础课；（2）辅助基础课；（3）工艺技术基础课（如金属工艺、木工工艺、家具工艺、陶瓷工艺、玻璃工艺、编织工艺、墙纸工艺、印刷工艺等等）；（4）专门课题（如产品设计、舞台设计、展览设计、建筑设计、平面设计等等）；（5）理论课（艺术史、哲学、设计理论等等）；（6）与建筑专业有关的专门工程课程。柏林时期包豪斯的以建筑设计为核心的设计教育体系已经相当成熟：学生经过半年基础课和3年工作室学习，结业合格者授以"技术证书"，可选择就职或继续攻读建筑师专业，参与不设年限的实习与教育，经考查成绩合格最终授以"包豪斯文凭"，一般需要4~5年的学习。

总体而言，包豪斯最大的贡献是其以素质和能力教育为目的的基础课、工作室制度、校与企合作的实践教学。其中比较引人注目的是包豪斯的基础课程。在包豪斯，基础课程是由几个教员分担的，基本要求接近，必须教授有关立体、平面、色彩的构成规律，但是具体的课程则由教员自己安排，学生可以选择不同的教员。康定斯基的课程：（1）自然的分析与研究；（2）分析性绘画。克利的课程：（1）自然现象的分析；（2）造型、空间、运动和透视研究。纳吉的课程：（1）悬体练习；（2）体积与空间练习；（3）不同材料结合的平衡练习；（4）结构练习；（5）肌理与质感练习；（6）铁丝与木材的结合练习；（7）设计绘画基础。阿尔柏斯的课程：（1）组合练习；（2）纸造型；（3）纸切割练习；（4）铁皮造型练习；（5）铁丝构成练习；（6）错觉练习；（7）玻璃造型练习。稍加分析，我们就会发现康定斯基和克利的课程目的在于培养学生对自然的分析和研究能力，而纳吉和阿尔柏斯的课程目的则在于培养学生对材料的认识。二者的相通之处在于通过自然和材料引导学生发现造型、色彩、平面、立体、空间的基本规律，也就是说强化了基础课程的训练目的，弱化了基础课程的呈现特征。这样的基础课程在兼顾全部学生基本艺术素质和能力培养的同时也提供适合不同学生个性化发展的课程选择菜单，即 T 型课程结构。不仅如此，从教师的角度而言，这样的基础课程又与不同教师的研究专长相结合，使得教师的科研和教学能够相辅相成。因此，尽管欧美艺术院校大都没有教材，却往往能够有的放矢因材施教。

包豪斯的基础课其目的在于通过观察自然，联想与想象，平面、立体、空间、造型、色彩、材料的实验，培养学生的创造力。反观近百年之后今天中国艺术设计院校的基础课，尽管延续包豪斯课程框架，比如三大构成，但是其素质与能力教育的核心精神并未得到很好的继承，又比如素描写生和色彩写生课程仍然以苏联现实主义绘画为标准，全因素素描、结构素描和印象派色彩的观念和方法几乎无法与之后的工作室学习发生联系，而这种绘画课程不仅在世界其他国家的艺术设计教育中被扬弃即便在美术教育中也不是唯一标准。因此艺术设计基础课的改革应该一方面注重学生在理解平面、立体、空间、造型、色彩、材料的基本素质与能力的培养，另一方面注重这种基本素质、能力与未来工作室学习之间的联系。

（二）突出实践性，创新思维的培养是专业课程的核心

无论从 20 世纪初诞生的全球艺术设计学院的鼻祖包豪斯还是从 20 世纪末发展起来的英国伦敦最具活力的中央圣马丁艺术设计学院来看，观念先行技术辅助几乎是所有国际著名艺术设计院校的共通的艺术设计教育方法。这种教育方法从"人"出发，目的在于培养人的主体创新思维。科学

的进步和艺术的发展从来都是以人的观念变化为前提，进而引发新的技术革新。今天中国在艺术设计乃至文化创意产业领域依然是一个"山寨"大国，其症结恰恰在于仅仅着眼于技术的革命而非观念的创新。

除融科学性与艺术性于一炉的基础课之外，包豪斯的工作室制度、校与企合作的实践教学也极富创造性。包豪斯广泛采用工作室制度进行教育，让学生参与动手的制作过程，完全改变以往那种只绘画、不动手制作的陈旧教育方式，同时，包豪斯还开始建立与企业界、工业界的联系，使学生能够体验工业生产与设计的关系，开创了现代设计与工业生产密切联系的先河。今天看来工作室制度和校企合作的实践教学在世界各国已经普及，但是如果还原到20世纪初包豪斯产生之前的时代，就会发现包豪斯的基础课、工作室制度以及校企合作的实践教学是独树一帜的，而这些教育观念和方法的探索正是来自其对工业化大生产时代脉搏的判断。因此包豪斯可以在第二次世界大战之短暂的空隙中培养出众多世界一流的设计大师并因此备受全球瞩目。包豪斯奠定了现代主义设计的观念基础，建立了现代主义设计的欧洲体系原则，把以观念为中心的设计体系、以解决问题为中心的设计体系比较完整地奠定起来。

中央圣马丁艺术与设计学院（Central Saint Martins College of Art and Design，中央圣马丁、CSM）是英格兰一所著名的艺术和设计学院，属于伦敦艺术大学的一部分。1989年，中央艺术与设计学校（1896年成立）和圣马丁艺术学校（1854年成立）合并。在60年代和70年代，中央圣马丁被认为是伦敦最好的艺术学校。中央圣马丁至今仍是伦敦最受推崇的艺术教育机构，在当代艺术、时装、工业设计、视觉传达、三维设计（3D design）和表演艺术方面均享有盛誉。仅仅服装设计一个专业就培养出多位世界知名的设计大师，像亚历山大·麦奎恩、约翰·加利亚诺更是国际服装设计的领军人物。作为"大师"的摇篮，中央圣马丁的培养目标和课程体系都服务于"创新人才"的培养。中央圣马丁课程设置原则是通过不同但密切关联的方向性课程组来营造一个突出创意与原创的设计学习环境。旨在培养对所学领域有扎实知识能够创造性地解决问题，并能够对专业领域所关联的社会的、环境的、文化的相关因素有深刻理解的T型专业人才。中央圣马丁的特色是创新精神，而与行业合作的良性互动是创新精神的源动力。

中央圣马丁的培养模式突出了不同的专业方向性课程由教师和行业专家共同教授为学生提供了在行业范围内广泛而深入的不同方法与实践的学

习。将培养模式分为三个专业学习层次，由浅入深地对学生的能力进行培养。专业学习一是通过相关的专业方向课程的学习，实践及工作坊形式引导学生掌握研究探索的能力，开发独立的学习方法。专业学习二是通过更深入的相关的专业方向课程的学习，导师指导，研讨会，讲座，校外课题、竞赛等多种形式引导学生对专业的理论与方法更深入、多样化的探索。通过个人研究、独立学习、团队合作等方式提升学生的全面能力。专业学习三是深入启发和完善学生的个性与独立性，发展与完成毕业设计课题。课程的作用是帮助学生对毕业设计的方向及选题进行定位、开发与引导。继续强化学生的设计与交流的能力，并在最后一学期完成毕业设计作品及相关的考试。为强化学生个人专业能力的发展的培养特别设置了PPD教学环节（Personal and Professional Development）由专业教师指导学生如何进行自我学习，计划安排，提高责任感，强化全面素质及就业能力。

三、以学科交叉为平台的艺术设计专业发展视野

从"中国制造"到"中国创造"的产业转型，一方面意味着设计体系本身的创新，另一方面则意味着设计教育体系的创新。从包豪斯和中央圣马丁艺术与设计学院的例子来看，一所艺术设计学院往往是整个社会创意产业的发动机，而判断一所艺术设计学院是否具备生机和活力的一个重要标准就是是否能够根据社会的发展不断调整教学结构并不断发掘属于这所艺术设计学院的特点。

艺术与设计承载天地之道，薪火相传，民族的艺术不一定就是世界的，但世界的艺术应该是民族的；新的设计不一定就是好的，但好的设计应该是新的。在全球化的时代语境中，艺术设计同样需要跨越中西的界限、跨越学科的界限，在相互沟通交流中谋求新的发展。麦克卢汉曾说："无论是科学领域还是人文领域，凡是把自己的行动和当代新知识的含义把握好的人，都是艺术家。艺术家是具有整体意识的人。"以学科交叉为平台的艺术设计专业发展视野结合素质、能力、创新思维的培养，将不仅是中国的艺术设计院校的发展契机，更是中华女子学院艺术学院培养知性高雅的应用型女性艺术人才的必由之路。

参考文献

[1] 王受之. 世界现代设计史［M］. 中国青年出版社，2002.

［2］杭间，靳埭强．包豪斯道路：历史、遗泽、世界和中国［M］．山东美术出版社，2010．

［3］中央圣马丁艺术与设计学院官方网站［EB/OL］http：//www．csm．arts．ac．uk/．

［4］［加］麦克卢汉．理解媒介——论人的延伸［M］．何道宽．商务印书馆，2000．

"基于就业岗位需求"的专业课程体系建设的研究与应用

张文军*

【摘　要】本文首先针对计算机系面临的"招生就业难"导致的招生萎缩问题，调查分析了其成因。结果表明，"招生难"的根源在于：专业没有特色，就业没有保障，学院的计算机专业没有影响力，对考生缺乏吸引力；"就业难"的根本原因在于：专业课程体系中缺失就业岗位急需的前沿专业技术课程，满足不了岗位的就业条件，也即"教学内容"与"岗位需求"之间存在较大的鸿沟。对此，作者提出了"基于就业岗位需求"的专业特色课程体系建设模型以及一整套实施方案，将"鸿沟"就业转变为"零距离"就业，从而实现可持续性的特色发展模式。同时还提出了：计算机系与相关院系联手创建"双学位"或"辅修"交叉学科特色专业的办学思路，并进行了可行性分析与论证，提出了相应的实施方案，为培养复合型人才，提升学院的整体竞争力，加速其特色建设，提供了一个可行的"选项"。最后，为更好地进行专业整合和各专业相互支撑，提出了创办"信息学院"的蓝图，其下设"计算机专业系"、"计算机公共教学部"和"数学公共教学部"。本文虽然针对计算机系面临的招生就业难的问题展开分析研究，但提出的"基于就业岗位需求"的专业特色课程体系建设模型和实施方案，具有一般性和普遍意义，将对其他院系的专业课程体系的特色建设具有一定借鉴作用。

【关键字】基于就业岗位需求；零距离就业；鸿沟就业；专业特色；课程体系；交叉专业

北京名校林立，要在夹缝中求生存并发展壮大为一流女子大学，就必须走"特色发展之路"，这已成为中华女子学院的共识。那么如何打造学院的专业特色？如何更好地履行大学的三大职能：教学、科研与社会服务？本文将结合计算机系发展状况，分析其面临的问题及成因，提出相应的解决方案以及未来的发展战略，并对其可行性进行研究论证。

＊　中华女子学院。

一、引　　言

目前，学院计算机系下设两个专业：网络与电子商务和网络与多媒体，其发展正面临着一些严重问题和挑战，主要表现在：（1）由于招生就业难，导致招生计划名额萎缩：由 80 人降至 60 人；（2）招生第一志愿率全校最低，基本为调剂生；（3）入学一年后，要求转入他系的学生也很多；（4）专业对口的就业率较低：相当一部分学生就业于非计算机技术岗位。

近几年，计算机系最终能坚持下来正常毕业的学生就剩下 50 人左右，每个专业就只有 20 多个学生。如果按照教务处的专业选修课最少开课人数为 20 人的规定，将造成许多选修课无法开设，正常的教学无法进行，最终将导致计算机系的专业培养方案无法实现，教学内容无法完成，教学质量也必将严重下滑。许多教师对此忧心忡忡，对计算机系未来发展感到困惑和迷茫：难道未来的计算机系就这样继续萎缩，直至沦为原先的计算机公共教学部吗？

二、计算机系招生就业难的原因调查分析

针对计算机系招生就业难的问题，作者在学生中进行了初步调查。对于"为什么不报考计算机专业？"，学生们的主要理由是：（1）两个专业没有什么特点；（2）就业没有保障；（3）学院的计算机专业没有名气。而对于"假如计算机系能保证良好的就业，会选择计算机专业吗？"的提问，则绝大部分学生表示愿意选择计算机专业。

对于"就业难，到底难在哪里？"的问题，学生们在经历了漫长的求职过程之后，主要的体会是：（1）虽然学了不少课程，但是在就业岗位招聘条件中必须掌握的新技术却没有学习到，满足不了就业岗位的技术需求；（2）实际设计开发能力弱，无法胜任应用开发工作岗位；（3）我院计算机系在高校中缺乏影响力，用人单位不认可。

总结上述调查，不难分析出招生就业难的根本原因在于：

（1）就业无保障，计算机系学术科研上没有闯出名气，没有确立独特的专业研究方向，在高校及业内无一席之地，没有影响力，导致对考生没有吸引力："招生难"。

（2）专业没有特色，课程体系设计中缺失就业岗位急需的前沿专业技

术课程，满足不了岗位的就业条件，也即"教学内容"与"岗位需求"之间存在较大的鸿沟；与其他院校相比，计算机系学生实际设计开发能力也较弱。这些原因最终导致"就业难"。

三、基于就业岗位需求的专业特色建设

通过上述对招生就业难的原因分析，本文将提出以下解决方案：用"基于岗位需求的课程体系构建模型"把计算机系常规专业改造成特色专业，达到"零距离"就业（见图1）的目标。如果能实现，计算机系学生真正达到趋于100%的专业对口的"高收入"就业，成为就业市场的"抢手货"，那么就可以从根本上扭转目前计算机系招生就业难的"颓势"。

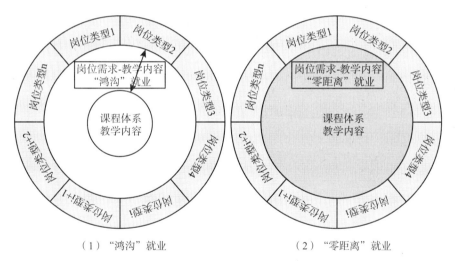

（1）"鸿沟"就业　　　　　　　　　　（2）"零距离"就业

注："鸿沟就业"图中的白色部分，即"课程体系教学内容"与"就业岗位需求"之间存在的距离。

图1　"鸿沟"就业与"零距离"就业模型

虽然计算机系的专业设置没有特色可言，属于常规专业（当然最好依据就业岗位的需求调整专业设置，转变为具有特色的专业，以便从专业结构上解决我系招生就业难的问题），但是可以通过设置特色的前沿专业技术课程打造计算机系的专业特色。具体方法为，首先确定本专业方向所涉及的就业岗位有哪些类型（如图2中，岗位1……岗位n）；然后收集并分析这些就业岗位类型的招聘条件，各自需要掌握哪些技术，这些技术的

"交集"就是未来本专业需要开设的"专业必修课"，而其中涉及的一些前沿独特的技术就是需要开设的"特色专业"课程（通常是其他院校还未开设的课程，也就是计算机系的专业特色之所在）；在确定了"专业必修课"和"特色专业课"之后，就可以依据其设计相应的"专业基础"课，从而实现完整的"专业课程体系"的建设，详见图3。

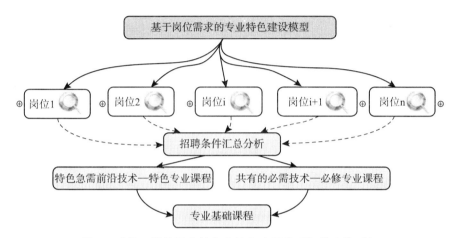

图2　"基于岗位需求的专业特色建设模型"的实施过程

图3　"基于岗位需求的专业特色建设模型"的课程体系架构

通过上述"基于岗位需求"设计的专业课程体系，将会完全合乎就业岗位的需求，确保了"教学内容"与"就业岗位需求"之间的"零距离"，那么按此课程体系培养的毕业生就可以实现"零距离"就业。

在上述"基于岗位需求"设计的专业课程体系的基础上，如果再能动态地引入三四门就业市场急需的、新兴前沿特色的专业技术课程（其他兄弟院校尚未开设的技术课程），就可以打造出计算机系常规专业的"可持续性"的专业特色。那么，掌握了这些社会急需的特色技术的学生的就业，就不仅不会成为"就业难"的问题，而会成为就业市场的"抢手货"，从而彻底解决计算机系招生就业难的被动局面。

另外，作者认为"基于岗位需求"的专业课程体系的设计方法，不但对计算机系适用，对其他专业构建具有专业特色的课程体系，也是十分具有借鉴作用的。

四、与相关院系联手创建"双学位"或"辅修"交叉学科特色专业

既然计算机本专业发展目前遇到了障碍、受到了制约，但是计算机系可以调整转换发展思路，多管齐下拓宽发展渠道和专业空间，跳出狭窄的专业范围：与相关院系联手创建"双学位"或"辅修"交叉学科专业，培养复合型人才提升学院的整体竞争力和特色建设。例如，可以与艺术系的室内设计专业和服装设计专业联手，分别创办"计算机辅助室内设计"和"计算机辅助服装设计"复合交叉专业；与会计金融专业联手，创办"会计电算化"和"金融信息化"专业；与管理专业联手，创办"管理信息系统"等交叉学科双学位或辅修特色专业。这一举措，既可以提升多个专业的竞争力、拓宽各专业的发展空间以及促进相关专业的特色发展，同时也充实和促进了计算机系的专业发展空间，不失为创建一流女子大学的一条可行的捷径。

由于信息技术已经广泛地渗透到各学科领域，并在其中得到了发展壮大，其他学科也借助计算机技术提升了自身发展的深度和广度，使得计算机学科专业与其他学科专业之间起到了相互渗透和相互支撑的作用，从而实现共同发展和双赢的良性循环。作者认为，这种发展战略不失为一条我院专业特色发展以及低成本快速发展壮大之路。

目前计算机系具有两个专业方向："多媒体"和"信息系统"。它们可以广泛地与其他相关专业之间找到相互支持共同发展的交叉点，如上述的计算机辅助室内设计、计算机辅助服装设计、会计电算化、金融信息化以及管理信息系统等交叉专业方向。这些交叉专业，只要在计算机系现有

课程体系中选修部分课程以及适当增加几门相关计算机专业技术课程，就可以打造出具有一定特色的"双学位"或"辅修"交叉复合专业。

显然，这种实施方案较之于创建独立新专业来说，其师资人力和教学设备投入成本都要低廉得多，风险也小得多。因为各交叉专业分别依托于两个现存的专业，所以师资不需要引进，也不需要大量的师资培训。因此，创建这类特色交叉专业会立竿见影且行之有效。

五、与相关专业联合创建信息学院

众所周知，计算机专业与数学有着密不可分的联系，如计算机系开设了线性代数、离散数学和数理统计等数学课程，同时又都非常相似地共同担负着全校的公共课的教学任务，为实现两专业的相互支撑与交流，可以考虑将公共教学基础部的"数学教研室"并入计算机系。

为此，作者借鉴其他院校（如，民族大学等）建议将计算机系改造成"信息学院"，其下设："计算机专业系"、"数学公共教学部"和"计算机公共教学部"（其建立的必要性和实施方案的详细论述，详见笔者的另一篇论文"全校计算机公共课教学面临的问题及其解决方案的研究"）。其未来发展规划如图4。"计算机公共教学部"专门负责全校"计算机公共

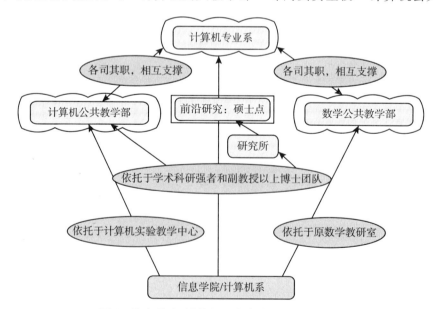

图4　信息学院/计算机系未来发展框架的设想

课"的教学研究和组织管理；"计算机专业系"负责由"基于就业岗位需求模型"打造的招生就业良好的特色计算机专业，并与相关院系联手创建"双学位"和"辅修"交叉特色专业，此外，计算机系还应该依托现有的"计算机应用技术研究所"大力开展前沿技术的学术科学研究，多申请横向项目和国家级课题，以及在国内外 SCI/EI 检索期刊上发表更多的论文，为争取申请硕士点进行铺垫积累；"数学公共教学部"，负责全校的高等数学公共课程，以及其他专业的专业数学课程的教学任务。

六、结论与展望

本文通过调查分析研究了计算机系面临的"招生就业难"的问题及其成因，提出从根本上解决这些问题的办法。文中提出的"基于就业岗位需求"的专业特色课程体系建设模型和实施方案，为计算机系的专业特色发展提供了一种可持续的科学发展模式；同时提出的：计算机系与相关院系联手创建"双学位"或"辅修"交叉学科、特色复合专业的办学思路，为培养复合型人才，加强我院的整体竞争力和特色建设，也颇有意义；最后，针对计算机系的未来发展，提出创办"信息学院"的设想，其下设："计算机专业系"、"计算机公共教学部"和"数学公共教学部"，也为学院有效的整合和发展提供了一个可行的"选项"。

本文虽然针对学院计算机系面临的招生就业难的问题展开分析研究，但提出的"基于就业岗位需求"的专业特色课程体系建设模型和实施方案，具有一般性和普遍意义，将对其他院系的专业课程体系的特色建设具有一定借鉴作用。上述研究提出的发展思路和实施方案，若要真正落实转化为具体的行动，还需要我院领导的全面指导和大力推动。

参考文献

［1］吴振国．计算机专业人才培养模式研究与探讨［J］．计算机教育，2009（22）．

［2］杨琳，焦新龙，杨玮．基于就业需要的自主创新性学习课堂教学模式的研究［J］．宁波工程学院学报，2011（23）．

［3］郭志平．基于就业视角的本科高校人才培养模式创新研究［J］．浙江海洋学院学报，2011.3（28）．

搭建实践平台 提高学生创新能力

周宜君*　冯金朝*　马明胜*　焦玉国*

【摘　要】实验教学示范中心和人才培养基地是培养学生实践能力和创新能力的重要实践平台。根据专业建设和学科发展需要，积极开展实验中心建设和人才培养基地建设，坚持以学生为本的教学理念，通过修订和完善实验教学中心管理制度，强化管理，提高了实验教学中心管理人员和实验主讲教师的责任意识，在实验教学、学生科研训练和学科竞赛方面探索了培养学生实践能力和创新能力的途径，取得了良好的成效，培养了学生的实践能力和创新能力。

【关键词】实践平台；实践能力；创新能力

人才培养是高等教育的根本任务。《国家中长期教育改革和发展规划纲要（2010~2020）》中明确提出，高等教育要全面提高教育质量，提高人才培养质量，牢固确立人才培养在高校工作中的中心地位。创新人才培养已经成为世界各国高等教育改革的主要目标，培养大学生的实践能力和创新能力是新世纪高等教育发展的需要，更是我国社会发展和国际竞争的需要，在我国"建设创新型国家"的进程中具有举足轻重的重要作用。

搭建创新实践平台，加强学生创新能力培养是目前我国高校创新人才培养的重要举措。根据教育部提出的实验教学示范中心的建设目标，学习借鉴其他高校实验教学示范中心建设经验，中央民族大学生命与环境科学学院根据专业建设和学科发展需要，积极开展实验中心建设和人才培养基地建设，坚持以学生为本的教学理念，在实验教学、学生科研训练和学科竞赛方面探索了培养学生实践能力和创新能力的途径，取得了良好的成效。

---

* 中央民族大学生命与环境科学学院、中央民族大学教务处。
周宜君，中央民族大学生命与环境科学学院副院长。

一、加强实验教学改革与管理，培养学生实践能力和创新能力

我国高等教育中，教学是培养学生实践能力和创新能力的主要渠道，对于理工科来说，实验教学是教学的重要组成部分。提高实验教学质量，不仅依赖于实验室的硬件条件，更需要具有较高教学素质的实验教师的辛勤付出、实验教学中心的规范化管理以及学生自身的努力学习。

实验室是高等学校人才培养、科学研究、知识创新的载体，实验教学是学生获取知识、培养能力、提高素质、成才的关键环节和重要途径，在培养学生动手能力、实践能力、创新能力方面承担着不可替代的重要角色。

中央民族大学生命与环境科学学院现有国家级化学实验教学示范中心、北京市化学实验中心和生物实验中心及学院分析测试中心。实验中心承担了7个本科专业（生物科学、生物技术、生态学、化学、环境科学、制药工程、预科教育学院预科班）共计26个自然教学班的实验教学任务以及本科学生科研训练项目的实验和研究工作。实验中心以保证实验教学的顺利进行为前提，以提高实验教学质量、培养学生的实践能力为目标，在学院的统一组织下，修订与完善实验教学管理制度，强化实验教学中心管理。

实验教学体系的构建体现在实验教学内容的设置上。教学内容的设置一方面基于各门实验课程的教学目标，另一方面基于对学生实践能力的培养。实验教学中心要求实验主讲教师根据自己所承担的课程特点、教育目标整合实验教学内容，形成验证性、综合性和设计性三类，并逐渐加大综合性实验和设计性实验的比例。如，微生物学实验教学通过内容整合，建立了模块式教学体系：验证性实验教学模块、综合性实验教学模块和设计性实验教学模块，所占比例分为20%、50%和30%。各模块的教学目标和教学方式都非常明确，并将基本实验技能训练和思维能力训练安排到各个实验内容中。其中，综合性实验的目标是通过完成一个实验学会解决一个问题的方法，设计性实验的目标是在已掌握的实验基本技能和基本理论基础上，解决实践中学生自己关心的与本门课相关的问题。

二、加强学生科研训练项目的管理，培养学生的创新能力

为支持部分学生参与科学研究、培养训练学生的创新能力，实验教学

中心积极倡导组织学生组队，根据自己的专业知识和兴趣选择研究课题，在老师的指导下撰写实验项目申请书，申请为本科学生所设立的科学研究训练项目。目前设立的本科生研究训练项目有三类，即国家大学生创新训练计划、北京市大学生训练项目和学校本科生研究训练项目。项目获批后，学生可以得到一定数量的经费支持完成实验项目。其中，国家级、北京市级学生训练项目经费约 15000 元左右，学校本科生研究训练项目经费约 3000 元。学生在一年的时间里完成相关课题任务。由于学生需要在课余时间和假期完成实验，为了给他们提供实验条件，实验教学中心设立了本科创新教育实验室，并对学生申请使用实验室、借用实验仪器等都有管理制度加以管理。在实验教学中心的统一管理下，本科生科学研究训练项目和实验教学都能顺利进行，实验教学中心的资源利用率得到明显提高。

学院实验教学中心不仅鼓励学生积极申报学生科学研究训练项目，同时为项目的完成提供了平台条件。近 5 年来，300 多名本科学生自主申请或参与教师科研项目 250 多项，其中学生自主申请科研训练项目 214 项，包括国家级（NMOE）64 项、北京市级（BEIJ）20 项、学校级（URTP）130 项，发表相关研究论文 24 篇。通过为期一年的项目，参与的学生克服了各种困难，在实践中体会科学实验的苦与乐，实践能力和创新能力得到了培养。经过学校组织的项目答辩，98% 以上的项目通过了评审，且部分项目获得了优秀成绩。根据学校关于创新教育学分的规定，取得项目合格、优秀成绩的学生将分别获得 1.5 分和 2.5 分的创新教育加分，计入总学分中。此外，许多参与项目的学生在学业方面表现优秀，参加研究生面试时表现优异，为进一步深造创造了条件。

三、举办学科竞赛，为学生实践能力和创新能力提供展示平台

为鼓励学生积极参与实验、展示自身实践能力和创新能力培养的成果，实验教学中心设立了化学实验竞赛和生物学实验竞赛。为体现学生的团队效应，要求学生组队，采用完成研究项目形式参加实验竞赛。竞赛设立大赛评委会，对学生提交的实验项目报告书、创新点说明进行初评，通过初评的项目，学生以答辩形式参加复赛。获奖队伍不仅可以获得相应的综合测评加分，还能获得一定的物质奖励。最后，从所有参加复赛的队伍中选择优胜队代表学校参加北京市举办的化学实验竞赛。参与实验竞赛学生均有很高的积极性，答辩会上的精彩表现——清晰的陈述与敏捷的思

维——赢得了老师的赞誉。

在学院统一指导下，实验教学中心先后组织了三届化学实验竞赛和一届生物学实验竞赛。为在学科竞赛中取得优异成绩，参赛同学精心准备，展示了自己最好的状态。根据比赛结果，学院先后选拔了 10 个项目组参加了三届北京市化学竞赛，得益于精心组织、指导老师和参赛学生的不懈努力，学院参赛组先后获得了一等奖 4 项、二等奖 4 项和优秀奖 2 项的佳绩，为学校赢得了荣誉。参与学科比赛不仅展示了学生实践能力和创新能力的培养效果，学生所获得的精神和物质奖励也激发了他们继续学习、提升各方面能力的热情。

四、加强实验中心管理，为创新人才培养提供保障

实验教学中心建设是一项复杂、长期的系统工程，是培养学生实践能力和创新能力的重要教学平台。通过实践，我们深深体会到，教师、学生、管理是提高教育教学质量、培养学生实践能力和创新能力不可忽视的三个关键环节，缺一不可。实验教学示范中心建设的核心是实践，实践为本，创新为魂。提高实验教学中心的管理水平，强化运行机制，依托实验教学示范中心平台，培养学生的实践能力和创新能力是实验教学中心建设的永恒目标。

实验教学中心实施"中心"主任负责制，在学院统一领导下开展工作。由于制定了相关管理制度，各项工作的开展都能够有据可依，不仅利于工作的开展进行，而且还能够监督检查工作进展，要求实验教学中心的专职实验技术人员的工作到位，配合实验主讲教师完成实验教学工作、认真管理开放实验室，为学生完成科学研究训练项目提供了有力的支持。

根据实际需要，实验中心修订和完善了一系列实验室管理制度，包括实验室管理办法、创新教育实验室管理制度、实验教学管理办法、实验室安全制度、实验主讲教师职责、实验技术人员的主要职责、学生实验守则、仪器设备维修管理办法、实验材料和易耗品管理办法、仪器损坏丢失赔偿制度等。每个实验室都有专职实验技术人员负责实验室的安全、卫生和实验教学准备等工作，每个实验室都将实验教师守则、学生实验守则挂于墙上。为了便于仪器的安全使用和管理，我们将各实验室放置仪器的使用方法和注意事项悬挂在相关仪器上方。每次实验课结束，由实验技术人

员检查学生使用的仪器，学生登记后方能离开实验室。对于进行科学研究训练项目的学生使用实验室或借用仪器，要填写实验室或借用仪器清单，经指导教师和实验室管理人员批准后方能使用。实验室的强化管理，不仅保证了实验室的安全运行，也增进了实验技术人员的责任意识，同时也对学生的责任意识和安全意识教育起到了很好的监督和教育作用。

建立特色鲜明的少数民族卓越
法律人才教育培养基地

——中央民族大学法学院的探索和思考

张泽涛*　傅智文*

【摘　要】我国卓越法律人才教育培养计划已经全面展开，中央民族大学进入了首批应用型、复合型法律职业人才教育培养基地。围绕卓越法律人才基地建设，中央民族大学拟在招生形式、专业设置、培养方案制定、实践基地建设和师资队伍建设等方面开展深入的研究和探索，尽快建立适合中央民族大学教育培养特色、办学优势特长的卓越法律人才教育培养基地，拟设立少数民族卓越法律人才实验班、卓越司法实务人才班、卓越政务法律人才班、卓越经济法律人才班、卓越涉外商务法律人才班，拟定不同的培养模式和培养方案，分类教学，因材施教。

【关键词】少数民族；卓越法律人才；培养；改革；创新

社会主义法治国家建设是一项涉及国家长治久安，建立制度安定性的核心。法律人才培养在国家法治建设中处于关键地位。在"文革"中，法律制度和法治文化遭到了前所未有的破坏。"文革"后，法律制度和法学教育体系逐步恢复，并逐步繁荣。但是，法学教育和法律人才培养模式基本处于低成本无序扩张，30年时间已有六百多所高等院校开设了法学专业，在校生数十万，就业率文科类垫底；部分就业单位对法学专业毕业生的法律职业能力和素质评价偏低，尤其是法律实践应用能力普遍偏低。同时，各单位对于高层次法律人才需求依然旺盛，尤其是具有复合专业背景和精通法律外语的法律人稀缺，法律人才培养的结构性失衡非常突出。

《教育部　中央政法委员会关于实施卓越法律人才教育培养计划的若干意见》中提到："我国高等法学教育还不能完全适应社会主义法治国家建设的需要，社会主义法治理念教育还不够深入，培养模式相对单一，学

＊　中央民族大学法学院。

生实践能力不强，应用型、复合型法律职业人才培养不足。提高法律人才培养质量成为我国高等法学教育改革发展最核心最紧迫的任务。"精练地总结了我国当前法学教育存在的问题和症结所在。正是基于上述认识和分析，教育部和中央政法委联合启动了卓越法律人才教育培养计划。自教育部启动卓越法律人教育培养基地建设试点以来，至今年完成首批卓越法律人才教育培养基地申报评审，标志着我国法律人才培养模式改革探索进入实施阶段。国家有关主管部门试图从教育理念、培养模式、人才目标等根本性问题入手，解决长期以来法律人才培养与国家法治建设不相适应的问题。

卓越法律人才教育培养计划并不简单以培养高学历的法律人才为目标，而以适应社会法治建设需求的应用型、复合型的法律人才为主，突出法律人才需求的多样性，强调法律人才培养中的实践教学环节，全面提升法律人才培养的质量。

一、卓越法律人才教育培养机制改革的特点

（一）目标明确、任务清晰

卓越法律人才教育培养机制计划意见指出："法律人才培养要主动适应依法执政、科学立法、依法行政、公正司法、高效高质量法律服务的需求"，"为加快建设社会主义法治国家提供强有力的人才保证和智力支撑"。我国正在加快建设社会主义法治国家，国家对法律人才的需求是全方位的，也是多层次的、迫切的。党的机关、立法机关、行政机关、司法机关，以及法律服务业和各企事业单位，都需要法律人才来处理各种法律事务。社会绝大多数组织和个人能够自觉学法、懂法、守法是法治国家的建设的基本条件和主要标志。同时，法治国家的重要前提和保障是：执政党依法执政，立法机关科学立法，行政机关依法行政和司法机关公正司法，同时专门法律服务机构提供高效高质量法律服务；法律产生、执行和司守是法治的灵魂所在，这些机构对法律人才的需求是全面的，对法律人才能力素质的要求也是很高的。卓越法律人才教育培养计划的提出，正回应了当前社会对法律人才的需求。

卓越法律人才的培养要"以全面实施素质教育为主题，以提高法律人才培养质量为核心，深化高等法学教育改革，充分发挥法学教育的基

础性、先导性作用"。这就要求法学院校充分了解社会需求，积极开展教育改革，一改传统的基本限于知识传授的教学模式，而紧扣以法律人才的专业理念、知识、能力和素质等方面提升为核心，强调实战教学法，鼓励学生培养过程中融入法律实践，在法律实务中发现、学习和提升专业水平。法律是实践性学科，法律人才的能力和素质的评价必须与法律实践相结合。卓越的法律人才也必然是在法律实践中不断成长起来的。

卓越法律人才教育培养计划同时提出："经过 10 年左右的努力，形成科学先进、具有中国特色的法学教育理念，形成开放多样、符合中国国情的法律人才培养体制，培养造就一批信念执著、品德优良、知识丰富、本领过硬的高素质法律人才。"

（二）分类指导、措施具体

教育部在本次卓越法律人才教育培养计划实施中，着眼社会对法律人才的需求，着重建设应用型、复合型法律职业人才、涉外法律人才和西部基层法律人才教育培养基地，结合各院校的办学经验、条件和特色，进行申报。教育部根据各院校申报情况进行评审。

教育部从人才培养基地建设、师资队伍建设、实践基地建设、涉外交流、教材建设等方面做出了具体的措施建议，同时提出了相应的保障措施。

（三）保障有力

教育部支持参与高校围绕卓越法律人才教育培养计划实施，在招生、培养模式、课程体系、学制设置等方面进行改革。鼓励具有推荐优秀应届本科毕业生免试攻读硕士学位研究生资格的参与高校，在本校推免名额内重点支持法律硕士专业学位的发展。

教育部依托"本科教学工程"，对参与的中央部委高校给予经费支持。联合有关部门，为实务部门承担法律人才培养工作提供必要的政策支持与经费保障。各地亦为参与计划的地方高校提供专项经费支持，支持参与高校多渠道筹集资金，为卓越法律人才教育培养计划实施提供专项经费保障。

二、中央民族大学法学院复合型、应用型法律
人才培养模式探索和思考

（一）本科专业改革探索

中央民族大学法学院经过深入调研，根据中国市场经济的快速从1997年开始探索复合型法律人才培养，先后在本科阶段开设了法学与经济学双学位和法学与英语双学位专业，努力尝试应用型复合型法律人才的培养。

近年来，学院法学与英语双学位班学生专业八级一次通过率稳定在80%以上。法英双学位同学在研究生升学考试中具有较大优势，每年的上研率大概能比普通法学班高出5～10个百分点，2008级法英二班上研率达到了45%。法英双学位班学生在律师、公司法务等职业就业中具有较强的优势，通过英语专业八级的同学凭借其扎实的法律基础和较高的英文水平，到外资律所或者外资公司担任法务，起薪要明显高于单学位学生。在Jessup国际模拟法庭比赛全国选拔赛中，学院代表队连续多年名列前茅，2009年取得全国第三名代表中国赴美参赛。

（二）研究生专业改革探索

我国西部民族地区严重匮乏既掌握法学专业知识，又娴熟国家民族政策法律的法律人才，中央民族大学法学院根据民族院校特色以及自身的学科优势，于2002年自主设立了民族法学博士点和硕士点，培养娴熟民族政策和民族理论的高层次法律人才。

民族法学专业学生要通过学习民族学、社会学的基本理论、民族区域自治法、少数民族权利保障研究、民族政策与民族立法、少数民族习惯法、民族刑事政策学等课程，了解西部民族地区的现状，使学生深入了解各民族现状和民族法制问题，具备解决民族法律实务问题的能力。全面系统掌握民族法理论及相关学科知识，从事民族立法、实施和科研教学并有较强创新能力的民族法高级专业人才，使其能够把马克思主义民族理论与中国民族法制建设的实际相结合，民族学与法学相结合，兼采国内外相关学科之长，为中国民族法制建设服务。就业方向主要为民族地区高等院校教师和研究人员、西部民族地区各级人大和政府公务员、司法机关法官和检察官等。

另外，在云南省勐海县曼刚寨、内蒙古自治区鄂伦春自治旗托扎敏乡、甘肃省甘南藏族自治州舟曲县拱坝乡先锋村（藏族）、内蒙古自治区锡林郭勒盟东乌旗等四个民族地区设立了民族法调查基地。要求每位民族法学专业学生都要深入民族地区开展实践、调研。

（三）实践教学内容和比重

法学院较早确立了法学专业应用型复合型人才培养理念，在本科生和专业硕士培养方案中明确提出了实践教学的学时比例。"法学课程实践性教学质量建设标准化研究"（民委教改项目）、"法学专业本科建设项目"（校教改项目）和"法律诊所"（校教改项目）等，通过上述教改项目的研究，发表了一系列有影响的教改方面的研究成果，推动了应用型复合型卓越法律人才培养模式的研究。

本院建有一个可容纳200人的大型模拟法庭、一个可容纳人数近百人的案例教室和一个可容纳四十人的法律诊所专用教室，可以用于举办模拟庭审活动和法律诊所等实践教学活动。每年在模拟法庭和案例教室举办各学科和学生课外活动的模拟庭审过程在20场以上，宪法、行政法、民法、刑法、经济法、民事诉讼法、刑事诉讼法、法律实务等课程都有模拟法庭课时要求。

法律诊所专用教室专门用于诊所教学。法律诊所课程分为民事和刑事两个诊所合计四个教学班。法律诊所突出课堂内的"模拟训练"和课堂外的"真实代理"为特色，培养学生的司法实践操作能力。

学院建设了七个实习基地：北京市朝阳区人民法院、石景山区人民法院、房山区人民法院、门头沟区人民法院、内蒙古赤峰市中级人民法院、北京天驰律师事务所、北京振邦律师事务所，每年组织大量学生进入实习基地开展集体实习。

学院代表队在北京市教委组织的三届"北京市大学生模拟法庭比赛"中获得一次冠军、一次二等奖和一次一等奖的佳绩，充分展示了我院实践教学成果。

三、卓越法律人才教育培养机制视野下的教学改革措施

（一）法律人才培养理念的更新

中央民族大学法学院在三十余年的发展过程中，培养法律人才一直践

行高标准和严要求，贯彻应用型复合型人才的培养理念。学院培养应用型复合型卓越法律人才的指导思想是：高举中国特色社会主义伟大旗帜，坚持以中国特色社会主义理论体系为指导，全面贯彻党的教育方针，贯彻教育规划纲要，落实教育部、中央政法委《关于实施卓越法律人才教育培养计划的若干意见》，深化高等法学教育教学改革，主动适应依法执政、科学立法、依法行政、公正司法、高效高质量法律服务的需求，以全面实施素质教育为主题，以提高法律人才培养质量为核心，扎实推进社会主义法治理念"进教材、进课堂、进学生头脑"，着力培养社会主义法治事业的建设者和捍卫者，以专业人才、实践人才、复合人才三位一体的教学定位为依托，融知识教育、能力培养和职业教育为一体，整合优质教学资源，以法学知识和相关学科知识教育为基础，通过强化课堂内外法律实践能力的培养和训练，使学生在具备坚实的法学基础知识和相关学科知识背景的前提下，熟练掌握法律职业技能，提高解决实际法律问题的能力。

应用型复合型卓越法律人才立足特定行业特定职业的职业能力和素质需求分析，根据不同职业要求知识体系的差异性，制定不同的培养方案，采取双学位、辅修或者限定选修等方式，努力完善学生的知识体系；坚持理论联系实际的培养模式。着力推行实践性教学进入学生培养全过程，培养和锻炼学生的法律实务操作能力。

（二）专业设置设想

中央民族大学法学院根据学校办学方针和优势资源以及学院的办学特色，将应用型复合型卓越法律人才培养的目标定位于五类目标职业群体：卓越民族法制人才、卓越司法实务人才、卓越政务法律人才、卓越经济法律人才和卓越涉外商务法律人才。

1. 卓越民族法制人才。拟招收各少数民族学生的少数民族卓越人才培养班，每年招收 30 人，四年招收大约 120 名，形成每个民族均有一名男生和女生在少数民族教育的最高学府卓越法律人才基地接受教育培养。该班拟采取提前批次招生模式，第一年不分民族男女招生，第二年开始限定民族及男女生招生，形成一个民族齐全、男女均衡的高层次少数民族法律人才培养的模范基地。该班采用六年一贯制法学与民族学本科双学位和法律硕士（法学）（民族法学方向）的培养模式。本科阶段课程教育以法学课程和民族学课程为主，兼采政治学、经济学、管理学核心课程，重视其宽基础、广学识的教育；硕士阶段课程教育以民族法学课程为主，同时安排其分学年、分批次到东部发达地区、中部地区和西部民族地区进行实习、实践，既了解东部地区的发展状况和发展思路，也熟悉中西部地区的现状，为将来进入法律实务界工作奠定扎实的基础。同时，学院即将整合全校的优势教学资源，并在征得国家民委与教育部高等教育司等相关职能部门许可的前提下，尝试性地与少数民族语言系展开合作，从而培养既懂法律也精通少数民族语言的双学位人才，更好地服务西部少数民族地区，为民族地区的法制建设与稳定和谐作出更大的贡献。

卓越法律人才的目标是：培养掌握马列主义、毛泽东思想、邓小平理论的基本原理，学习"三个代表"重要思想，坚持科学发展观，拥护党的民族方针、政策，自觉维护民族团结和地区稳定，促进西部共同繁荣，具有良好的政治素质和法律职业道德，了解西部地区基层实际，精通地方语言或者民族语言，能够在西部民族地区独立开展工作，掌握坚实的法学基础理论和宽广的法律实务知识，具备法律职业所要求的知识结构、思维方式和应用能力，熟练掌握和运用法律术语和语言，能够独立撰写各种法律文书，并能独立开展文本解释，具备一定的独立或者联合草拟规范性法律文件，并具有较强组织协调能力的西部基层卓越法律人才。在培养民族法制人才的过程中，建设西部民族自治地方战略合作基地，与合作基地共同培养拟定卓越法律人才培养计划和方案，针对法院、检察院、公安和人大机关及各行政部门的法律事务人员，制定不同的培养方案，聘请合作基地资深专家参与卓越法律人才培养课程教学和实践指导，对学生开展订单式培养和定量化考核。

针对西部地区民族聚居和杂居的现状和较复杂的社会结构，利用学校社会学、民族学和人类学等优势学科，为卓越人才培养基地学生开设西部经济社会现状，民族关系与民族理论、社会调查方法等课程，让学员更全面、系统的了解西部基层概况和民族问题。开设公共管理、危机管理选修课程，培养学员的公共事业视野和管控能力。加强实务课程建设，努力开设民族地区立法实务、审判实务和检察实务，邀请长期在西部地区从事法律事务的专家来校交流任教。

来自民族地区的母语非该民族语言的学员，要求其选修当地民族语言；同时，加强所有学员的外语能力培养，包括法律英语和英语口语运用能力。

2. 卓越司法实务人才。卓越司法实务人才定位于为各级司法机关培养具有扎实民商事、刑事、行政或海事等法律知识，掌握相关学科知识，娴熟司法实务操作技能的高层次法律人才。

卓越司法实务人才以普通高招学生为主要培养对象,未选择进入其他人才培养班级的学生的培养方案即以此为基础。该类人才培养以法律知识教学与实务运用培养为主,同时加强其专业方向指导、实习组织、实践安排等。

3. 卓越政务法律人才。卓越政务法律人才定位于为政府机关各部门培养具备较强的处理政务法律纠纷、防范政务法律风险、起草规范性法律文件等行政事务法律问题高层次法律人才。

卓越政务法律人才的特殊培养标准:掌握基本的政治学知识,了解政府运行的基本规律,熟练起草公文和规范性法律文件,掌握政府法制的特殊问题,具有较强的公共事务处理能力和舆情掌控能力。

4. 卓越经济法律人才。卓越经济法律人才定位于为经济管理部门培养了解国家和地方经济现状和运行规律、具有较强经济分析能力以及娴熟于国家经济法规的高层次法律人才。卓越经济法律人才培养的特殊标准:掌握经济学和金融学基本知识,了解地方经济运行规律,掌握地方经济立法和司法的运行规律,能够娴熟的运用法律解决经济问题。

鉴于经济学内容比较繁复,学生在双学位学习中学习压力较大,拟向教育部申报五年制双学位教学,开设一个培养规模 30 个人的班。

5. 卓越涉外商务法律人才。卓越涉外商务法律人才定位于具有较强英语运用能力,掌握法律英语和商务英语,能够适应外企和国际组织和涉外企事业单位,具备涉外法律实务的处理能力的高层次法律人才。

卓越涉外商务法律人才的特殊培养标准:掌握法律英语,熟悉国内外商务法律的立法与应用状况;提高外语的口语流利程度;拓宽国际视野,注重外国的立法状况及法律实践情况,为我国的涉外商务提供法律支持。

卓越涉外商务法律人才的培养将以我现有的法学与英语双学位专业为基础,加强经济学、商学课程以及法律英语和商务英语课程的开设和建设。

(三) 培养模式的深度改革

法学院利用三十多年人才培养的经验,根据应用型复合型卓越法律人才培养的要求,结合当前我国经济社会发展和法制人才的需求现状,在专业教学、综合实务、操作技能、职业素养和拓展创新等五个方面进行全面系统的改革探索。

1. 在专业知识教学方面，继续开展双学位教育，在强调法律知识学习的同时，为法科学生开办管理学、经济学或英语专业的学位教育以及辅修或者培训。

2. 在职业技能培养方面，强调法律职业认知和技能培养，增设应用项目和实践环节，专业理论型教学服务于应用能力和实践能力的培养。以现有的实务类课程为基础，继续开设更多的实践教学课程，最终形成一个层面分明的实践教学体系。

3. 在操作技能培养方面，特别重视学生专业实习，让学生参与了解法律职业的全流程。应用型复合型卓越法律人才培养要求学生参加不少于一个月以上的实习，通过多次实习，学生可以在专业知识运用、实践能力发挥、职业素养培养等各方面进行反复总结，适时调整提高。

4. 在职业素养培养方面，将社会主义法治理念贯穿人才培养的全方位、全过程，培养学生爱岗敬业、吃苦耐劳、法律至上、公平处事和维护正义的法律职业素养。

5. 在拓展创新方面，组织学生参加各种应用型教学项目，积极参加教师科研项目中的实践环节，鼓励学生参与各种实践性、专业性和复合性教学研究活动。

中央民族大学法学院将应用型复合型卓越法律人才的培养目标主要定位于培养具有良好的人文社会科学素养和坚定的社会主义法治信念，系统掌握法学各学科的基本理论及其法律文本，了解国内外的法学教育的最新动态，使学生具备扎实的法律实务知识和较强法律实务能力，并掌握其他一门以上相关专业知识的高层次法律人才。

学院从 20 世纪 90 年代就开始探索应用型复合型法律人才培养模式。学院自 2000 年以来一直进行法律人才培养模式的实践探索，积极整合中央民族大学的优势资源和办学特色，充分利用学校的信息化教学平台，树立了"强化实践能力、锻造复合能力、服务社会大众"的基本理念。

（四）强化与实务部门的互动

联合培养模式有利于应用型复合型法律人才的培养。学院与用人单位联合制定培养方案，能够形成培养课程与社会需求的有效衔接。学院与法律实务部门采取联合培养的模式，可以提高人才培养的针对性，提高学生运用专业知识分析和解决相关法律问题的实际能力。

用 3～5 年时间，学院建设一批以锻炼学生实务能力为主的实践教学基地，按照职业标准完善实践教学基地的类别，重点建设地方政府法制部门、地方经济管理部门、涉外律师事务所、有涉外业务的公司等实践基地。同时，根据社会对法律人才的需要，实现教学实践基地在全国的合理分布。

（五）加强师资队伍建设

学院将继续加强师资队伍建设，完善各学科人才配置。计划 3 年内引进或培养 3~5 名具有学术影响力的学科带头人，5~8 名具有创新能力的年轻学者，形成一支年龄层次鲜明、学历结构优化、专业方向合理的教学科研团队。同时，加大力度支持在岗教师的培训、挂职以及出国访学等项目，提升专任教师的教学技能、实务工作经验并拓宽其国际视野。

1. 引进在其专业领域具有重大学术影响的学者担任学科带头人，充实教学科研队伍，提高师资队伍的整体教学和科研水平。

2. 从现有教师队伍中重点培养一批中青年骨干教师，实行"传帮带"，让教学、实践经验较为丰富的中年教师辅导年轻教师，提升青年教师的教学与科研能力。

3. 对于人才引进，特别注重知识结构的复合型和法律实务工作经历，尤其是精通法律英语，富有司法实务经验，又具有较强科研教学能力的专家、学者要加大引进力度。

4. 制定各种优惠政策，鼓励教师从事应用型复合型人才培养课程的教学改革，将最新研究成果应用于教学实践，不断更新教学内容，为培养高质量法律人才奠定基础。

5. 制定培养培训计划，鼓励与支持教师在职提高学历，参加国内外学术交流，通过各种培训与交流，拓宽知识面，提升教学与科研技能。

依托"双千"计划，遴选教师到西部基层法律实务部门挂职一两年，提高实务操作能力；选聘既有丰富的法律实践经验又具有较好教学研究能力的实务专家到校交流任教。打造一支学术科研能力强、具有司法实践经验、教学效果突出的主讲教师队伍。

（六）保障措施

成立由主管校领导为主任的基地建设指导委员会。应用型复合型卓越法律人才培养是法律人才培养的趋势所在，也是学校人才培养模式改革和创新的重要方面，由学校领导担任人才培养基地主任能够更好地协调各方面资源，提高人才培养的系统性和针对性，宏观上为人才培养提供支持。成立由法学院院长担任主任，法学院知名教授为主，吸收少数民族语言学院、外国语学院、民族学与社会学学院、管理学院、教务处等部门具有丰富教学管理经验的知名教授参加的教学委员会具体负责基地人才培养方案的拟订、日常教学等工作。

学院将组织精干力量拟定西部卓越法律人才培养方案草案，邀请法学界、教育部门和西部基层法律部门专家研讨、审核制定。基地将选派或外聘相关课程名家名师担任主讲教师，确保课程授课质量。专业实习实践的组织由专业主讲教师和政工领导带队，采取学生实习与教师挂职同步的形式，提升师生理论联系实际的能力。

学院将组织骨干教师加强思想政治素质评测体系、专业知识评测体系、专业能力素质评测体系和事务处置能力评测体系的建设，由教学委员会负责审定和落实；每年开展一到两次由教育主管部门、一线主讲教师、西部基层用人单位、学生代表参加的主题研讨或专项研讨，总结经验，务求实效。

卓越法律人才培养基地经费充裕，并有学校人才模式改革经费支持。本基地将合理使用卓越人才培养经费，确保实务课程建设经费，外聘教师经费，学生实习实践专项经费等投入，并从学校"985"工程项目中重点支持卓越人才培养相关课题。

四、面临的困境与建议

（一）专业设置权限限制

在本科专业高考招生，双学位专业，本科直通硕士等招生政策方面，法学院需要学校，乃至教育部的批准和安排。

中央民族大学作为唯一一所国家"985"、"211"工程重点建设的民族类院校，在民族学、少数民族语言学、民族文化习俗、西部经济、民族政治管理等领域居于领先地位，是一所以民族教育和民族理论研究见长的综合性大学。学校的主要任务是面向民族地区培养少数民族各类专业人才，其中包括法律人才。中央民族大学法学院主要是面向西部民族地区，从事法学专业本科生和研究生培养的具有民族教育特色的法学院。中央民族大学法学院在西部民族地区法制建设中发挥了重要作用。

中央民族大学在少数民族法律人才培养方面具有较大的优势和丰富的培养经验。少数民族法律人才的培养数量和质量直接关系到民族地区法治建设水平，甚至民族地区的长治久安，希望教育部对于民族法制人才的培养的特殊性给予充分考虑，给予中央民族大学卓越法律人才教育培养基地更多更优惠的招生政策。

（二）教学方法和培养方法改革措施

学生法律实务操作能力的培养主要可以通过以下途径进行：一是开设法律文书、法律谈判等实践课程；二是模拟法庭训练；三是校外司法认知实习；四是强调课程教学中结合实务讲授；五是利用学校的法律援助中心开展诊所教育。同时，我国的法律体系决定了法律理论教学不能放松。真正的理论对法律实践有极大的指导、推动性作用。应当注重比较的方法，实践性、学科交叉性应当是法学教育的基本特征，例如商法、刑法与实践的联系都十分紧密。在学时限定的前提下，如何把握理论教学与实务能力培养的比例尺度，将极大地考验教师的教学，以及学生的学习效果。

（三）师资队伍建设方面

目前，从各法学院师资的整体情况来看，校内教师实务经验存有不足，其主要原因之一在于各校都非常强调教师科研，发表文章、获得课题的多少直接决定着教师的职称升等和岗位津贴的多寡，形成了不鼓励教师兼职从事实务的倾向，使教师必须将主要精力用于学术研究，无暇积累实践经验。各法学院虽然派了或将派一些教师到实务部门挂职，但能获得这种机会的教师毕竟很少，所以对教师队伍整体实务经验的积累作用目前尚不明显。同时，虽然各校也大都聘请了实务部门的人员做兼职教授或兼职导师，但由于对他们的责权利规定不明确，缺乏相关制度，兼职教授的作用仅限于偶尔做个讲座，兼职导师的作用仅限于提供实习机会，鲜有校外兼职教师定期讲授特定实务课程的情形，因而对各法学院整体师资实践教学能力的提升作用目前还不大。将来实行挂职一到两年的制度之后，工资、考评、教师职称的晋升、实务部门人员的职务晋升将遭遇众多现实的问题，如何设计更好的制度稳定这些交流人员将成为很重要的方面。

另外，对于涉外法律人才培养中需要的大量精通法律英语的师资队伍的解决也是学校面临的重要困难。

参考文献

［1］唐东楚. 社区法律服务在卓越法律人才培养中的功能及其实现［J］. 现代大学教育，2012，（3）：88-90.

［2］何炼红. 培养具有"整体性思维"的卓越法律人才［J］. 现代大学教育，2012，（3）：86-88.

［3］黄先雄. "卓越法律人才教育培养计划"下法硕教育的实践与反思［J］. 现代大学教育，2012，（2）：105-110.

［4］于维同，周绍强. 卓越法律人才培养模式的探究［C］.//教育部高等学校法学学科教学指导委员会、中国法学会法学教育研究会2011年年会暨"'十二五'规划与法学教育发展战略"论坛论文集. 2011：140-150.

［5］刘丹冰，卞辉. 需求与供给平衡：卓越法律人才培养目标多样化探讨［C］.//教育部高等学校法学学科教学指导委员会、中国法学会法学教育研究会2011年年会暨"'十二五'规划与法学教育发展战略"论坛论文集. 2011：121-126.

［6］霍宪丹. 法学教育应当为实现卓越治理培养"治理类"卓越法律人才［C］.//教育部高等学校法学学科教学指导委员会、中国法学会法学教育研究会2011年年会暨"'十二五'规划与法学教育发展战略"论坛论文集. 2011：23-28.

［7］王延东，孙莉. 卓越法律人才教育必须重视法学类专业学生［J］. 世纪桥，2012，（9）：94-95.

［8］张佳婧. 法律卓越人才培养与一体化双专业人才培养模式［J］. 现代经济：现代物业中旬刊，2011，（10）：123-125.

［9］阳建勋. 浅谈卓越法律人才培养中的六大关系［J］. 经济研究导刊，2012，（10）：125-126.

［10］郭捷. "中西部基层卓越法律人才培养标准"研究［C］.//教育部高等学校法学学科教学指导委员会、中国法学会法学教育研究会2011年年会暨"'十二五'规划与法学教育发展战略"论坛论文集. 2011：29-32.

探索人才培养模式 提高人才培养质量

冯金朝* 周宜君* 白 薇* 张 焰* 闫建敏*

【摘 要】创新人才是指具有创新意识、创新精神、创新能力的人才。人才培养体制的改革与探索是我国现阶段高等院校教育教学改革的重要任务。中央民族大学根据国家关于创新人才培养的有关精神和指导意见，先后开展了社会科学（民族学、少数民族语言学科等）和自然科学创新人才实验班的实践探索。本文基于理工科创新人才培养的工作实际，总结了学校结合少数民族学生的特点，通过创新人才培养模式的探索与实践所取得的良好成效。

【关键词】创新人才；培养模式；探索

我国正处在转变经济发展方式、建设创新型国家的关键时期，经济社会发展对创新人才的需求越来越迫切。根据世界高等教育的发展趋势和我国高等教育的改革要求，教育部发布的《国家中长期教育改革和发展规划纲要（2010～2020年）》指出，适应国家和社会发展需要，遵循教育规律和人才成长规律，深化教育教学改革，创新教育教学方法，探索多种培养方式，形成各类人才辈出、拔尖创新人才不断涌现的局面。因此，积极探索新的培养人才模式，不断提高教育教学质量是现阶段我国高等教育改革发展的重要任务。

在全国高等院校的改革发展中，拔尖创新人才的培养是社会各界普遍关注的教育热点。中央民族大学根据国家经济社会的需要，坚持为少数民族和民族地区服务的办学宗旨，在教育教学改革中深入贯彻落实科学发展观，坚持人才培养在高校工作中的中心地位，开展了拔尖人才培养模式的探索，建立了创新人才培养的有效机制，提高了人才培养质量。

---
* 中央民族大学生命与环境科学学院、中央民族大学教务处。
冯金朝，现任中央民族大学生命与环境科学学院院长。

一、关于创新人才认识

　　培养人才是我国高等教育的根本任务。为了适应国家经济与社会的快速发展及其对各类人才的需求，要不断更新人才培养观念，改革人才培养体制，提高人才培养水平。

　　创新人才是指具有创新意识、创新精神、创新能力的人才。国内外高等教育改革中都非常重视培养创新人才，但关于创新人才概念的理解存在较大差异。

　　国外对创新人才的理解大都是在强调人的个性全面发展的同时突出创新意识、创新能力的培养。美英等发达国家在创新人才培养方面取得了显著的成效，积累了丰富的经验。美国大学教育有着自由的传统，是最早实施创新教育的国家之一。例如，哈佛大学在人才培养上以全面发展的人、有教养的人为目标，强调培养的人才应该是在情感、智力方面全面发展，是受过广泛而深刻教育的人，是独立思考能力、分析能力、批评能力和解决问题的能力高度发展的人才。耶鲁大学的自由教育理念是为学生提供广博的基础课程、高屋建瓴的认识，培养学生分析问题、提出问题、探究求解的能力。麻省理工学院（MIT）重视创新人才的培养，鼓励学生获得某一领域的基本知识和继续学习的兴趣，并成为创造性的智力探索者，能够独立追求学问。同时，MIT也致力于给学生打下牢固的科学、技术和人文知识基础，培养创造性地发现问题和解决问题的能力。而英国的大学教育则致力于创新人才培养，牛津大学和剑桥大学都将培养全面发展的领袖人才作为目标，十分重视提高学生的开放性思维能力。牛津大学更注重学生形成扎实的专业基础，培养学生批判性思维、独立提出疑问、解析文本和现象的能力，帮助学生发展独立思考和原创思考的能力。

　　国外的一流大学长期发展积累的经验对于促进我国高等院校拔尖创新人才的培养具有重要的借鉴意义。我国高等教育改革中，创新人才培养受到了党和国家政府的高度重视。《国家中长期教育改革和发展规划纲要》的颁布实施，对我国高等院校拔尖创新人才的培养提出了新的任务与要求。我国教育界主要是从创造性、创新意识、创新精神、创新能力等角度阐释创新人才，针对创新人才的理解还存在一定的不一致性，大多局限于"创新"方面，对人才的知识结构、能力结构、个性品质的全面关注不够。国外则强调在全面发展的基础上培养创造性、创新意识、创新精神、创新能力等素质，强调个性的自由发展。二者有机结合，将对我国高等院校拔尖创新人才的培养和人才培养质量的提高具有重要的现实意义。

二、创新人才培养的实践探索

人才培养体制改革是高等院校教育教学改革的重要任务。创新人才培养，特别是拔尖创新人才培养，是目前我国高校人才培养体制改革的主要方向和有益探索。

中央民族大学根据国家关于创新人才培养的有关精神和指导意见，先后开展了社会科学（民族学、少数民族语言学科等）和自然科学创新人才实验班的实践探索。在理工科创新人才培养方面，结合学校少数民族学生的特点，进行了创新人才培养模式的改革创新，取得了良好的成效。

（一）明确培养目标，注重全面发展

学校在理工科创新人才实验班建设中，根据创新人才的基础是人的全面发展，个性的自由发展是创新人才成长与发展的前提这一理念，确定了实验班创新人才的培养目标，即：培养学生掌握自然科学和工程技术等学科领域的理论和方法，具有合理的知识结构，具有显著的创新精神和创新能力，具备良好的道德修养、专业素养和综合素质，能够成为高素质、高水平和高能力的杰出人才，为国家科技、经济和社会发展做出重大贡献。

中央民族大学理工科本科学生大多为少数民族学生，其文化传统和风俗习惯各不相同。为此，学校特别加强了学生的民族观教育，把民族观教育与世界观、人生观、价值观、宗教观、祖国观教育相结合，形成"六观"教育系统，并通过开设民族理论等相关课程，使学生了解党的民族政策，了解国家政府对少数民族和少数民族地区发展的支持，从而进一步加强学生热爱祖国、热爱学校、勤奋学习的思想和信念。

（二）改革人才培养体制、创新人才培养模式

创新人才培养模式是人才培养体制改革的核心环节。创新人才培养模式要遵循教育规律和人才成长规律，深化教育教学改革，创新教育教学方法，做到"三个注重"，即注重"学思结合"、"知行统一"、"因材施

教"，以适应国家和社会发展需要。

学校理工科创新人才实验班实行导师指导下的"注重能力、个性发展"的拔尖创新人才培养模式，加强专业学习能力、科学研究能力、创新能力、综合能力的培养。

1. 创新课程体系与课程结构，加强专业学习能力培养。实验班通过课程体系改革，提出了新的课程模块，包括四大类：专业基础课程，创新素质课程、创新思维课程、创新能力课程。其中专业基础课程为原有专业的必修课程；创新素质课程分两类：方法类课程和学科前沿课程；创新思维课程为培养学生寻求对问题的全新的独特性的解答和方法的课程；创新能力课程为培养学生兴趣和提高独立解决问题能力的课程。

2. 实行导师制，加强学生科学研究能力培养。实验班学生在导师指导下开展科学研究能力训练和创新能力培养，使学生掌握科学研究的基本方法，了解科学研究的过程和基本步骤，逐渐养成独立思考和积极进取的科学精神，培养学生的创新意识、观察能力、动手能力，提高发现问题、分析问题和解决问题的能力。

3. 搭建创新实践平台，加强学生创新能力培养。学校现有的化学实验中心为国家级实验教学示范中心和北京市级实验教学示范中心，生物实验中心为北京市级实验教学示范中心，同时还具有北京市校外人才培养基地等。依托实验中心和基地，学校从创新方法学习、创新研究项目以及课外创新比赛活动三个方面为实验班学生搭建创新实践平台、营造创新氛围，培养学生的创新意识，提高学生的创新能力。同时，学校鼓励和支持学生申报国家、北京市和学校的各类创新科研训练项目，或由学校和指导老师提供科研和创业项目基金，供学生自由选题，学生独立开展项目活动，并开展创新研究成果评比交流活动。

4. 开展丰富多彩的社会实践活动，提升学生综合能力。通过多姿多彩的社会实践活动，促使学生提升自我的生活能力、动手能力、解决实际问题能力、人际交往能力、团队合作能力以及意志力和自制能力等，使学生在关爱中成长，学会尊重别人，学到自信，自尊和自强。

（三）改革管理模式，建立保障机制

创新管理模式和运行机制是拔尖创新人才培养的重要保障。学校由教务处和学院联合成立实验班工作领导小组，宏观指导和监督实验班各项工作；学院成立实验班指导小组，具体指导和监督实验班各项工作。

　　学校创新人才实验班实行选拔机制、退出机制、导师制、考核机制与奖励机制等一系列新的管理机制，以保证实验班人才培养各项工作的顺利实施。

　　针对实验班学生特点，加强教学管理与改革。在教学方式和教学方法方面，广泛开展启发式、研讨式等新的教学方法，提高学生的自主学习能力和探究学习能力等。

　　建立创新人才评价机制，评价指标体系由四个方面构成：学习能力、创新能力、综合素质以及研究成果（包括各种奖励、研究论文、专著和专利等）。

　　建立特殊的创新人才保障机制，包括政策与制度保障、条件与经费保障等。

三、提高人才培养质量

　　加强创新人才培养、提高教学质量是我国高等院校的根本任务。中央民族大学通过一系列人才培养模式创新和教学改革工作，在理工科人才培养和教学改革工作中取得了显著的成效，人才培养质量显著提高。

　　中央民族大学生命与环境科学学院通过加强师资队伍建设、积极推进教学管理与改革；重视实践教学环节，搭建学生实践活动平台，提高学生综合素质和创新能力。近 5 年来，学生考研率一直保持在 40% 以上。学院推荐的保送研究生得到了北京大学、清华大学、中国科学院等国内知名大学和科研机构的认可和高度评价。

　　加强学生科研训练，提高学生创新能力。在学校的大力支持下，生命与环境科学学院通过认真组织安排，积极为学生开展科研训练搭建创新实践平台，提供实验室、科研基地和仪器设备条件，鼓励学生自由选择科研课题，申报科研训练项目。近 5 年来，本科学生自主申请或参与教师科研项目 250 多项，其中学生自主申请科研训练项目 214 项，包括国家级（NMOE）64 项、北京市级（BEIJ）20 项、学校级（URTP）130 项，发表相关研究论文 24 篇。

　　重视学生社会实践活动，提高学生综合素质。学院鼓励和支持学生参加全国"挑战杯创业大赛"、北京市"挑战杯课外科技学术大赛"、北京市化学竞赛等，近 5 年来，先后获得国家级奖项 180 余项、省部级奖项 100 余项、学校级奖项 200 多项。其中，全国优秀班集体 1 个、北京市学习型优秀班集体 1 个、北京市优秀班集体、五四红旗团支部等省部级奖项 36 项、"挑战杯"首都大学生课外学术科技大赛二、三等奖近 20 项、"挑战杯"首都大学生创业设计竞赛银奖 2 项、"挑战杯"全国大学生创业设计竞赛铜奖 1 项、全国大学生英语竞赛特等奖 1 项，一等奖 1 项，二等奖 4 项，三等奖 7 项，学生各方面的综合素质得到明显提升。

后 记

《凝练 创新 服务——第六届首都特色行业院校改革与发展论坛论集》是在北京市教育委员会的指导下，在北京市教委高教处的组织下，十所首都特色行业院校大力支持下，由外交学院汇编完成。此论文汇集了特色行业院校广大教师、教学管理工作者近年来在专业建设与人才培养方面的理论和实践成果，不仅对特色行业院校的专业建设、教学改革具有借鉴意义，而且对综合型院校中的相关院系的专业建设和人才培养同样有着重要参考价值。

正是由于外交学院领导的高度重视及教务处同志的辛苦努力，使文集顺利付梓出版。

在此，谨向为这次论坛的召开和会议材料的编辑付出艰辛劳动的外交学院全体工作人员，以及积极提供论坛材料的首都各特色行业院校、与会代表，表示衷心的感谢。